내 주식은 왜 휴지조각이 되었을까?

내 주식은 왜 휴지조각이 되었을까?

1쇄 2025년 1월 30일

지은이 장세민

펴낸곳 (주)한국투자교육연구소 부크온
펴낸이 김재영
교열·감수 김경수, 이승호
편집·디자인 강이랑, 권효정
주소 서울시 영등포구 선유로9길 10, 문래 SK V1센터 1001호
전화 02-723-9004   **팩스** 02-723-9084
홈페이지 www.bookon.co.kr
블로그 blog.naver.com/bookonblog
이메일 book@itooza.com
출판신고 제2010-000003호(2008년 4월 1일 신고)

ISBN 979-11-983759-5-7 13320

◆ **부크온**은 한국투자교육연구소 아이투자(itooza.com)의 출판 브랜드입니다.
◆ 파손된 책은 구입하신 곳에서 교환해 드리며, 책값은 뒤표지에 있습니다.
◆ 무단전재나 무단복제를 금합니다.

공시와 재무제표로 살펴보는 내 주식 안전진단

내 주식은 왜 휴지조각이 되었을까?

장세민 지음

iTOOZA 부크온 BookOn

일러두기

본문에 제시된 재무제표 중 [그림]은 화면을 그대로 캡처한 것이며, [표]는 내용을 재가공한 것입니다.

차례

들어가며 – 중요한 것은 돈을 잃지 않는 것이다 8

1장 ▌ 합리적으로 투자해도 돈을 잃는 이유 12

"나는 합리적인 투자자다" | '내 주식'이 이렇게 된 게 내 탓일까? | 공시가 중요한 이유 | 누구나 '사고'를 당할 수 있다 | 워런 버핏이 말한 '투자의 첫 번째 원칙'

상식 더하기 공시의 종류별로 담당 기관이 다르다 34

2장 ▌ '위기의 주식'과 자본시장 프로세스 36

관리종목 지정 : '투자할 때 주의하라'는 신호 | 감사의견 비적정 : 내 주식에 문제가 생겼다는 진단 | 거래정지 : 왜 내 주식을 팔지도 못하게 해? | '위기의 주식'들이 밟게 되는 경로는 대체로 비슷하다

상식 더하기 왜 당기순이익이 주주의 몫일까? 80

3장 ▎주식시장이 가장 두려워하는, '최후의 심판' 상장폐지 82

휴지조각이 된 '내 주식' ｜ '즉각적으로 퇴출 후보'가 되는 형식적 상장폐지 ｜ 상장적격성 실질심사 상장폐지의 핵심은 '종합적인 심사' ｜ 상장폐지는 최종적인 결과일 뿐 그 원인은 다양하다

상식 더하기 주식시장의 상·하한가 제도   126

4장 ▎내 주식 위험진단 (1) : 공시로 알아보기 128

주식등의대량보유상황보고서 : 회사의 대주주에 대한 정보 요약서 ｜ 최대주주변경 : 회사의 새로운 최대주주를 바로 확인하라 ｜ 타법인주식 및 출자증권 취득결정 : 회사가 올바른 투자를 하고 있는가? ｜ 불성실공시법인 지정 : 회사가 공시의무를 성실하게 이행하고 있는가? ｜ 조회공시 : 풍문으로 들었소 ｜ 감사보고서 제출 공시 : '감사의견' 외에도 많은 정보가 담겨 있다 ｜ 공시도 결국 '해석'이다

상식 더하기 담보유지비율이란?   192

5장 ▎내 주식 위험진단 (2) : 재무제표로 알아보기 194

감사보고서 : 외부감사인이 강조한 내용들에 주목하라 ｜ 특수관계자거래 : 친한 사이라서 더 문제될 수 있다 ｜ 현금흐름표 : 중요한 것은 결국 현금이다 ｜ 매출채권 및 기타채권 : 받아야 할 돈을 받지 못한다면? ｜ 금융자산 : 회사의 투자활동을 체크하라 ｜ 종속기업 및 관계기업투자 : 회사의 M&A 현황 점검하기 ｜ 위법행위미수금 : 횡령·배임의 흔적과 상처 ｜ 재무정보는 회사의 방향성을 보여준다

상식 더하기 1 금융자산의 어려운 이름들   **253**
상식 더하기 2 종속회사 vs 자회사   **254**
상식 더하기 3 영업권   **255**

6장 ▍내 주식 위험진단 (3) : 최대주주로 알아보기   **256**

불안한 현상 : 자주 바뀌는 최대주주 ｜ 최대주주의 자금출처는 꼭 확인하라 ｜ 최대주주의 재무건전성 ｜ 최대주주의 유상증자 참여 여부를 체크하라 ｜ 최대주주의 움직임을 모니터링하라

상식 더하기 '최대주주'와 '경영진'은 뭐가 다를까?   **294**

책을 마무리하며 – 어디에 초점을 맞추고, 어떤 정보에 더 주목해야 하는지가 핵심이다   **295**

들어가며
중요한 것은 돈을 잃지 않는 것이다

주식투자를 하면서 수익을 내는 사람들과 손실을 보는 사람 중 누가 더 많을까? 정확한 통계는 확인이 어렵지만, 다음과 같은 제목의 뉴스와 기사들이 주기적으로 쏟아지는 것을 보면, 우리는 '손실을 보는 사람들이 더 많을 것 같다'고 추측해볼 수 있다.

"개인투자자 순매수 상위 10종목, 모두 수익률 마이너스"

"대세 상승장에도 개미는 울었다… 순매수 상위 종목 평균 수익률은 모두 손실"

투자의 세계에서 '손실'은 어쩌면 당연히 존재하는 일종의 동반자 같은 것이다. '투자의 귀재'라고 불리는 워런 버핏Warren Buffett도 2016년 항공우주부품 제조업체 프리시전 캐스트파츠Precision Castparts Corp.를 한화 약 41조 원에 인수했지만 2020년 손실처리(손상차손)하면서 자신의 투자 실패를 인정하기도 했는데, 당시 그 규모가 무려 10조 원이었다. 버핏도 이러한 손실 앞에서는 당연히 상심했을 것이다. 하지만 스스로를 다독였을 것이다. 투자는 장기적인 것이고 평생 이어나가는 것이기에 괜찮다. 만회하면 된다.

다만 이 대목에서 생각해봐야 할 것은, 손실이라도 다 같은 손실이 아니라는 점이다. 저자가 생각하는 손실에는 크게 2가지가 있는데, '조금 억울한 손실'과 '많이 억울한 손실'이 그것이다.

전자의 경우는 우리가 흔히 겪는 손실이다. 내가 투자 판단을 제대로 하지 못해서 발생한 일이면, (속이야 상하겠지만) 내가 책임지면 된다. 그리고 이런 조금 억울한 손실을 겪었으니, 오늘의 실수와 오판을 발판 삼아 다음에 더 좋은 투자를 하면 된다.

하지만 후자의 경우는 이야기가 좀 심각하다. 많이 억울한 손실의 경우는, 질적으로 '위험한 종목'임에도 이를 충분히 인지하지 못하고 투자해 손실을 보는 것이다. 여기서 위험하다는 것은 단순히 재무제표가 좋지 않은 것을 넘어서 경영진의 행태가 올바르지 못하거나 회사를 갉아먹어서 상장폐지로까지 이어질 수 있는 제반의 상황들을 가리킨다.

우리는 투자를 통해 수익을 내는 것이 1차 목표이다. 하지만 저자는 위와 같이 위험한 종목을 피하는 것이 '0차 목표'라고 이야기하고 싶다. 조금 억울한 손실은 손절을 통해 스스로가 손실의 규모를 정할 수 있지만, 많이 억울한 손실은 그렇지 않기 때문이다.

대부분의 사람들이 종잣돈을 모아 투자를 시작하는데, 어렵게 매수한 주식이 상장폐지되면 그 소중한 돈이 모두 날아가 버리고 처음부터 다시 시작해야 한다. 따라서 우리는 0차 목표를 달성한 다음에 1차 목표로 나아가는 것이 마땅하다.

그렇다면 억울한 손실을 피하기 위해 우리는 무엇을 해야 할까? 바로 우리가 수익을 내기 위해 기본적으로 (이미) 하고 있는, 공시와 재무제표를 제대로 분석하는 것이다. 다만 이때 기존의 관점을 조금 다르게 설정해 보는 것이 필요하다. 한마디로 '공시와 재무제표를 통해 알아보는 내 주식 위험진단'을 진행해 보는 것이다.

우리는 만년 적자를 기록하던 회사가 흑자 전환한 재무제표를 발표하는 것, 기업이 공개매수결정이나 무상증자 공시를 내는 것 등이 호재성 공시인 것을 잘 알고 있다. 그러나 위험한 종목을 선별하기 위해서는 이런 것들 외에도 다른 몇 가지 공시와 재무제표의 내용을 살펴봐야 한다.

저자는 이 책에서 다양한 경험을 바탕으로 실제 회사들의 사례를 분석했으며, 위험한 종목을 피할 수 있는 방법들을 나름 정리해봤다. 여기에는 감사의견 거절을 받은 회사, 부도가 발생한 회사, 거래정지가 된 회사, 상장폐지가 된 회사, 자본시장법상 불공정거래(흔한 말로 주가조작)에 연루되어 수사를 받았던 회사들이 사례로 하나하나 등장한다. 그리고 개인적으로 직접 투자했다가 낭패를 봤던 저자의 사례 또한 덧붙일 생각이다.

이 책의 주요 내용은 크게 두 부분으로 나뉜다. 먼저는, 투자자 입장에서 경계해야 할 '위기의 주식'에 관한 것이다. 자본시장에서 이런 주식들을 관리하는 나름의 프로세스에 주목했다. 두 번째는 '내 주식 위험진단'에 관한 것이다. '공시', '재무제표', '최대주주'라는 3가지 키워드를 통해 구체적으로 위험한 종목을 피할 수 있는 방법들을 모색해 봤다. 일부 내용은 반복될 수도 있다. 조심하라고 재차 강조한 것으로 받아들여졌으면 하는 바람이다.

투자의 첫 번째 원칙은 돈을 잃지 않는 것이다. 저자는 이 원칙에 충실하고자했다. 이 책에 소개된 많은 사례들을 통해 교훈을 얻고, 억울한 손실을 피하고, 그리고 마침내 성공한 투자자가 되는 것은 오롯이 독자들의 노력이고 성취이다. 저자는 다만 그것을 희망한다.

"나는 합리적인 투자자다"
'내 주식'이 이렇게 된 게 내 탓일까?
공시가 중요한 이유
누구나 '사고'를 당할 수 있다
워런 버핏이 말한 '투자의 첫 번째 원칙'

1장

합리적으로 투자해도
돈을 잃는 이유

정보가 넘쳐나는 시대다. 특히 주식시장에서는 더욱 그렇다. 각종 SNS와 유튜브 등을 통해 수많은 투자 정보들을 접할 수 있고, 이를 바탕으로 투자 판단을 하는 사람들은 합리적인 투자행위를 하고 있는 것 같다. 그래서 뉴스에 나오는 상장폐지, 주가조작, 경영진 횡령·배임 등에 연루되어 거래정지된 종목들에 대한 소식은 '딴 세상 얘기' 같다.

그러나 당신은 알고 있는가? 그런 '딴 세상 주식'에도 수천, 수만 명의 주주들이 있다는 사실을. 이들이 마냥 비합리적이라서 그런 투자를 한 것일까? 그리고 과연 이것이 정말 나와 상관없는 딴 세상 이야기일까?

"나는 합리적인 투자자다"

1. 일단 이런 식의 투자는 금물

세상에는 주식시장이 익숙하지 않은 사람들도 물론 많이 있다. 하지만 주식 관련 소식은 하루도 빠지지 않고 세상 대다수의 사람들에게 전해진다. 주식시장의 소식은 신문이나 뉴스를 통해 매일 쏟아져 나온다. "오늘 코스피 지수가 올랐다", "삼성전자가 얼마나 올랐다", "미국 증시가 하락해 우리나라 증시에 부정적인 영향을 주었다" 등등. 그리고 코로나19 이후 전 세계 자산시장이 대세 상승장을 보이면서 주식시장에 참여하기 시작한 투자자들이 많아진 것도 사실이다.

그렇다면 이처럼 참여자가 많은 주식시장에서 과연 누가 돈을 벌고 있을까?

이와 관련해서는 언론에서 매번 다루는 것이 있다. 개인투자자 순매수 상위권 종목의 수익률에 관한 내용이다. 결론부터 먼저 말하자면, '수익률이 처참하다'는 기사가 대부분이다([그림 1-1] 참조).

물론 이러한 내용의 기사들이 우리의 현실을 100% 반영하는 것은 아닐 수 있다. 개중에는 많은 사람들이 철저한 기업분석 및 경제 환경 분석 등을 통해 비교적 합리적인 투자를 하고 있는 것도 사실이니까 말이다.

그러나 이와 달리 남의 말만 듣고 주식투자를 하거나 소위 '주식리딩방'을 통

그림 1-1 왜 내 주식은 항상 마이너스일까?

> "개미, 또 울었다"… 순매수 톱10 종목 중 9개 '마이너스'
> 개미투자자 주식 수익률 '나홀로 마이너스'
> 상승장에…또 개미만 울었다

해 제공되는 근거 없는 정보들을 바탕으로 특정 기업에 투자하기도 한다. 엄격하게 말해보자면, 철저하게 합리적으로 분석해 투자하더라도 수익 내기가 힘든 곳이 주식시장이다. 따라서 이렇게 손쉽게 투자행위를 감행한다면 돈을 잃기 쉬울 수밖에 없는 것이 현실이다.

설령 그렇게 해서 돈을 벌었다 하더라도 이는 행운이었을 뿐 오히려 다음 투자에서 더 크게 실패할 확률이 높다. 흔히들 '뇌동매매', '무지성 매수' 등 희화화된 표현들이 이러한 행위들을 지칭하는 것이다.

이는 올바른 투자의 방식이나 바람직한 투자의 자세가 아니다. 그렇다고 저자가 가치투자를 하라고 감히 조언하는 것은 아니다. 가치투자를 하든, 차트매매 등 기술적 투자 방식을 취하든 본인만의 확고한 기준이 필요하다는 것이다. 그 기준을 지키고 또한 경험적으로 그 기준을 계속 발전시켜 나아가야 한다. 적어도 뇌동매매는 하지 말아야 한다는 것이다.

이처럼 충분히 분석하지 못하고 손쉽게 '대충' 투자하면 실패할 확률이 높다는 것은 자명하다. 하지만 우리는 여기서 또 다른 반문을 할 수 있다. 과연 합리적인 투자자는 돈을 벌 수 있을까?

2. '합리적인 투자자' 김 아무개 씨의 투자일지

앞서 말한 합리적인 투자를 한다면 결과가 어떨까? 우선 '합리적인 것'이 어떤 것인지를 간단히 살펴보자. 전통적인 경제학의 대전제는, 인간은 합리적인 존재라는 것이다. 누구나 손실보다는 수익을 내고 싶고, 그 수익을 내기 위해 최대한 합리적으로 사고하고 행동한다. 그리고 주식시장에서의 투자자인 우리

역시 그렇게 생각하고 행동한다.

저자가 개인적으로 잘 알고 있는 '합리적인 투자자' 김 아무개 씨가 있다. 김씨는 자신이 가장 잘 아는 분야에 먼저 주목한다. 그리고 산업에 대해 심도 있게 공부해서 기업을 분석한다. 이뿐만이 아니다. 미국 연방준비제도(연준)Fed의 연방공개시장위원회FOMC 발표문이나 의사록을 챙겨보고, 기준금리의 방향성을 나름 예측한다. 또한 CPI(소비자물가지수) 수치를 확인하며 환율의 동향까지 분석한다.

국내 이슈도 중요하기 때문에 정부당국(여당과 대통령실까지 포함해서)이 발표하는 경제정책들과 그 수혜를 입을 수 있는 산업과 기업들을 발굴한다. 최근 매수세가 강한 산업의 동향도 파악해본다. 기술적 분석도 중요하기 때문에 차트 지표들을 확인하면서 주가의 바닥 및 반등지점을 확인해본다. 그리고 섹터별 기관투자자, 외국인투자자들의 자금 유입세를 지켜보며 소위 '잘나가는 섹터'를 쫓아가며 매매한다. 예를 들어 2024년에는 AI, 로봇, 비만치료제 등과 같은 섹터들의 주식들이 강세를 보였다.

이렇게 공부해서 주식투자를 하는 김씨는 분명히 누구보다 합리적 투자자이다. 그는 실제로 투자의 세계에서 중요한 영향을 미치는 모든 요소들을 고려하여 최선의 선택을 할 준비가 되어 있다. 이러한 사람의 투자는 합리적이고, 또 안정적일 것이다. 잃는 경우보다 버는 경우가 많을 것이다. 이로 인해 그 투자자는 돈을 잃지 않고 자산을 지속적으로 증식시킬 것이다.

이처럼 경험 많고 합리적 판단을 할 줄 아는 김씨가 어느 날 바이오 섹터가 주목받고 있다는 트렌드를 감지한다. 당시 각종 질병 치료제 등의 신약 개발이 대세였다. 김씨는 이러한 추세에 따라 단기로 바이오 관련 회사에 투자하기로 마음먹었다.

　암과 당뇨 등의 치료제를 연구개발하는 비상장회사 '대박'사의 지분을 보유하고 있는 상장사 B사에 투자했다. 비록 B사는 바이오가 아닌 제조업이 주력인 회사였지만, 대박사의 신약개발에 대한 평가가 워낙 긍정적이었던 탓에 괜찮은 투자라고 생각했다. 당시 B사는 비상장사인 대박사의 대주주였기에 신약개발의 수혜를 입기에 충분하다는 판단이었다.

　실제로 당시 기사들을 살펴보면 대박사는 좋은 파이프라인을 보유하고 있었다. 기관투자자들로부터 대규모 투자도 유치했다는 보도가 줄을 이었다. 신약의 기술이전License-Out 계약 체결 소식까지 들려올 것으로 기대되는 상황이었다.

　김씨는 B사에 투자한 이후 상한가도 경험해보면서 재미를 보고 있었다. 역시 섹터별 순환매매 전략이 유효했다며 뿌듯해했다. 그러다가 어느 날 갑자기 하한가를 맞으면서 주가가 점차 하락하기 시작했다. 불길한 기운을 느낀 건 감사보고서 제출 기한 당일이었다. 오후가 되고 장이 종료된 이후에도 감사보고서가 제출되지 않았다. 그리고 결국 '감사의견거절'이 나왔다.

　김씨는 당시 본업과 전혀 상관없는 바이오사업에 진출하겠다는 소식을 접하고 마냥 호재로 생각해 B사에 투자를 했었다. 그런데 나중에 알고 봤더니 B사는 바이오사업뿐만 아니라 엔터테인먼트사업, 블랙박스 판매사업 등 문어발식 외연확장을 하고 있었다. 그리고 결과적으로 감사의견거절을 받은 것이다. B사는 상장폐지 여부를 결정하기 위한 개선기간을 부여받아 거래정지 중이다([표 1-1] 참조).

　사실 김 아무개 씨는 바로 저자 자신이다. 나의 경험담이다. 당시 한창 열심히 투자를 했고, 나름 합리적이라 생각한 투자였다. 하지만 결과는 처참했다.

표 1-1 B사 매매거래정지 및 정지해제(풍문 등 조회공시)

1. 종목명	B사
2. 매매거래정지 유형	풍문 등 조회공시 관련 매매거래정지
3. 매매거래정지 일시	20XX. 6. 30. 07:30
4. 매매거래정지 해제일시	-
5. 매매거래정지 및 해제사유	조회공시 요구(감사의견 비적정설)

그림 1-2 B사 사업보고서(관계기업투자주식의 재무정보)

(3) 당기말 현재 관계기업투자주식의 주요재무정보는 다음과 같습니다.

(단위 : 천원)

구분	회사명	자산총액	부채총액	매출액	당기순이익(손실)	포괄이익(손실)
제10(당) 기	(주) 대박사 (주1)	3,863,543	289,351	-	(1,270,775)	(1,270,775)

(주1) 연결기업은 당기 중 ㈜ 대박사 보통주 44,361주를 주당 124,000원에 취득하였으며 관계기업투자주식으로 계상하였습니다. (주) 대박사 의 보통주 최종 취득일이 2018년 4월 24일이므로 2018년 6월 30일을 간주취득일로 적용하였습니다.

지금의 나는 그렇다면 그 당시의 투자를 어떻게 바라보고 있을까? 일단 그 당시에 보지 않았던 공시(감사보고서, 사업보고서 등) 몇 가지가 먼저 머리에 떠오른다. 그 몇 가지만 살펴봤더라면, 옳지 않은 투자라는 사실을 알 수 있었을 텐데 말이다.

우선 B사의 대박사에 대한 투자 관련 사항을 다시 살펴봤다. 당시 대박사는 지분율 및 실질적인 지배력 수준에 따라 B사의 관계회사로 분류된 상황이었다. 대박사의 구체적인 영업현황과 B사의 취득가격을 살펴보자. 일단 주석을 살펴보니 대박사의 인수는 주당 12만 4,000원, 총 인수금액 55억 원에 이루어졌다 ([그림 1-2] 참조).

그런데 영업활동을 보니 좀 수상하다. 아무리 소규모 신약 개발 회사들이 초반에 매출액이 적고 적자를 실현한다고 하더라도 매출액 0원은 꺼림칙하다. 사실 여기서부터 보수적으로 접근하면 좋았을 만한 부분이다. 당장의 이익이 나지 않을 뿐만 아니라 매출액이 전혀 발생하지 않는다는 점에서 무리한 투자였

그림 1-3 B사 사업보고서(관계기업투자주식의 매각)

(7) 관계기업투자주식 매각
연결기업은 당기중 취득하여 관계기업투자주식으로 인식하고 있던 ㈜ 대박사 의 보통주 443,610주를 재무구조 개선의 목적으로 주당 30,440원에 매각하는 계약을 체결하였습니다.

그림 1-4 B사 감사보고서(금융자산의 변동내역)

(3) 공정가치측정금융자산의 변동 내역은 다음과 같습니다.

(단위 : 천원)

구 분	제 10(당) 기
기초 금액	2,549,997
취득	13,840,000
자본에 인식된 평가손익	(2,987,271)
당기손익에 인식된 평가손익	(320,991)
당기손익에 인식된 손상차손	(5,000,000)
처분	–
당기말 금액	8,081,736

다는 판단을 할 수 있다.

그렇다면 B사의 투자 결과는 어땠을까? 정정된 사업보고서를 살펴보자([그림 1-3] 참조).

B사는 주당 12만 4,000원에 매입했던 대박사의 주식을 주당 3만 440원에 매각했다. 총 인수금액은 55억 원이었으나 매각금액은 고작 13.5억 원이었다. B사의 바이오사업 투자는 한마디로 '실패작'인 셈이다.

물론 문제는 이것만이 다가 아니었다. 특히 감사의견거절의 사유를 살펴보면 특수관계자 간의 거래, 또 다른 투자 주식들에 대한 거래 적정성 여부 등 B사에는 다양한 문제들이 있었던 것으로 보인다([그림 1-4] 참조). 이러한 문제들은 뒤에서 자세히 살펴볼 예정이다.

이처럼 저자의 투자에는 그 당시에는 전혀 인식하지 못했던 많은 문제점들이 있었다. 물론 투자는 나의 책임이고 그로 인해 손실을 볼 수 있다. 하지만 단순히 주가가 하락해 손실을 보는 것과, 내 주식에 중대한 문제가 발생하여 거래가 정지되고 상장폐지까지 이르게 되는 것은 또 다른 차원의 문제이다.

전자의 경우는 투자자에게 다반사다. 투자활동을 하는 모든 기간 동안 내내 마주해야 할 일이니, 일종의 '동반자'인 셈이다. 하지만 후자의 경우는 다르다. 웬만하면 겪지 말아야 한다. 이 경우는 일종의 '사고'라고 할 수 있다. 피할 수 있으면 반드시 피해야 한다.

'내 주식'이 이렇게 된 게 내 탓일까?

주식투자의 세계에서 '투자는 본인의 선택'이라는 말이 있다. 지극히 맞는 말이다. 아무도 나에게 투자하라고 협박한 적이 없고 그저 내가 선택한 것이다. 자본주의 사회를 살아가는 현대사회의 사람들에게 투자는 자연스러운 선택이다.

하지만 그 투자의 결과는 천차만별이다. 예를 들어 내가 2차전지사업이 장차 유망해질 것이라 판단하고, 이 유망사업을 잘할 만한 기업을 찾아서 투자했다고 치자. 그런데 결과적으로 실패했다면, 이는 내 '판단 미스'다. 내가 산업분석을 잘못했거나 기업분석을 제대로 못했을 수 있는 것이다. 혹은 투자의 타이밍이 좋지 못했을 수도 있다. 이런 장면에서는 '투자는 본인의 선택'이라는 말이 옳고 당연하다. 그 책임은 나에게 있다.

그런데 조금 다른 경우를 생각해보자. 내가 성장성이 있어 보이는 산업과 회사를 분석해서 투자했다고 가정해보자. 그런데 나중에 알고 보니, 그 회사에는 주가조작세력이 침투해 소위 '작전'을 펼치고 있었다. 한동안 그들이 이 회사의 주식을 시세조종하고, 또 허위 기사들을 통해 주가를 부양했다. 이런 상황을 모르는 나는 주가가 오르는 만큼 기분이 좋았을 것이다. 그리고 어쩌면 더 많은 투자금을 투자했을지도 모른다. 허위 기사를 통해 보도된 신사업은 더없이 유망해 보였을 테니 말이다.

그러던 어느 날 일이 터졌다. 작전세력이 지분을 모두 정리하고 '탈출^{Exit}' 해버린 것이다. 그렇게 작전세력이 '나쁜 짓'을 한 결과, 회사의 주가는 진정한 밸류에이션과 전혀 별개로 곤두박질쳤다. 심지어 횡령·배임, 감사의견거절 등이 발생하여 최종적으로 상장폐지되었다. 그렇다면 이 선택은 나의 잘못인가?

이렇게 투자했다가 손해를 본 사람한테 "투자는 본인의 선택이야"라고 말하면 인간관계에 문제가 생길 수 있다. 여기서의 투자자는 '투자실패자'가 아니라 '피해자'에 가깝다.

물론 그렇다고 달라지는 것은 없다. 투자실패자든 피해자이든 돈을 잃었기 때문이다. 하지만 투자실패자는 스스로 교훈을 얻을 수 있지만, 피해자는 억울함이 더 크다. 나의 분석은 맞았지만 제3자의 나쁜 짓으로 인해 재산을 잃었기 때문이다.

여기서 나쁜 짓을 「자본시장과금융투자업에관한법률」(이하 '자본시장법')에서 '불공정거래행위'라고 한다. 말 그대로 주식시장에서 공정하지 못한 행위를 한 것이다.

예를 들어 회사의 내부자들이 중요한 정보를 공개하지 않은 상황에서 이를 주식투자에 이용한 행위(미공개중요정보이용행위, 자본시장법 제174조), 가장·통정매매 등을 통해 인위적으로 시세를 조종한 행위(시세조종행위, 자본시장법 제176조), 주식시장에서 거짓말을 유포하여 시세에 영향을 주는 행위(부정거래행위, 자본시장법 제178조) 등이 있다. 이러한 행위들은 자본시장법에서 엄격하게 금지하고 있고, 이를 어겼을 경우에는 법정에서 심판을 받게 된다.

하지만 안타깝게도 이러한 형사처벌은 사고가 터진 뒤의 일이다. 투자자에게 중요한 것은 돈을 잃지 않는 것이다. 따라서 이러한 일에 처음부터 엮이지 말아야 하는 것이다. 한마디로 수상한 종목들에는 손을 대면 안 된다.

공시가 중요한 이유

주식투자자라면 공시가 중요하다는 것을 알 것이다. 그렇기에 시중에는 공시의 종류들을 설명해주는 수많은 양질의 책들이 있다. 주식 투자로 중요한 정보들을 포착해서 돈을 벌기 위해서라면 이런 공시들을 잘 아는 것이 중요하다. 그리고 실제로 주가에 즉각적으로 반영되는 좋은 소식들이 있다. 이를 '호재성 공시'라고 한다.

SK이노베이션은 2023년 11월 3일 오전 9시 29분에 3분기 영업(잠정)실적을 공시했다([그림 1-5] 참조). 2분기 영업이익 적자를 기록했던 회사는 1조 5,000억 원이 넘는 분기 영업이익으로 흑자 전환했다. 전년 동기 대비로도 2배가 넘

그림 1-5 SK이노베이션 2023년 3분기 영업(잠정)실적 공시

연결재무제표 기준 영업(잠정)실적(공정공시)

※ 동 정보는 잠정치로서 향후 확정치와는 다를 수 있음.

1. 연결실적내용   단위 : 백만원, %

구분		당기실적 (2023년 3분기)	전기실적 (2023년 2분기)	전기대비증감율(%)	전년동기실적 (2022년 3분기)	전년동기대비증감율(%)
매출액	당해실적	19,889,060	18,727,247	+6.2%	22,753,360	-12.59%
	누계실적	57,759,186	37,870,126	-	58,920,178	-1.97%
영업이익	당해실적	1,563,072	-106,797	흑자전환	703,959	122.04%
	누계실적	1,831,267	268,195	-	4,682,236	-60.89%
법인세비용 차감전계속사업이익	당해실적	1,086,330	-257,911	흑자전환	303,484	257.95%
	누계실적	984,737	-101,593	-	3,689,624	-73.31%
당기순이익	당해실적	729,614	-120,440	흑자전환	175,162	316.54%
	누계실적	557,220	-172,394	-	2,376,936	-76.56%

그림 1-6 호재성 공시에 반응하는 SK이노베이션 주가

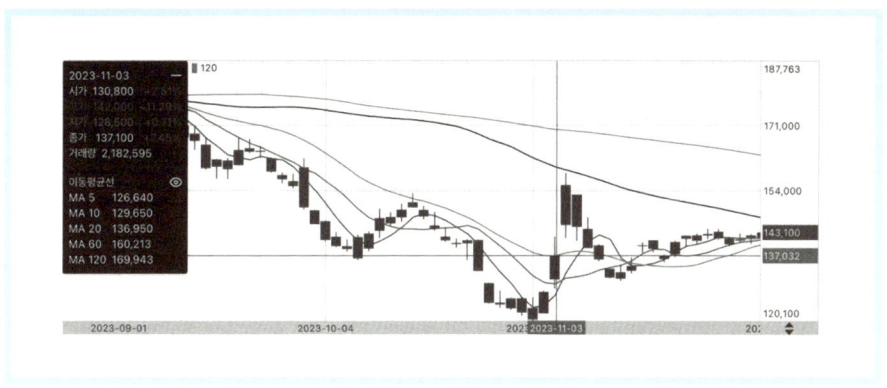

출처 : 증권플러스

표 1-2 A사 감사보고서 제출 공시

구분	당해 사업연도	직전 사업연도
1. 연결 감사의견 등		
- 감사의견	의견거절	적정
- 계속기업 존속 불확실성 사유 해당 여부	해당	미해당

는 이익이었다. 주가는 즉각 반응하여 당일 7% 상승으로 마무리하고 다음 날에도 13%의 상승률을 보였다([그림 1-6] 참조). 호재성 공시가 주가에 반영된 일반적인 사례라고 할 수 있다.

하지만 공시를 유심히 봐야 하는 정반대의 이유가 있다. 돈을 벌기 위함뿐만 아니라 돈을 잃지 않기 위함이다. 우리가 '악재성 공시'도 자세히 살펴봐야 하는 이유이다. 대표적인 악재성 공시로 '감사의견거절'이 있는데, 이는 상장폐지 사유에 해당한다([표 1-2] 참조).

그런데 자세히 보면 이러한 감사의견거절 공시는 거래징지 공시와 함께 올라온다. 다시 말해 감사의견거절 공시가 나오자마자 주식의 거래가 즉시 정지된다. 결국 감사의견거절 공시를 확인한 이후에는 주식을 팔수도 없다.

이런 경우 투자자 입장에선 황망할 것이다. 그리고 이런 생각을 하게 된다. '이럴 거면 공시를 왜 보나?'

하지만 이성적으로 판단했을 때 더 근본적으로 중요한 것은, 이렇게 내 주식이 망가지기 전에 상황을 눈치 채고 주식을 미리 정리하거나 손실을 최소화하는 것이다. 또 그렇게 하기 위해서는, 주식이 망가지고 있는 조짐들을 제때 체크할 수 있어야 한다. 이때 중요한 것이 바로 공시다.

회사는 사람과 똑같다. 사람은 타인에게 자신의 장점을 보여주고 단점은 최대한 숨기고자 노력한다. 회사도 마찬가지이다. 회사는 공시나 재무제표를 통해 당연히 모든 정보들을 최대한 공개해야 할 의무가 있지만 '굳이' 좋지 않은 징후들을 강조해서 알려주지는 않는다. 그렇기 때문에 우리는 회사가 잘 강조하지 않는 '안 좋은 면'들을 찾아낼 줄 알아야 한다. 그리고 그 대표적인 수단이 공시인 것이다.

나아가 우리는 몇 가지 중요한 공시자료들을 통해 '느낌이 좋지 않은 주식'들을 골라 낼 수 있다. 그것이 재무적으로 안 좋은 회사일 수도 있고, 지배구조가 좋지 않거나 돈을 이상하게 쓰는 회사일 수도 있다.

한 가지 예를 들어보자. 기업사냥꾼이 회사를 인수한 뒤, 하라는 사업은 열심히 안 하고 자꾸 돈을 어딘가로 빼돌리는 상황을 가정해보자(실제로 이런 불미스러운 일들이 발생하기도 한다). 정체를 알 수 없는 이런저런 회사들을 인수하는데 돈을 자꾸 지출할 수도 있다. 본업을 잘해도 주가가 좋아질까 말까인데, 이런 상황에서 회사는 좋아질 수가 없다. 주가도 고전할 것이다. 설상가상으로 횡령·배임이 발생하거나 감사의견거절 등이 나올 수도 있다. 그렇게 되면 회사는 결국 상장폐지로 치닫게 된다.

그렇다면 이러한 조짐들을 구체적으로 어디서 살펴봐야 하는가? 이런 문제들을 미리 알아보거나 예측할 수는 없을까?

완벽한 예측은 당연히 불가능하겠지만 최소한의 힌트를 얻을 수 있는 방법이 있다. 우선 회사의 사업보고서(혹은 감사보고서) 공시 중 현금흐름표와 관계기업주식투자현황을 살펴보고 타법인주식 및 출자증권취득 공시(이하 '타법인주식취득결정 공시')를 확인해야 한다.

특히 '신사업진출'을 명목으로 회사를 인수한다면서 '허튼 돈'을 쓰는지 살펴보는 것이 중요하다. 여기서 짚고 넘어가야 할 것은 신사업진출이 무조건 나쁘다는 것이 아니라는 점이다. 인수하는 회사가 어떤 회사인지 최대한 알아보고 판단해보자는 것이다. [표 1-3]을 살펴보자.

현재는 상장폐지된 A사가 ㈜깡통을 인수하는 과정에서 공시한 타법인주식취득결정 내용이다. 취득목적은 '사업다각화'이고, 현금으로 취득했다. 그리고 지급하는 금액은 115억 원으로 A사의 자기자본대비 48%에 해당하는 꽤 큰 금액이다. 그럼 이 회사가 인수하려는 ㈜깡통은 어떤 회사일까?

[표 1-4]를 보면 ㈜깡통의 최근 매출액은 1억 원, 당기순이익은 (-)5억 원 정도이다. 심지어 작년 매출액은 0원이다. 매출액이 0원이라는 것은 아예 영업활동을 하지 않은 것이나 마찬가지다.

많은 정보가 기재되어 있지는 않지만, 우리는 여기서 판단해보면 된다. 자신이 가지고 있는 자금(자기자본)의 48%인 115억 원을 연매출 1억 원, 당기순손실

표 1-3 A사 타법인주식 취득결정 공시

1. 발행회사	회사명	㈜깡통
	자본금	25억 원
	주요사업	오디오코딩
2. 취득내역	취득주식수	3,000,000주
	취득금액	115억 원
	자기자본	240억 원
	자기자본대비 비율	48%
3. 취득 후 소유주식수 및 지분비율	소유주식수	3,000,000주
	지분비율	77%
4. 취득방법		현금지급
5. 취득목적		사업다각화

표 1-4 A사 타법인주식 취득결정 공시(재무상황)

발행회사(㈜깡통)의 요약 재무상황 (단위 : 백만 원)

구분	자산총계	부채총계	자본총계	자본금	매출액	당기순이익
당해년도	1,700	75	1,625	2,500	106	-520
전년도	4	20	-16	50	-	-65
전전년도	-	-	-	-	-	-

5억 원인 회사를 인수하는데 과연 쓸 것인가? 이러한 질문에 대한 답을 통해 투자판단을 하면 된다.

결과적으로 A사는 이 거래로 인해 나중에 회계감사 의견거절을 받고 상장폐지에 이르게 된다. 이 사례는 뒤에서 다시 자세히 다룰 예정이다.

여기서 중요한 것은 우리가 이러한 정보들을 살펴보는 이유이다. 적어도 내 돈을 투자해 내가 주주로 있는 회사인데, 회사가 돈을 어디에 어떻게 쓰는지 정도는 챙겨봐야 한다. 그리고 이를 통해 궁극적으로 '돈을 잃지 않는 투자'가 되도록 예방하는 것이다.

누구나 '사고'를 당할 수 있다

나는 가치투자자이기 때문에 이런 일에 엮이지 않는다고 생각할 수 있다. 하지만 놀랍게도, 멀쩡한 종목들에서도 주가조작과 같은 불공정거래가 일어난다.

2023년 일명 'SG증권발發 하한가 사태'가 사회적 이슈몰이를 한 적이 있었다. SG증권의 창구에서 대규모 매도물량이 쏟아지며 연이은 하한가로 8개 종목의 시가총액이 3일 동안 7조 원 이상 증발한 사건이다. 사태의 내막을 살펴보면, 주가조작세력이 3년에 걸쳐 우량주들을 대상으로 시세조종을 해왔던 것이다. 이로 인해 해당 우량주들은 적정가격 대비 과도한 주가 상승을 보인 후 결국 폭락했다.

당시 세간을 놀라게 한 것은 작전세력이 무려 3년씩이나 금융당국의 감시망을 피해가며 장기간 시세조종을 해왔다는 사실이었다. 게다가 또 하나 주목을 받았던 것은 시세조종의 대상이 시장에서 아주 우량한 종목들이었다는 점이다.

[그림 1-7]은 당시 시세조종의 대상이 되었던 한 회사의 재무상태를 보여준다. 재무상태는 상당히 건전하다. 해당 종목의 매출액은 매년 조 단위를 기록하고 있다. 영업이익은 1,000억 원에 가까운 수준에서 2021년 감소세를 보였다

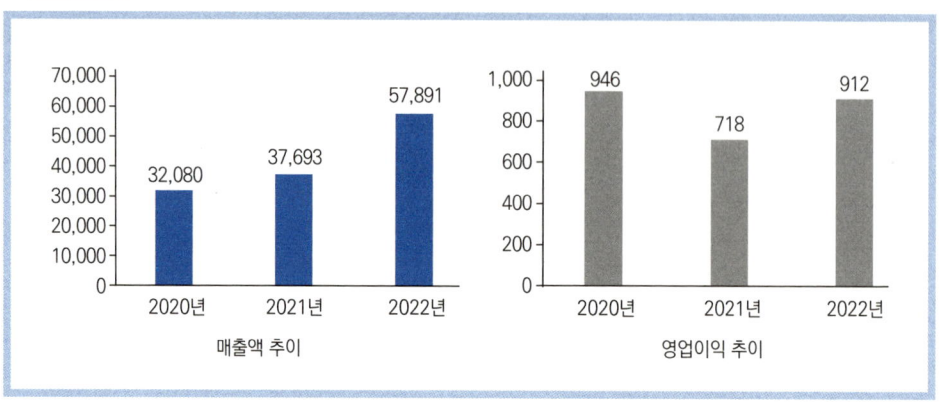

그림 1-7 'SG증권 사태' 관련주 중 한 종목의 재무현황 (단위 : 억 원)

그림 1-8 A사 사업보고서(소액주주 현황)

가 다시 증가세를 나타내고 있다. 그럼에도 매출 성장세는 지속되고 있다.

　가치투자자들이 매력을 느끼기에 충분한 회사다. 이런 회사에 투자했다고 비합리적 투자자라고 할 수 있을까? 이 회사는 재무적으로 멀쩡하다. 다만 제3자의 나쁜 짓으로 '사고'가 발생한 것이다. 특히 해당 사건은 구조가 복잡한 장외파생상품 거래가 동반되어 결과적으로 주가조작 과정에서 대규모의 폭락으로 이어졌다. 가치투자를 추구했던 수많은 투자자들은 영문도 모른 채 이런 폭락을 맞이했던 것이다.

여기서 저자가 이야기하고 싶은 것은, 합리적인 투자자이건 아니건 간에 누구나 투자의 세계에서는 이런 사고를 당할 수 있다는 것이다. 이게 현실이다.

한편으로는 이렇게 생각할 수도 있다. '그렇게 이상한, 혹은 문제되는 회사들에 투자하는 사람들이 얼마나 많겠어?'라고 말이다.

2020년 상장폐지된 A사는 2019년부터 거래정지 되었는데, 그 직전 연도 말 기준 사업보고서를 보면 소액주주가 1만 4,774명으로 확인된다([그림 1-8] 참조). 망가져가는 이 회사에 투자해서 주식이 거래정지 되고 끝내 상장폐지에 이르러 피해를 입은 사람들이 전국에 1만 명 이상이었다는 것이다. 이들 소액주주의 투자규모는 제각각이겠지만 모두가 상장폐지로 인해 회복 불가능한 손실을 본 것은 사실이다. 그것도 이 종목 1개에서 말이다.

이 회사만 그런 것이 아니다. 주식시장의 상당수 종목들은 소액주주들이 절대적인 비중을 차지하고 있다. 따라서 어떤 종목이든 거래정지나 상장폐지와 같은 불의의 사고를 겪게 되면 수많은 피해자들이 발생할 수밖에 없다. 그리고 이는 가치투자자든 퀀트투자자든 심지어 기관투자자든, 누구나 겪을 수 있는 일이다.

워런 버핏이 말한 '투자의 첫 번째 원칙'

투자의 세계에는 수많은 명언들이 있다. 투자를 하지 않는 사람들조차 다 아는 투자의 대가 워런 버핏 역시 유명한 말을 했다.

"투자의 첫 번째 원칙은 돈을 잃지 않는 것이고,
두 번째 원칙은 첫 번째 원칙을 잊지 않는 것이다."

지극히 맞는 말이다. 저자는 이 유명한 말을 몇 가지 버전으로 나눠 새기고 또 새긴다. 첫 번째 버전은, 열심히 공부해서 투자를 하고 투자금을 잃지 말자는 것이다. 여기다 조금 더 의미를 덧붙인 두 번째 버전은, 내가 잘 아는 분야에 투자함으로써 안정적인 투자를 하자는 것이다.

그리고 세 번째 버전은 이 책의 주제와도 곧바로 연결되는 부분이다. 저자는 이 유명한 말을 더 보수적으로, 더 구체적으로 이렇게 해석한다. 돈을 벌기 이전에 '휴지조각이 될 수 있는 위험한 주식'을 피함으로써 먼저 돈을 잃지 말자는 것으로 말이다.

이 책은 일확천금을 벌 수 있는 종목을 고르는 법을 소개하는 책이 아니다. 오히려 정반대로, 휴지조각이 될 수 있는 종목을 피하기 위한 최소한의 지침서 역할을 하기 위한 책이다. 현재 투자하고 있는 주식, 혹은 앞으로 투자하려고 하는 주식이 잠재적인 위험에 처해있는지를 사전에 진단하기 위한 실전적인 내용을 담고 있다.

그리고 나아가 모든 사고를 사전에 다 예견할 수는 없기에 사후적으로라도 어떤 주식이 왜 휴지조각이 되었는지를 살펴보려고 한다. 특히 주식시장에서의 공시제도, 그리고 주식 매매 제도를 토대로 이를 설명하고자 노력했다.

공시는 분명히 투자자들에게 유의미한 정보를 알리기 위한 제도다. 하지만 정보가 너무 많은 것이 문제가 될 때가 있다. '정보의 과잉'은 어떤 내용을 중점적으로 봐야 하는지 알기 어렵게도 만들기 때문이다.

이 책에서는 △공시 △재무제표 △최대주주라는 3가지 키워드를 중심으로 '내 주식의 위험진단'을 위해 핵심적으로 체크해야 하는 내용들을 추려볼 것이다.

참고로 이 책에서 인용한 공시 내용은 한국거래소 전자공시시스템 KIND를 주요 출처로 사용한다. 사람들이 많이 이용하는 사이트는 금융감독원 전자공시시스템 DART지만 KIND와 DART의 공시 내용은 당연히 동일하다. 개인적으로 KIND의 가독성과 검색의 접근성 때문에 이를 이용하고 있다.

주식시장에는 '위험한 주식'들과 관련한 다양한 제도들이 있다. 관리종목지정, 거래정지, 상장폐지 등이 대표적인 것들이다. 이런 제도들부터 구체적인 사례와 함께 이어지는 다음 장들에서 살펴볼 것이다.

투자자라면 이러한 제도들이 왜 운영되는지, 그리고 어떠한 경우에 작동하는지를 당연히 알아두어야 한다. 그래야 내 주식에 대한 위험진단 이후 이러한 리스크에 노출될 가능성이 있는지 여부를 판단해볼 수 있기 때문이다. 그리고 만약 내 주식이 이러한 '위기'에 직면한 경우라면 더더욱 제도와 절차에 대한 숙지 여부가 중요하다. 앞으로 내 주식이 어떻게 될지 정도는 스스로 파악할 수 있어야 하니까 말이다. '대처방안'은 여기서부터 나온다.

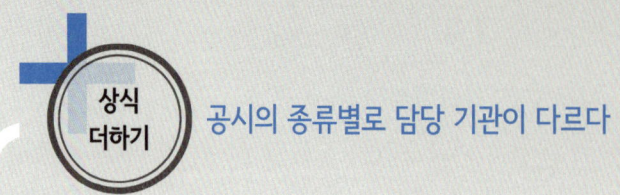

공시의 종류별로 담당 기관이 다르다

주식시장에 배포되는 공시의 종류들은 굉장히 다양하고 서로 유사해 보이는 것들이 많다. 하지만 공시의 종류에 따라 담당기관이 금융감독원(금융위원회)과 한국거래소로 구분된다.

자본시장법으로 직접 규제되는 공시의 종류들은 금융감독원으로 제출된다. 정기공시(사업보고서, 분·반기보고서 등), 주요사항보고서(자기주식 취득·처분, 회사 간 합병 등), 지분공시(주식대량보유보고서 등)가 여기에 해당한다.

그 이외의 모든 수시공시(최대주주변경, 타법인주식취득, 단일판매계약 등)와 조회공시답변, 공정공시 등은 거래소에서 담당한다.

물론 투자자 입장에서 이것까지 굳이 구분해서 신경 쓸 필요는 없다. 공시 종류마다 담당기관과 시스템(한국거래소의 KIND 혹은 금융감독원의 DART)이 다르더라도 주식시장에 배포되는 공시의 내용과 시점은 모두 동일하기 때문이다.

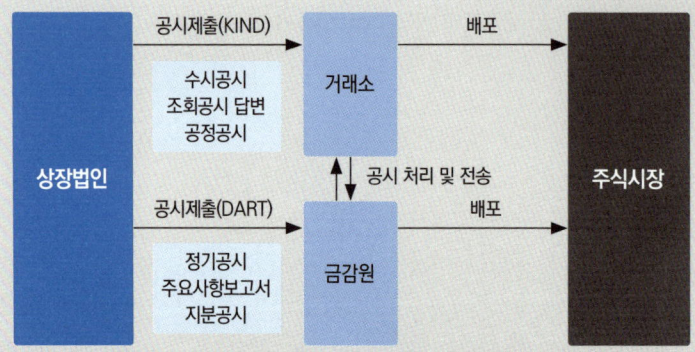

출처 : 한국거래소 코스닥시장본부

관리종목 지정 : '투자할 때 주의하라'는 신호
감사의견 비적정 : 내 주식에 문제가 생겼다는 진단
거래정지 : 왜 내 주식을 팔지도 못하게 해?
'위기의 주식'들이 밟게 되는 경로는 대체로 비슷하다

2장

'위기의 주식'과 자본시장 프로세스

주식시장은 탐욕이 기승을 부리는 곳이다. 수많은 투자자들이 모여 저마다의 호가창을 바라보고 있고, 거래 주문들이 쉼 없이 체결된다. 어떤 이는 오르는 주가에 환호하고 어떤 이는 상장폐지 위기에 처한 주식을 쳐다보며 막막해한다.

다양한 모습의 투자자들, 그리고 그들이 바라보는 수많은 주식들이 가지각색의 모양으로 존재하는 것 같지만 주식시장에는 엄연한 룰^{Rule}이 있다. 특히 휴지조각이 될 가능성이 있는 '위기의 주식'들은 그 룰 안에서 어느 정도 정해진 절차를 밟게 된다.

위기의 주식들이 주로 직면하게 되는 운명에 어떤 것들이 있고, 그 운명의 절차들이 어떤 프로세스에 따라 진행되는지 살펴보자.

관리종목 지정 : '투자할 때 주의하라'는 신호

한국거래소 전자공시시스템 KIND를 통해 공시를 검색해보면 일부 회사명 옆에 빨간색 '딱지' 같은 표식을 볼 수 있다. 그리고 이 표식은 실제로 딱지 역할

그림 2-1 KIND 전자공시시스템 조회 화면(관리종목 지정)

을 한다. 특히 여기서 빨간색으로 '관'자가 붙어있는 종목은 현재 한국거래소에 의해 관리종목으로 지정된 주식을 의미한다([그림 2-1] 참조).

한국거래소는 우리나라 주식시장을 운영 및 관리하는 곳이다. 여기서 말하는 '운영 및 관리'는 주식을 상장시키고 그 주식이 원활하게 거래되도록 운영하는 것뿐만 아니라 투자자 보호를 위하여 상장사에 특정 이벤트가 발생했을 때 적절한 조치를 취하는 것이다.

예를 들어 상장사가 사업보고서를 법정기한 내에 제출하지 않으면 관리종목으로 지정된다. 그리고 만약에 이러한 사업보고서 미제출이 반복될 경우 상장폐지에 이를 수도 있다. 즉 내 주식이 휴지조각이 되어 주식시장에서 퇴출되는 것이다.

하지만 거래소는 멀쩡하게 거래되던 주식을 하루아침에 상장폐지 시키지는 않는다. 상장폐지 위험이 있는 주식들에 대해 일종의 경고메시지를 보내는데, 그 대표적인 것이 바로 '관리종목 지정' 제도이다.

1. 어떤 경우에 관리종목으로 지정되나?

관리종목은 축구경기에서의 '옐로카드'에 해당하는 개념이다. 상장사의 경영

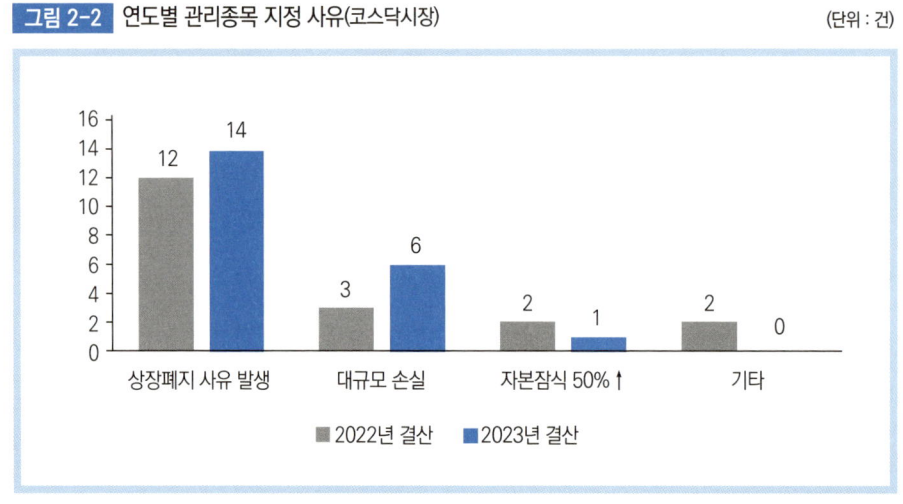

그림 2-2 연도별 관리종목 지정 사유(코스닥시장) (단위 : 건)

출처 : 한국거래소 코스닥시장본부

상황이 악화되고 상장폐지의 우려가 있는 종목들에 대해 주의가 필요하다는 차원에서 거래소가 지정하는 관리대상인 것이다. 한국거래소 상장규정에는 10개가 넘는 관리종목 지정 사유들이 나열되어 있는데, 실제 적용되는 가장 주요 사유들은 3~4개 종류로 확인된다.

코스닥시장의 경우 2022년과 2023년 모두 '상장폐지 사유 발생'[1](주로 외부감사인의 감사의견 비적정)'이 가장 많았다([그림 2-2] 참조). 이외에 '대규모손실 사유(최근 3사업연도 중 2사업연도 자기자본 50% 초과 법인세비용차감전계속사업손실 발생)'[2] 및 '50% 이상의 자본잠식률 발생'[3]이 주된 관리종목 지정 사유였다.

참고로 2022년까지는 4사업연도 연속으로 영업손실이 발생하면 관리종목으로 지정되었으나, 이는 최근 코스닥시장 상장규정 개정으로 관리종목 지정사유에서 제외되었다.

이제부터 관리종목 지정의 주요 사유들에 대해 자세히 알아보도록 하자.

1) 상장폐지 사유 발생[4]

'상장폐지 사유 발생'은 최근 관리종목 지정 배경 중 가장 많은 비중을 차지하는 사유이다. 상장폐지가 우려되어 관리종목을 지정하는 것이 본래의 취지다. 하지만 이미 상장폐지에 이를 수 있는 사유가 발생해버린 상황에서도 관리

---

1 코스닥시장 상장규정 제53조 제1항 제12호
2 코스닥시장 상장규정 제53조 제1항 제2호
3 코스닥시장 상장규정 제53조 제1항 제3호
4 상장폐지 사유는 각 시장(코스피/코스닥)마다 조금씩 차이가 있다. 각 시장에서 규정하고 있는 상장폐지 사유가 발생했을 때 관리종목으로 지정된다.

종목으로 지정한다.

뒤에서 다시 언급하겠지만 상장폐지 사유에는 '형식적 사유'와 '실질적 사유'가 있다([그림 2-3] 참조). 특히 상장폐지 사유 중 형식적 사유에 해당하는 '외부감사인의 감사의견거절' 케이스가 가장 많다.

상장사들은 「주식회사 등의 외부감사에 관한 법률」(이하 '외감법')에 따라 매년 외부감사인의 회계감사를 받아야 한다. 이 과정에서 상장사가 국제회계기준 IFRS에 따라 재무제표를 타당하게 작성했다고 보기 어려운 회사들이 문제가 된다. 외부감사인은 이런 회사들에 대해 재무제표 작성의 적정성에 대한 의견을 표명할 수 없다는 차원에서 의견거절 조치한다. 그리고 이는 형식적 상장폐지 사유에 해당하기 때문에 곧바로 관리종목으로 지정되는 것이다.

그림 2-3 상장폐지 사유에 의한 관리종목 지정

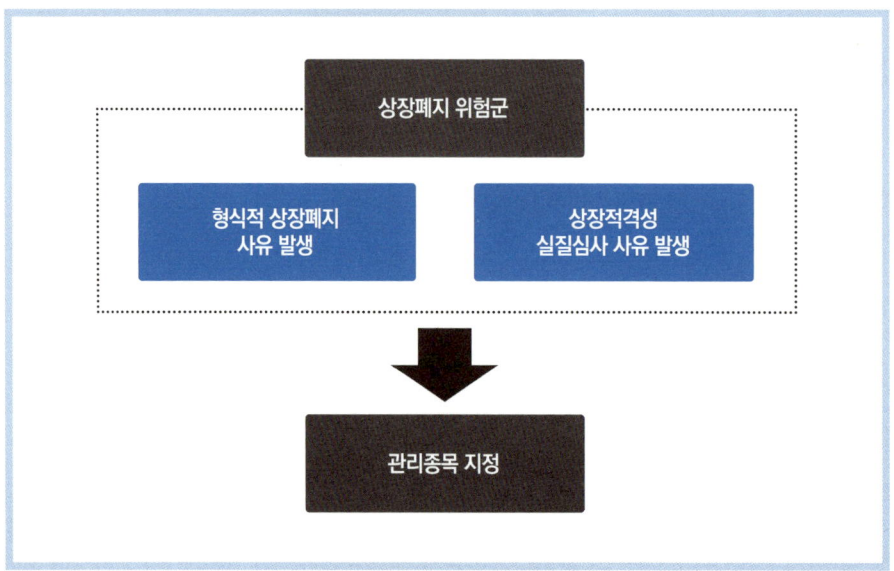

그림 2-4 C사 상장폐지 사유 발생으로 인한 관리종목 지정 공시

관리종목 지정

1.대상종목		보통주
2.지정사유	- 상장적격성 실질심사 대상 결정	
3.지정일	2023-06-14	
4.근거규정	코스닥시장상장규정 제53조 및 동규정시행세칙 제58조(별표 10)	
5.기타	-	

이외에도 실질적 상장폐지 사유(상장적격성 실질심사 사유)가 발생하여 상장적격성 실질심사 대상으로 선정되면, 관리종목으로도 함께 지정된다.

상장적격성 실질심사란 회사에 중대한 문제(예를 들어 횡령·배임 혐의 발생, 또는 주요 사업에 대한 영업정지 등)가 발생했을 경우 사안에 따라 이를 상장폐지 검토 대상으로 삼고 회사가 상장사로서 적격성이 있는지를 종합적으로 심사하는 상장폐지 제도이다. 이처럼 중대한 문제가 발생했을 때 회사는 상장적격성 실질심사 대상으로 결정되고, 관리종목으로도 함께 지정된다.

C사의 사례를 살펴보자. C사는 2023년 4월 26일 횡령·배임 혐의 발생 사실이 확인되어 상장적격성 실질심사 사유가 발생했음을 공시한다. 그리고 그 횡령·배임 혐의의 규모, 그것이 회사의 재무구조에 끼칠 영향 등을 고려하여 6월 13일 상장적격성 실질심사 대상 법인이 됨을 공시하였고, 6월 14일부터 관리종목으로 지정되었다. 즉 C사는 상장폐지 여부 심사를 받게 된 것이다. 그리고 상장폐지 사유의 발생과 함께 C사는 관리종목으로도 지정된다([그림 2-4] 참조).

2) 자본잠식률 50% 이상

회사의 재무상태표를 살펴보면 '자본총계(또는 '자기자본'이라고 한다. 여기서는 혼용하여 쓰도록 한다)'라는 항목이 있다. 이는 많은 사람들이 알고 있는 '자산=부채+자본'이라는 표현에서의 그 자본을 의미한다. 그리고 이 자본총계는 자본금, 자본잉여금, 이익잉여금 등으로 구성되어 있다([표 2-1] 참조).

회계 공부를 위한 책은 아니니 우리는 여기서 자본금 항목에 집중해보자. 자본금은 주식회사의 공식적인 '돈주머니'라고 할 수 있다. 통상적으로 자본금은 최초에 주주들이 출자한 금액이다.

자본금은 '주식의 액면가×주식수'로 구해진다. 예를 들어 주식의 액면가가 100원이고 주식수가 총 200주이면 회사의 자본금은 100원×200주=20,000원이 된다. 자본금은 액면가에 의해 구해지기 때문에 회사의 실시간 주가가 100원이든 3,000원이든 자본금은 변하지 않는다. 실시간 주가를 반영한 3,000원×200주=600,000원은 이 회사의 자본금이 아니라 시가총액에 해당하는 금액이다.

표 2-1 SK네트웍스 사업보고서(재무상태표상 자본 항목의 구성) (단위 : 백만 원)

구분	2022년	2021년	2020년
자본금	648,654	648,654	648,654
자본잉여금	787,513	787,513	787,513
이익잉여금	710,321	724,758	692,185
기타자본항목	(148,228)	(115,104)	(159,583)
자본총계	1,998,260	2,045,821	1,968,769

그렇다면 회사가 자본금을 늘리기 위해서는 어떻게 해야 할까? 유상증자를 하면 된다. 유상증자를 통해 주식을 추가로 발행하면 액면가가 그대로여도 주식수가 늘어나기 때문에 자본금은 증가하게 된다.

그리고 회사는 이러한 자본금을 바탕으로 사업을 영위해 나간다. 만약에 회사가 이익(당기순이익)을 남기면 자본금 이외에 이익잉여금이라는 항목에 그 이익이 쌓이게 된다. 나아가 유상증자 과정에서 액면가보다 비싸게 발행한 주식은 그만큼 주식발행초과금이라는 이름으로 자본잉여금 항목에 더해진다. 그래서 보통 영업활동을 통해 이익이 발생하거나 유상증자에 성공한 회사의 경우 자본총계가 자본금보다 큰 것이 정상이다.

그런데 자본잠식은 이와 정반대의 개념이다. 회사가 자본금을 출자하여 영업을 시작했는데 바로 적자가 났다고 치자. 그러면 회사에 남는 자본총계는 자본금보다 작아진다. 이를 자본잠식이라고 한다.

그리고 자본잠식률은 이러한 자본총계 중 자본잠식의 크기(=자본금-자본총계)를 통해 계산할 수 있다.

$$자본잠식률(\%) = \frac{자본금 - 자본총계}{자본금} \times 100$$

자본잠식률은 주식시장에서 상장사에게 중요한 개념이다. 이는 대표적인 기업의 부실화 지표 중 하나일 뿐만 아니라 이 자본잠식률에 따라 각종 시장조치가 발생한다. 상장사가 결산을 끝낸 결과 자본잠식률이 50% 이상으로 나오면 관리종목으로 지정된다. 바꿔 말하면 회사 자본금의 절반 이상을 까먹으면 관

그림 2-5 D사 '자본잠식률 50% 이상' 사유로 관리종목 지정

관리종목 지정	
1.대상종목	보통주
2.지정사유	- 자본잠식률 50% 이상
3.지정일	2023-03-07
4.근거규정	코스닥시장상장규정 제53조 및 동규정시행세칙 제58조(별표 10)
5.기타	-

리종목으로 지정되는 것이다([그림 2-5] 참조).

3) '세전사업손실률 50% 초과' 2회 발생[5]

앞서 살펴본 자본잠식률은 어느 정도 들어본 개념이라 익숙했을 것이다. 그런데 최근 3년의 법인세비용차감전계속사업손실률(이하 '세전사업손실률')이라는 개념은 낯설다. 일단 '세전사업손실'이라는 용어부터 흔히 듣는 용어는 아닐 것이다.

우선 매출액에서 당기순이익이 발생하기까지의 과정들을 간략히 살펴보자([그림 2-6] 참조).

세전사업이익은 회사(주주)의 최종적인 이익인 당기순이익에 법인세를 더한 수치이다. 그렇다면 이 숫자를 우리가 왜 알아야 할까?

우선 세전사업이익은 회사의 모든 경영활동에 따라 마지막으로 산출되는 실

---

5 각각의 법인세비용차감전계속사업손실 금액이 10억 원 이상인 경우를 말한다. 이하 동일하다.

그림 2-6 '매출액'에서 '당기순이익'이 발생하기까지의 과정

	매출액	
−	매출원가	
=	**매출총이익**	
−	판매비·관리비	
=	**영업이익**	→ 회사의 일반적인 영업활동 실적
+	영업외수익	
−	영업외비용	
=	**법인세비용차감전이익**	→ 관리종목 지정 사유의 기준
−	법인세비용	
=	**당기순이익**	→ 회사(주주)에 최종적으로 귀속되는 이익

그림 2-7 '세전사업손실률 50% 초과'로 인한 관리종목 지정

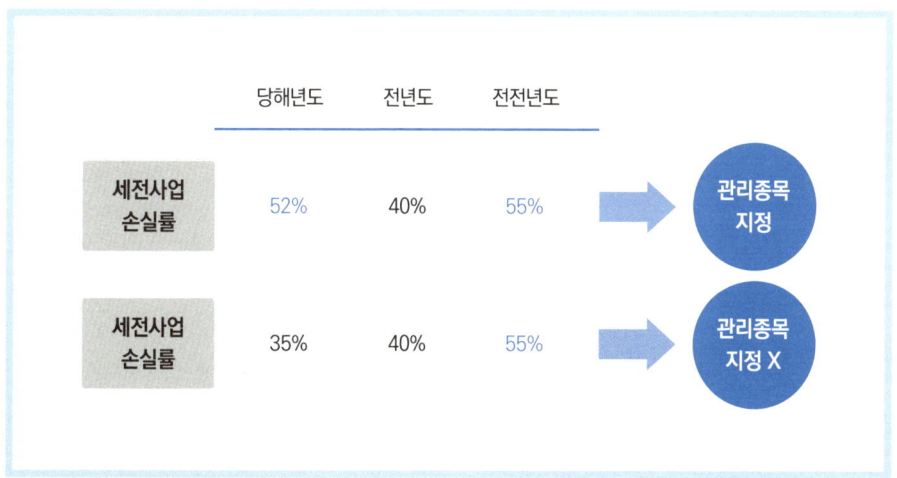

적치라고 할 수 있다. 법인세는 나라에서 정한 법에 따라 산출된다. 즉 회사 입장에서 어느 정도 '외부적'인 요소라고 할 수 있다. 그렇기 때문에 세전사업이익은 회사의 경영활동에 의해 받아볼 수 있는 마지막 성적표라고도 할 수 있는 것이다. 물론 당기순이익은 주주에게 환원되는 최종적 실적이기 때문에 역시나 중요한 의미를 지닌다.

다만 세전사업이익은 또 다른 측면에서 중요한 의미를 지닌다. 바로 이 수치에 따라 '내 주식'이 관리종목으로 지정되거나 상장폐지가 될 수도 있다는 점이다. 만약에 회사가 세전사업손실이 발생했고, 최근 3년 중 자기자본 대비 세전사업손실의 규모(세전사업손실률)가 50%를 넘은 해가 2번이면 관리종목으로 지정된다([그림 2-7] 참조).

이후 또 한 번 세전사업손실률이 50%를 초과하면 상장폐지 대상(상장적격성 실질심사) 법인이 된다.

E사는 2021년의 실적을 발표하면서 내부결산시점 관리종목 지정 사유가 발생했다는 공시를 낸다([그림 2-8] 참조). 해당 공시에서 회사는 당시 코로나19로 인한 영업상황의 부진이 실적 악화의 주된 요인이라고 설명하면서 최근 3사업연도의 세전사업손실률을 발표한다.

2년 전에는 세전사업손실률이 3.84%로 상대적으로 미미한 수준이었으나 직전사업연도에는 85.02%로 급등하여 처음으로 세전사업손실률 50%를 초과하였다. 그리고 당해 사업연도에는 217.06%로 또 다시 급등하여 2번 연속 세전사업손실률 50%를 초과하였다.

E사는 이후 감사보고서 제출 공시에서 최근 3사업연도 중 2사업연도에 대해 세전사업손실률 50%를 초과한 사실이 확인되어 관리종목으로 지정된다([그림

그림 2-8 E사 내부결산시점 관리종목지정 사유 발생 공시

[최근 3사업연도의 법인세비용차감전계속사업손실률] (단위 : %, 원)

구분	당해사업연도	직전사업연도	전전사업연도
(법인세비용차감전계속사업손실/자기자본)×100(%)	217.06	85.02	3.84
	50%초과	50%초과	-
법인세비용차감전계속사업손실	84,673,984,258	105,467,328,213	9,335,462,385
자기자본[지배회사 또는 지주회사인 경우에는 비지배지분 포함]	39,009,067,937	124,052,687,000	243,288,566,937

그림 2-9 E사 관리종목 지정 공시(세전사업손실률 50% 초과)

관리종목 지정

1.대상종목	
2.지정사유	- 최근3사업연도중 2사업연도 자기자본 50%초과 법인세비용차감전계속사업손실 발생
3.지정일	2022-05-30
4.근거규정	코스닥시장상장규정 제53조 및 동규정시행세칙 제58조(별표 10)
5.기타	-

2-9] 참조).

4) 기타 사유들

이외에도 연간 매출액이 너무 적거나(코스피 상장사의 경우 50억 원 미만, 코스닥 상장사의 경우 30억 원 미만), 상장사의 회생절차 개시 신청이 있는 경우 관리종목으로 지정된다([그림 2-10] 참조).

그림 2-10 F사 관리종목 지정 공시(회생절차 개시신청)

관리종목 지정	
1.대상종목	보통주
2.지정사유	- 회생절차 개시신청
3.지정일	2023-10-06
4.근거규정	코스닥시장상장규정 제53조 및 동규정시행세칙 제58조(별표 10)
5.기타	-

또한 코스닥 시장에서 시가총액이 40억 원을 하회하면서 30거래일이 지속되면 관리종목으로 지정된다.

이외에도 사업보고서, 분·반기보고서 등과 같은 정기보고서들을 법정기한(보통 12월 결산 상장법인들이 대다수이며, 이들의 사업보고서 법정기한은 3월 말이다)까지 제출하지 않아도 관리종목으로 지정된다.

지금까지 회사가 관리종목으로 지정되는 여러 가지 사유들을 살펴보았다. 그렇다면 이제 한 가지 궁금증이 생길 것이다. 관리종목으로 지정되면 어떻게 되는 것일까? 무슨 문제가 발생하는가?

2. 관리종목으로 지정되면 어떻게 되나?

상장사를 관리종목으로 지정하는 것은 투자자들에게 보내는 일종의 경고성 메시지이다. 투자할 때 주의하라는 것이다.

하지만 이뿐만 아니라 실질적인 제재의 효과도 존재한다. 우선 관리종목 지정 사유가 최초로 확인되면 하루 동안 주식의 매매거래가 정지될 수 있다.[5] 하루 매매거래 정지가 무슨 대수냐고 할 수도 있지만, 주식시장에서 관리종목으로 지정됨으로써 매매거래가 정지된다는 것은 투자자들에게 부정적인 신호를 강하게 보내는 것이다. 기존 주주들은 불안감을 느끼고, 신규 투자자들은 투자를 꺼리게 될 수밖에 없다. 나아가 매매거래 정지 기간이 사안에 따라 더 길어질 수도 있다.

또한 관리종목으로 지정되면 해당 주식은 증권사의 신용거래 종목에서 제외된다. 즉 관리종목으로 지정될 경우 증권사를 통한 신용거래가 불가능해지는 것이다. 신용거래 역시 투자자들에게 중요한 매매 방식 중 하나이기 때문에 이러한 경로가 차단된다면 회사의 주가에도 부정적일 수밖에 없다.

이외에도 관리종목으로 지정되면 코스닥150 등과 같은 주요 지수로의 편입이 제한된다. 보통 회사가 주요 지수에 편입되면 주가에 상당한 호재로 작용한다. 해당 지수를 기초자산으로 하는 지수연계상품(ETF, ETN 등)을 매수하는 기관투자자들의 자금이 흘러들어올 수 있기 때문이다.[7] 하지만 관리종목으로 지정되어 주요 지수에 편입되지 못한다는 것은 해당 지수를 기초자산으로 하는 각종 상품들에 포함되지 못한다는 것을 의미한다.

이처럼 실질적 제약들은 결과적으로 주가에도 악영향을 미칠 수 있는 사안들임을 알 수 있다.

그러나 이보다 더 큰 잠재적 문제가 있다. 관리종목으로 지정된 후 상장폐지

---

6 코스닥시장 상장규정 제18조 제1항 제1호 및 동 규정 시행세칙 제19조 제1항 제1호
7 2024년 6월 말 기준 우리나라 ETF시장 규모는 150조 원을 돌파했다.

그림 2-11 2016년 G사 관리종목 지정 관련 공시 내역

관리종목 지정사유추가

1.대상종목	보통주	
2.추가지정사유	- 최근3사업연도중 2사업연도 자기자본 50%초과 법인세비용차감전계속사업손실 발생	
3.추가지정일	2016-03-22	
4.근거규정	코스닥시장상장규정 제28조 및 동규정시행세칙 제26조	
5.추가지정 후 관리종목 지정현황	- 최근3사업연도중 2사업연도 자기자본 50%초과 법인세비용차감전계속사업손실 발생 - 정기주주총회 미개최 또는 재무제표 미승인	
6.기타	-	

관리종목 지정사유추가

1.대상종목	보통주	
2.추가지정사유	- 자본잠식률 50% 이상 - 반기검토(감사)의견 부적정, 의견거절 또는 범위제한 한정	
3.추가지정일	2016-08-17	
4.근거규정	코스닥시장상장규정 제28조 및 동규정시행세칙 제26조	
5.추가지정 후 관리종목 지정현황	- 자본잠식률 50% 이상 - 반기검토(감사)의견 부적정, 의견거절 또는 범위제한 한정 - 최근3사업연도중 2사업연도 자기자본 50%초과 법인세비용차감전계속사업손실 발생	
6.기타	-	

로 이어질 가능성에 관한 것이다. '상장폐지 사유 발생'으로 인해 관리종목으로 지정된 경우에는 당연히 상장폐지로 이어질 가능성이 높다. 이미 상장폐지 사유가 발생했기 때문에 어찌 보면 당연한 일이다. 하지만 그 이외의 사유로 관리종목으로 지정된 상장사들이 끝내 상장폐지로 이어지는 경우들도 많다.

2017년 4월 상장폐지된 휴대폰부품 제조·판매회사 G사는 2015년 3월 정기주주총회 미개최 또는 재무제표 미승인[8]을 사유로 관리종목으로 최초 지정되었다. 이후 관리종목에서 해제되었다가 다시 3년 중 2년 세전사업손실률 50% 초

그림 2-12 G사 상장폐지 관련 기타시장안내 공시

> **기타시장안내**
>
> 제목 : 기타시장안내(상장적격성 실질심사 관련)
>
> 동사의 2017년 2월 10일 '매출채권 이외의 채권에서 발생한 손상차손' 공시에서 매출채권 이외의 채권에 대한 손상차손이 자기자본의 100분의 50 이상인 사실이 확인되었습니다.
>
> 이와 관련하여 현재 '17.02.09 '내부결산시점 관리종목 지정 또는 상장폐지 사유 발생'으로 인한 매매거래 정지 중이며, 코스닥시장상장규정 제38조제2항제5호바목 및 동규정시행세칙 제33조제11항제5호의 규정에 의거 동 사항이 상장적격성 실질심사 대상에 해당되는지 여부를 심사할 것입니다.
>
> 향후 실질심사 대상 해당여부에 관한 결정에 따라 실질심사 대상으로 결정되는 경우 당해법인 통보(매매거래정지 지속) 및 기업심사위원회 심의절차 진행에 관한 사항을 안내할 예정입니다.

과(2016년 3월), 자본잠식률 50% 초과(2016년 8월) 등으로 관리종목 지정 사유들이 지속적으로 추가되었다([그림 2-11] 참조).

이러한 과정 가운데 G사는 이미 재무적으로 망가지고 있었다. 세전사업손실 및 자본잠식의 규모가 눈덩이처럼 불어나고 있었다. 결국 G사는 다음 해인 2017년 상장폐지 사유(상장적격성 실질심사)가 발생하여 거래가 정지되었다([표 2-12] 참조). 투자자 입장에선 더 이상 손절조차 할 수 없는 상태에 이른 것이다.

상장적격성 실질심사 사유는 '대규모 손상차손'이었다. 즉 관리종목 지정 당시에 이미 예고되었던 재무적 문제들이 곪아서 회사의 상장폐지로 이어진 것이다. 어쩌면 관리종목 지정이 마지막 탈출 기회였을지도 모른다.

---

8 2024년 기준 현재 관리종목 지정 사유에 해당하지 않음.

감사의견 비적정 : 내 주식에 문제가 생겼다는 진단

1. 상장폐지 직행코스 '감사의견거절'

매년 3월은 상장사들의 감사보고서 제출 시즌이다. 감사보고서는 상장사들이 1년간의 경영활동 전반에 대한 재무제표를 올바르게 작성했는지 외부감사인을 통해 확인 받고 제출하는 일종의 '검사결과서'이다.

우리나라 상장사들은 대부분 12월 말 기준 결산법인이고, 이들은 3월 말까지 금융위원회와 거래소에 사업보고서를 제출해야 한다. 또 이를 위해 회사는 주주총회를 개최해야 하는데, 감사보고서는 주주총회 개최 1주일 전까지 제출해야 한다. 정확히는 주주총회 개최일과 감사보고서 제출일 사이에 7일이 확보되어야 한다.

그리고 이 감사보고서 제출에 대해 수많은 투자자들이 마음 졸이며 그 결과를 지켜본다. 감사보고서가 뭐길래 이렇게 법에서까지 엄격하게 일정을 관리하고 투자자들이 신경을 쓰는 것일까?

감사보고서의 핵심 키워드는 '감사의견'이다. 감사의견은 외부감사인이 상장사의 재무제표 작성이 국제회계기준에 부합하게 작성되었는지를 확인하고 내리는 결론이다.

회사가 재무제표를 적절하게 작성하고 그에 대한 충분하고 적합한 감사자료를 외부감사인에게 제시하면 외부감사인은 재무제표에 대해 '적정' 의견을 표명한다. 그러나 일부 계정에서 충분하고 적합한 감사자료를 제시하지 못하면 그 중요도에 따라 '한정' 또는 '부적정' 의견을 받을 수 있다. 그리고 회사가 재무

표 2-2 H사 상장폐지 관련 기타시장안내 공시

제목 : H사 기타시장안내(상장폐지 관련)

동 사는 금일('23.03.14) "감사보고서 제출" 공시에서 2022사업연도의 재무제표에 대한 감사인의 감사의견이 감사범위제한 및 계속기업 존속 능력 불확실성으로 인한 "의견거절" 임을 공시하였습니다.

동 사유는 코스닥시장상장규정 제54조의 규정에 의한 상장폐지 사유에 해당하며 이와 관련하여 동사는 상장폐지에 대한 통지를 받은 날로부터 15일 이내(2023.04.04 限, 영업일 기준)에 이의신청을 할 수 있으며, 이의신청이 없는 경우에는 상장폐지 절차가 진행될 예정입니다.

제표와 감사자료 등을 정상적으로 제출하지 못하여 감사절차 수행이 불가능한 경우 외부감사인은 아예 감사의견 표명 자체를 하지 않는데, 이것이 바로 '의견거절'이다.

투자자 입장에서 중요한 것은 감사의견의 단계를 구분하는 것이 아니다. 그저 적정 의견인지 비적정 의견인지 만이 중요하다. 감사의견이 비적정일 경우 형식적 상장폐지 사유에 해당되어 매매거래가 즉시 정지되고, 상장폐지 절차를 진행하게 된다([표 2-2] 참조).

2. 매년 쏟아지는 '감사의견 비적정' 회사들

감사의견 비적정(이하 감사의견 한정, 부적정, 그리고 의견거절을 아울러 '비적정'이라고 하자)으로 인한 거래정지와 상장폐지가 소수의 불운한 투자자들에 한정

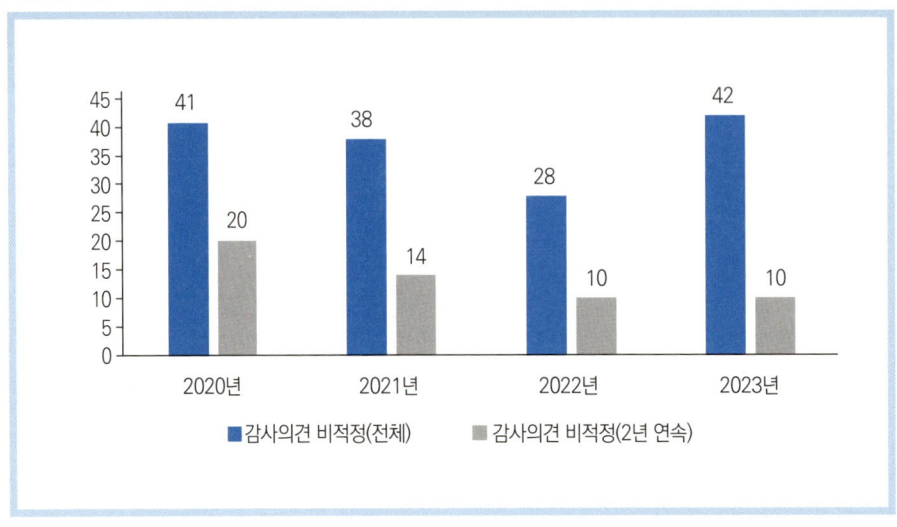

그림 2-13 연도별 상장폐지 사유 발생 상장사 수(코스닥시장) 〔단위 : 사(社)〕

출처 : 한국거래소 코스닥시장본부

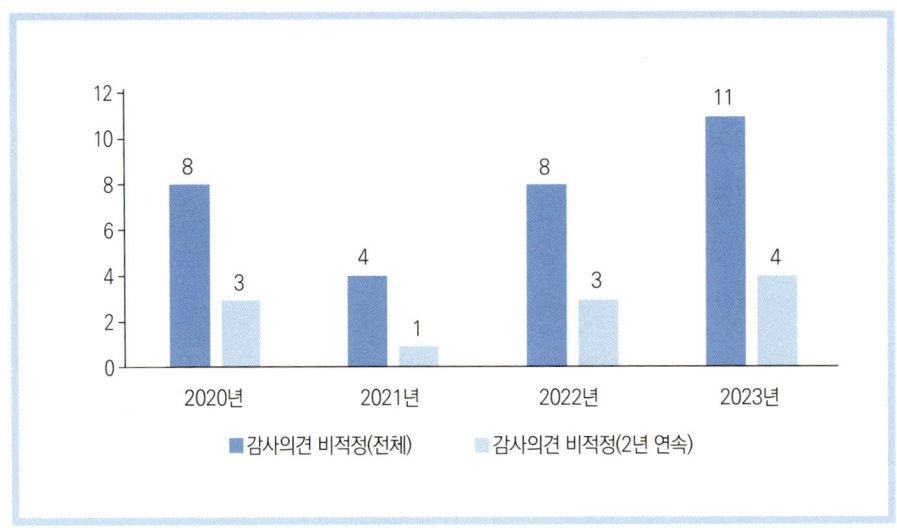

그림 2-14 연도별 상장폐지 사유 발생 상장사 수(코스피시장) 〔단위 : 사(社)〕

출처 : 한국거래소 유가증권시장본부

된 얘기라고 생각할 수도 있지만, 현실은 그렇지 않다. 통계로 살펴보면 2023년 코스닥시장에서 감사의견 비적정을 사유로 상장폐지 대상이 된 회사만 42개사였다. 이 가운데 10개 회사는 2년 연속으로 비적정 의견을 받았다.

그리고 최근 4년 동안의 추세를 보면 이러한 문제의 기업들이 계속 나타나고 있음을 알 수 있다([그림 2-13] 참조). 그만큼 감사의견은 투자자에게 중요한 문제다.

규모가 상대적으로 큰 기업들이 많은 코스피시장의 경우에도 마찬가지다. 코스닥시장보다 숫자는 작지만 2023년 기준 11개 사가 감사의견 비적정으로 인해 상장폐지라는 도마 위에 올랐다([그림 2-14] 참조).

감사의견거절이 나온 것은 회사와 투자자 간 가장 기본적인 소통창구인 '회계'라는 언어에 문제가 생긴 것이다. 특히 상장사로서 이러한 감사의견거절 문제는 아주 심각한 것이다.

뒤에서 다시 살펴보겠지만, 이렇게 감사의견 비적정으로 상장폐지 후보가 되는 회사들은 최종적으로 대부분 상장폐지에 이르게 된다. 그리고 실제 상장폐지되는 회사들의 가장 흔한 사유가 바로 '감사의견 비적정'이다.

대다수 상장사의 소액주주 비중이 90%가 넘는다는 것을 감안할 때, 투자자들이 입을 경제적 손실 역시 상당한 규모일 것이다. 따라서 이는 결코 가벼운 문제도 아니고, 남의 문제도 아니다.

3. 왜 '감사의견거절'이 나왔을까?

사실 이런 '감사의견 비적정' 소식은 매년 3월 뉴스에서 자주 다뤄진다. 그리고 또 많은 상장사들이 겪는 일이기도 하다. 따라서 투자자들 역시 나름 익숙한 주제일 수 있다. 그러나 자신이 해당 외부감사인이 아닌 이상 구체적으로 왜 이 회사가 감사의견거절을 받았는지 직접적으로 알기는 어려운 것이 현실이다. 그렇다고 마냥 그 결과를 받아보고서 절망할 수만도 없다.

감사보고서를 살펴보면 당연히 의견거절의 근거가 기재되어 있다. 이러한 의견거절의 근거는 회사마다 다양하지만 주로 등장하는 '단골 사유'들이 있다. 바로 '계속기업가정에 관한 불확실성'과 '투자 및 자금거래의 타당성', 그리고 '특수관계자 범위 및 거래내역'이다.

이제 실제 감사의견거절 사례들을 통해 구체적으로 그 의미를 확인해보도록 하자.

1) 계속기업가정에 관한 불확실성 : 이 회사, 앞으로 살아남을 수 있을까?

재무제표 작성의 일반원칙 중 하나로 '계속기업$^{going\ concern}$ 가정'이 있다. 즉 재무제표는 기업이 존속한다는 가정 하에서 작성되는 것이고, 이에 따라 경영진은 회사의 계속기업으로서의 존속 가능성을 평가하고 외부감사인은 그 평가의 내용과 근거를 감사한다. 하지만 반대로, 기업의 계속기업으로서의 존속능력에 유의적인 의문이 제기되면 의견거절의 근거가 될 수 있다.

[표 2-3]은 2022년 10월 상장폐지된 코스닥 상장사 H사의 2020사업연도에 대한 감사보고서 내용 중 감사의견거절의 근거에 해당한다. 외부감사인이 계속기업 가정과 관련한 중요한 불확실성이 있다고 지적하는 내용이다. 특히 영업손실과 당기순손실이 크다는 점, 전환사채^{CB}와 신주인수권부사채^{BW}가 남아있다는 점 등을 꼽고 있다.

표 2-3 H사 연결감사보고서(감사의견거절의 근거)

(2) 계속기업 관련 중요한 불확실성

연결회사의 연결재무제표는 연결회사가 계속기업으로서 존속한다는 가정을 전제로 작성되었으므로, 연결회사의 자산과 부채가 정상적인 사업활동을 통하여 회수되거나 상환될 수 있다는 가정하에 회계처리되었습니다. 그러나, 연결회사는 영업손실과 당기순손실이 각각 21,051백만 원과 48,566백만 원 발생하였고, 연결회사가 발행한 전환사채 4,390백만 원과 신주인수권부사채 31,809백만 원이 당기 말 존재하고 있으며, 조기상환청구권 행사기일이 2020년 12월 31일로부터 6개월 이내 도래합니다.

(중략)

그러나, 이러한 불확실성의 최종결과로 발생될 수도 있는 자산과 부채 및 관련 손익항목에 대한 수정을 위해 이를 합리적으로 추정할 수 있는 감사증거를 확보할 수 없었습니다.

그렇다면 이런 내용이 기업의 계속기업가정에 관한 불확실성과 어떤 연관이 있을까? 회사가 영업활동을 하면서 영업손실과 당기순손실은 당연히 발생할 수 있다. 그럼에도 외부감사인이 이를 계속기업가정에 관한 불확실성과 관련하여 언급한 것은 결손금의 크기와 연관이 있다. 결손금은 회사가 영업활동을 하면서 누적되어온 적자들의 합계라고 할 수 있다. 매년 당기순이익이 발생하면 이는 자본 항목에서 '이익잉여금' 항목으로 표시되고, 반대로 당기순손실이 지속되면 '결손금'으로 나타난다.

2019년 말 H사의 결손금은 214억 원이었으나 2020년 474억 원이라는 대규모의 당기순손실이 더해져 결손금이 결국 688억 원으로 급증한 것이다. 한마디로 회사가 재무적으로 굉장히 열악한 상태라는 것이다. 결손금이 크다는 것은 회사가 돈을 벌지 못했다는 것인데, 이는 앞으로 회사 경영을 위해 필요한 돈이 내부적으로 없다는 뜻이다. 게다가 결손금 상태가 오래되었다면 외부에 빚이 많을 가능성도 커진다.

그런 상황에서 내년의 회사 경영을 위한 자금은 어떻게 조달할 수 있을까? 일단은 외부로부터 돈을 차입하거나 유상증자를 통해 증자를 진행하는 방법을 생각해볼 수 있다.

그런데 외부(주로 금융기관)로부터 돈을 빌리는 것은 간단한 문제가 아니다. 이렇게 회사의 적자가 지속되고 있는 상황에서 은행이 긍정적인 신용평가를 하기는 어려울 것이다. 은행이 돈을 빌려주면 채권자가 되는 것인데, 회사 상황을 보니 채권 회수의 가능성이 높아 보이지 않는다. 내년에도 회사가 돈을 벌지 못한다면 은행은 채권 회수를 못할 것이고, 대출을 진행한 담당자는 큰 질책을 받을 것이다.

그렇다면 선택지는 유상증자를 통한 자금조달인데 이 역시 쉽지 않다. 앞서 얘기한 어려운 상황에서 이러한 회사의 주주가 되고자 자금을 투자하는 투자자는 많지 않을 것이다. 특히 상환권이나 전환권이 없는 단순 주식 형태의 유상증자는 투자자 입장에서 유인이 없다.

그렇다면 회사는 도대체 어떻게 해야 자금을 조달할 수 있을까? 방법이 있긴 하다. 바로 전환사채 또는 신주인수권부사채 등의 메자닌^{Mezzanine} 발행을 통한 방법이다. 이는 채권이지만 주식의 성격을 지닌 복합금융상품이다. 특히 전환사채를 통한 자금조달 방식이 주식시장에서 많이 일어나는데, 이는 채권발행 이후 일정 기간이 지나고 채권자가 원하면 채권을 주식으로 전환시킬 수 있는 상품이다. 신주인수권부사채는 미리 약정된 가격에 따라 일정한 수량의 신주

인수를 청구할 수 있는 사채를 말한다.

H사도 이미 이러한 전환사채와 신주인수권부사채를 통한 자금 조달을 진행했다. 만약에 채권자가 이를 주식으로 전환하면 회사는 증자를 통한 자금조달에 성공하게 된다. 그러나 회사의 영업실적이 좋지 않고 이로 인해 주가도 계속 하락하는 상황이라면, 채권자는 채권을 주식으로 전환하지 않을 것이다. 그러면 이러한 전환사채는 회사의 부채로 남게 된다. 즉 상환해야 하는 돈이 되는 것이다.

외부감사인 역시 이러한 점을 문제 삼고 있다. 회사가 빚을 갚지 못하는 상황이 될 수도 있다는 것이다. 바로 6개월 이내에 조기상환이 청구될 수 있는 전환사채 43억 원과 신주인수권부사채 318억 원 때문이다.

전환사채와 신주인수권부사채는 자본의 성격을 띠고 있는 복합금융상품이지만 기본적으로는 회사채이다. 즉 부채라는 것이다. 특히 H사의 사례처럼 전환사채에서 조기상환청구권이 있을 경우 채권자가 이를 주식으로 전환하지 않고 현금으로 상환 받을 수 있다. 주가가 낮은 상황이라면 그럴 가능성이 더욱 크다.

우선 재무상태표상의 유동자산과 유동부채를 단순 비교해보자([표 2-4] 참조). 유동자산이 634억 원, 유동부채가 752억 원으로 유동부채가 100억 원 이상 더 크다. '유동'이 붙은 항목은 만기가 1년 이내라는 뜻이다. 따라서 1년 이내에 갚아야 하는 부채가 더 큰 상황이다.

이제 외부감사인이 문제 삼은 전환사채와 신주인수권부사채 등 총 361억 원을 비롯하여 유의미한 부채와 자산 위주로 다시 살펴보자([표 2-5] 참조).

유동부채로 기재되어 있는 항목 중 당기손익-공정가치측정금융부채가 407억 원이다. 말이 어렵지만 이는 앞서 확인한 전환사채와 신주인수권부사채 등

표 2-4 H사 2020사업연도 연결감사보고서 재무상태표 (1) (단위 : 백만 원)

	2020년	2019년
자산		
1. 유동자산	63,400	113,440
⋮	⋮	⋮
부채		
1. 유동부채	75,234	95,066
⋮	⋮	⋮

표 2-5 H사 2020사업연도 연결감사보고서 재무상태표 (2) (단위 : 백만 원)

	2020년	2019년
자산		
1. 유동자산	63,400	113,440
현금및현금성자산	14,736	38,354
매출채권및기타채권	29,225	50,392
⋮	⋮	⋮
부채		
1. 유동부채	75,234	95,066
매입채무및기타채무	13,005	12,846
당기손익공정가치측정금융부채	40,765	55,454
⋮	⋮	⋮

복합금융상품들을 의미한다. 그리고 매입채무 등 130억 원[9]도 유동부채로 확인된다.

그러나 유동자산 중에서 당장 현금으로 쓸 수 있는 돈은 147억 원이다. 이외에 현금화가 가능한 자산으로 매출채권이 있는데 매출채권은 하루아침에 현금으로 바꾸기 어렵다. 오히려 매출채권의 일부는 회수가 어렵다고 판단되어 대손충당금을 설정하는 것이 현실이다.

사정이 이렇다보니 외부감사인은 H사가 다가오는 대부분의 부채 만기에 충분히 대응하기가 어렵다고 판단한 것이다.

참고로 이러한 재무상태표에서 유동부채가 유동자산보다 큰 경우 재무적으로 유의할 필요가 있다. 유동비율도 회사 재무상태를 판단하는 주요 지표이며 그것이 100%에 미달될 경우 1년 내에 갚아야 할 빚이 1년 내에 현금화할 수 있는 자산보다 크다는 신호로, 회사에 부도가 발생할 수도 있기 때문이다.

2) 투자 및 자금거래의 타당성 : 돈을 투명하게 사용하고 있는가?

기업은 영업활동만 하는 것이 아니다. 투자활동도 하고 제3자와의 자금거래도 한다. 사실 기업은 지속적으로 자금이 필요하다. 기업은 기존 사업을 잘해야 하고, 나아가 생산능력을 높이기 위한 유형자산 매입, 신사업진출을 위한 투자금 확보 등에도 나서야 한다. 하지만 영업활동만으로 항상 돈을 벌수 있는 것은 아니기에 여러 투자활동과 재무활동들이 필요한 것이다. 따라서 이는 지극히

---

[9] 감사보고서 확인 결과 H사는 재화구입에 따른 평균지급기일이 2개월이고, 모든 채무를 지급기일 이내에 결제하는 재무위험관리정책을 가지고 있다고 기재되어 있음.

표 2-6 | I사 2019사업연도 감사보고서(감사의견거절의 근거)

> (2) 투자 및 자금거래의 타당성
> 우리는 <u>주요 금융상품과 투자자산의 취득, 처분 및 자금거래 등과 관련하여 거래의 타당성 및 회계처리의 적정성 판단을 위한 충분하고 적합한 감사증거를 확보하지 못하였습니다.</u> 우리는 이로 인해 추가적인 수정이 필요한지 여부를 결정할 수 없었습니다.

자연스러운 일이다.

그러나 만약 이 과정에서 투명하지 못한 자금거래가 발생하면 문제가 심각해질 수 있다. 또 여기에 대해 충분한 소명이 이루어지지 못하면, 외부감사인은 이를 이유로 의견거절을 표명하기도 한다.

감사의견거절을 받은 뒤 2021년 10월 상장폐지된 코스닥 상장사인 I사의 예를 살펴보도록 하자([표 2-6] 참조).

투자 및 자금거래의 타당성과 관련하여 제일 먼저 확인해야 하는 내용이 '대여금' 항목이다. 말 그대로 제3자에게 빌려준 돈이다. 빌려준 돈이기에 회사 입장에서는 채권으로 인식된다. 따라서 이 채권의 회수, 즉 빌려준 돈을 잘 돌려받았는지를 확인해야 한다. 2019사업연도 I사의 대여금 항목을 확인해보자.

[표 2-7]을 보면, 재무상태표상 유동자산이 321억 원인데 대여금 및 기타채권 규모가 159억 원이다. 전체 유동자산 중 절반이 대여금 및 기타채권이라는 것이다. 누가 봐도 규모가 크다.

이제 이 부분을 [표 2-8]을 통해 보다 자세히 살펴보자. 대여금에 대한 자세한 항목을 확인해보니 2019년 단기대여금이 165억 원인데 이 중에서 못 받을 것으로 예상되는 돈(대손충당금)이 85억 원이다. 단기대여금의 51%가 대손충당

표 2-7   I사 2019사업연도 감사보고서 재무상태표 (1)   (단위 : 백만 원)

	2019년	2018년
자산		
1. 유동자산	32,198	52,923
현금및현금성자산	2,757	4,258
매출채권	2,892	3,177
대여금및기타채권	15,969	14,878
⋮	⋮	⋮

표 2-8   I사 2019사업연도 감사보고서 재무상태표 (2)

7. 매출채권과 대여금및기타채권

(2) 보고기간종료일 현재 대여금및기타채권은 다음과 같습니다.

단위 : 백만 원

	2019년	2018년
유동 :		
단기금융상품	408	12
단기대여금	16,522	17,530
대손충당금(단기대여금)	(8,512)	(7,177)
⋮	⋮	⋮
유동소계	15,969	14,878

금으로 잡혀 있는 것이다. 심지어 단기대여금이기 때문에 곧 만기가 도래할 채권임에도 돌려받지 못할 것이라고 평가한 것이다. 결코 좋은 상황이 아니다.

그런데 이런 좋지 않은 상황은 전년도인 2018년에도 확인된다. 175억 원의 40% 수준인 71억 원이 대손충당금으로 잡혀 있었기 때문이다. 이미 빌려준 돈의 절반에 가까운 수준을 돌려받지 못할 것으로 판단하고 있었던 것이다.

물론 이런 내용들이 감사의견거절의 절대적인 부분은 아닐 것이다. 하지만 충분히 유의미한 수준이고, 투자자 입장에서도 결코 반가운 자금거래일 수는 없다. 따라서 대여금은 항상 살펴봐야 하는 항목이다.

특히 대여금을 회사 또는 최대주주의 특수관계자에게 빌려주고서 돌려받지 못하는 경우는 문제가 더 심각해질 수 있다. 이어지는 글에서 이 부분에 대해 좀더 살펴보도록 하자.

3) 특수관계자 범위 및 거래내역 : 친한 사이일수록 선을 지켜야한다

앞서 살펴본 투자 및 자금거래의 타당성과 일부 겹칠 수 있지만, 거래의 상대방이 특수관계자라는 점에서 보다 유심히 들여다봐야할 내용이다.

특수관계자는 지배·종속회사, 관계회사, 주요 임직원·주주 등 회사와 경영적 측면에서 유의미한 관계가 있는 법인 또는 자연인을 의미한다. 그리고 유의미한 관계가 있는 만큼 그 내용을 감사보고서에서 별도의 항목을 통해 확인할 수 있다.

감사의견거절로 2022년 4월 상장폐지된 코스닥 상장사 J사의 경우를 살펴보자.

[표 2-9]에서 외부감사인은 특수관계자 간 자금거래의 타당성을 확인할 수 없었다며 의견거절의 근거를 밝히고 있다. 그렇다면 이제 해당 내용을 찾아보자.

특수관계자 관련 항목은 그 분량이 별도로 할애되어 있다. 감사보고서 주석을 확인해보니 주석 26번에서 이를 구체적으로 설명하고 있다. 참고로 특수관계자 거래는 감사보고서 주석 중 주로 뒷부분에서 확인할 수 있다.

[표 2-10]을 보면, 특수관계자와의 거래가 활발한 것으로 보인다. 특수관계

표 2-9 J사 2020사업연도 감사보고서(감사의견거절의 근거)

의견거절의 근거

2019년 12월 31일로 종료하는 보고기간의 재무제표는 ■■회계법인이 감사하였으며, 2020년 5월 13일자 감사보고서에서 감사의견을 표명하지 아니하였습니다. 동 사유로 인하여, 우리는 회사의 2020년 1월 1일자 재무제표에 대한 충분하고 적합한 증거를 확보하지 못하였으며, 또한 대체적인 방법에 의하여도 기초재무제표에 대해 만족할 만한 결과를 얻지 못하였습니다.

또한, 우리는 재작성된 기초재무상태표에 대하여 기초잔액 감사절차를 수행하였으나 <u>특수관계자간 자금거래의 타당성과 회계처리 적정성 등에 대하여 충분하고 적합한 감사증거를 얻을 수 없었습니다</u>. 이로 인하여, 기초재무상태표에 포함되었을 수도 있는 왜곡표시가 당기말 현재의 재무상태 및 동일로 종료하는 보고기간의 재무성과와 현금흐름에 미치는 영향을 결정할 수 없었습니다

표 2-10 J사 2020사업연도 감사보고서(특수관계자 거래 관련 주석)

26. 특수관계자 거래

(5) 당기 및 전기말 현재 특수관계자에 대한 채권·채무의 내역은 다음과 같습니다.

단위 : 백만 원

특수관계구분	회사명 등	채권					
		매출채권	미수금	미수 수익	선급금	대여금	대손충당금
종속기업	A	2,758	–	–	–	–	(2,666)
기타특수관계자	B	431	1,458	1,260	359	34,757	(10,431)
	⋮	⋮	⋮	⋮	⋮	⋮	⋮
합계		3,819	3,507	1,260	359	35,813	(16,825)

자 간 매출채권, 미수금, 대여금 등 다양한 자금거래 내역이 확인된다. 물론 특수관계자 간의 이러한 거래 자체가 문제는 아니다. 다만 특수관계자 간의 거래인만큼 외부감사인은 엄격하게 들여다본다.

회사의 특수관계자 거래 중 매출채권과 대여금채권 등의 채권 총합계가 약 447억 원인데 이 중 38%에 해당하는 168억 원이 대손충당금으로 잡혀있다. 특히 특수관계인 B사를 살펴보면 대여해준 금액(대여금)만 347억 원인데 이중 104억 원이 대손충당금이다. 가장 주요하게 문제되는 특수관계자 거래였던 것으로 추정된다. 친밀한 사이에 돈을 대규모로 빌려줬는데 왜 돌려받지 못한다고 했을까? 회사는 이 부분에 대해 외부감사인에게 충분히 소명할 수 있었을까?

이처럼 특수관계자 거래는 항상 주요하게 살펴봐야 하는 항목 중 하나이다. 특수관계자인 만큼 외부감사인도 중점적으로 들여다보는 거래 내역일 수밖에 없기 때문이다.

거래정지 : 왜 내 주식을 팔지도 못하게 해?

1. '국민주' 삼성전자가 거래정지 된 사연

주식시장에서 어제까지(혹은 조금 전까지) 주식 거래가 이루어지다가 갑자기 정지되는 경우가 있다. 여기에는 여러 가지 이유들이 있는데, 주로 상장폐지 우려 상황이 있거나 관리종목으로 지정되는 경우 등 부정적인 소식들이 있을 때

거래가 정지된다.

하지만 이와 달리 전 국민이 아는, 국내 주식시장 시가총액 1위 회사인 삼성전자도 거래정지가 된 적이 있다([그림 2-15] 참조). 도대체 무슨 일이 있었던 것일까?

우리나라에서 매일 가장 많이 거래되는 주식은 삼성전자다. 그만큼 삼성전자 주가는 온 국민의 관심사 중 하나다. 한때 삼성전자의 수많은 주주들은 '10만전자'를 외치며 주가 10만 원 돌파를 기원하기도 했다. 실제 2022~2023년 동안 삼성전자 주가는 5만 원대에서 7만 원대를 오갔다.

그런데 삼성전자가 이렇게 만 원 단위의 주식이 된 것은 비교적 최근의 일이다. 삼성전자는 원래 1주당 가격이 100만 원을 상회하는 일명 '황제주'였다. 즉

그림 2-15 삼성전자 매매거래정지 공시

1. 종목명	삼성전자(주) 주권
2. 매매거래정지일	2018년04월30일 부터
3. 매매거래정지해제일	변경상장일
4. 매매거래정지(해제)사유	- 주식분할에 따른 주권제출요구
5. 근거규정	유가증권시장상장규정 제153조
6. 기타 투자판단에 참고할 사항	-

삼성전자 1주를 사기 위해서는 100만 원 이상의 돈이 필요했던 것이다. 그랬던 삼성전자가 2018년 액면분할을 공시한다. 기존 주가를 50 대 1로 쪼개고, 그만큼 주식수를 늘린다는 내용이다. 이는 주식을 매수하고자 하는 잠재적 투자자들의 부담을 덜고 거래량 증가를 꾀하기 위한 목적이었다.

이에 따라 2018년 4월 27일 265만 원이던 주가는 같은 해 5월 4일 5만 3,000원으로 변경상장되었다. 이 과정에서 삼성전자의 상장주식의 수량 그리고 주가 등 행정적·시스템적 준비가 필요했다. 따라서 거래소는 삼성전자의 주식을 3일 동안 거래정지 시켰던 것이다. '국민주 거래정지'라는 해프닝의 전말은 이렇다.

2. 투자자를 보호하기 위해서라고?

거래정지 사유에서 삼성전자와 같은 경우가 흔한 것은 아니다. 오히려 '안 좋은 일들'로 회사의 주식 거래가 정지되는 경우가 더 많은 것이 현실이다. 그리고 이러한 주식 거래정지 공시가 올라오면 흔히 보이는 문구가 있다. 바로 '투자자 보호'다([그림 2-16] 참조).

여기서 바로 의문이 생긴다. 내 주식이 거래가 정지되었는데 이게 왜 나를 보호하기 위한 조치인가?

그러나 여기서 말하는 '투자자'는 현재의 주주만을 지칭하지 않는다. 앞으로 주주가 될 수 있는 수많은 '잠재적 투자자'도 포함한다. 이들도 보호할 필요가 있기 때문에 이런 문구를 붙이는 것이다.

모든 회사는 상장할 때 거래소의 상장 심사를 거쳐 적정 판단을 받았을 경우

그림 2-16 '투자자 보호'를 위한 매매거래정지 공시 사례

시간	회사명	공시제목	제출인
2021-06-29 18:08	생략	주권매매거래정지(투자자 보호)	코스닥시장본부
2021-06-21 07:35	-	주권매매거래정지(투자자 보호)	코스닥시장본부
2021-06-08 17:30	-	주권매매거래정지(투자자 보호)	코스닥시장본부
2021-06-03 14:47	-	주권매매거래정지(투자자 보호)	코스닥시장본부
2021-06-02 17:37	-	주권매매거래정지(투자자 보호)	코스닥시장본부
2021-05-31 16:13	-	주권매매거래정지(투자자 보호)	코스닥시장본부
2021-05-26 16:25	-	주권매매거래정지(투자자 보호)	코스닥시장본부
2021-05-25 18:16	-	주권매매거래정지(투자자 보호)	코스닥시장본부
2021-05-25 16:02	-	주권매매거래정지(투자자 보호)	코스닥시장본부
2021-05-12 18:02	-	주권매매거래정지(투자자 보호)	코스닥시장본부
2021-05-04 15:13	-	주권매매거래정지(투자자 보호)	코스닥시장본부
2021-04-12 18:02	-	주권매매거래정지(투자자 보호)	코스닥시장본부

출처 : KIND 전자공시시스템

주식시장에 상장된다. 그러나 시간이 지나면서 회사의 사정도 변하게 된다. 극단적으로 회사에 횡령·배임이 발생하여 재무구조가 악화되거나 감사의견거절 등의 악재가 발생하면 상장사로서의 지위를 유지할 수 있는지 의문인 상황에 이를 수 있다.

이 경우 잠재적 투자자들이 이렇게 문제가 확인되는 회사의 주식을 매매할 수 없도록 하는 것이 '투자자 보호를 이유로 한 거래정지'라고 할 수 있다.

3. '상장폐지 사유'가 발생하는 순간 거래가 정지된다

　기업이 상장폐지 대상이 되려면 상장폐지 사유가 발생해야 한다. 이러한 사유는 감사의견거절, 대규모 횡령·배임 혐의 발생, 불성실공시법인 지정으로 인한 벌점 과다 누적 등으로 굉장히 다양하다(상장폐지에 대해서는 뒤에서 보다 자세히 살펴볼 것이다). 그리고 이런 사유들이 발생하는 순간 그 회사의 주식은 거래 정지된다.

　2022년 상장폐지된 코스닥 상장사 K사는 2019년 매매거래가 정지된다는 공시를 낸다. 이유를 확인해보니, 상장적격성 실질심사 대상으로 지정될 수 있는 사유가 발생한 경우였다.

　하지만 [그림 2-17]의 내용만 봐서는 무슨 말인지 자세히 알기 어렵다. 상장폐지 사유가 발생하여 거래정지를 시킨다고 했으나, 그 사유가 무엇인지 구체적으로 기재되어 있지 않다. 그 자세한 내막은 거래정지 공시와 함께 올라온 기타시장안내 공시에 나와 있다([표 2-11] 참조).

　상장사가 공시의무를 올바르게 이행하지 않을 경우(공시불이행, 공시번복 등) 회사는 거래소로부터 불성실공시법인으로 지정되면서 공시 벌점을 받게 된다(이에 대해서는 뒤에서 다시 살펴볼 것이다).

　코스닥시장에서는 이 벌점이 최근 1년 동안 누적 15점이 되면 상장폐지 대상 회사로 지정될 수 있다. 이를 '상장적격성 실질심사 대상'이라고 한다. 말 그대로 이 회사에 중대한 문제가 발생했는데 이로 인해 회사가 상장사로서의 적격성이 있는지를 종합적으로 살펴보겠다는 것이다(이에 대한 내용도 뒤에서 다시 살펴볼 것이다).

그림 2-17 K사 매매거래정지 공시

주권매매거래정지

1.대상종목			보통주
2.정지사유		상장적격성 실질심사 대상 (사유발생)	
3.정지기간	가.정지일시	2019-07-11	-
	나.만료일시	상장적격성 실질심사 대상여부에 관한 결정일까지	
4.근거규정		코스닥시장상장규정 제29조 및 동규정시행세칙 제29조	
5.기타		-	

표 2-11 K사 기타시장안내 공시

제목 : (주)K사 상장적격성 실질심사관련 매매거래정지 안내

동사는 '19.07.11 불성실공시법인으로 지정되며, "공시규정에 따라 벌점을 부과받는 경우로서 해당 벌점을 포함하여 최근 1년 이내의 누계벌점이 15점 이상인 경우"에 해당됩니다.

이와 관련하여 코스닥시장상장규정 제38조제2항제5호타목 및 동규정시행세칙 제33조제11항제8호의 규정에 의거, "공시규정에 따라 벌점을 부과받는 경우로서 해당 벌점을 포함하여 최근 1년 이내의 누계벌점이 15점 이상인 경우" 사유로 인한 상장적격성 실질심사 대상에 해당하는지 여부를 심사하기 위하여 동사 주권의 매매거래를 정지하며, 실질심사 대상 해당여부에 관한 결정시(15일 이내('19.07.31), 영업일 기준)까지 매매거래정지가 계속될 예정입니다.

향후 실질심사 대상에 해당하는 경우 당해법인 통보(매매거래정지 지속) 및 기업심사위원회 심의절차 진행에 관한 사항을 안내하고, 실질심사 대상에 해당하지 않는 경우에는 매매거래정지 해제에 관한 사항을 안내할 예정입니다.

어쨌든 K사는 1년 동안 여러 가지 사유로 공시 벌점이 15점을 초과하여 상장폐지 대상이 될 수 있음이 확인되었고, 이로 인해 주식의 거래가 정지된 것이다. 참고로 K사는 이로 인해 3년이 넘는 기간 동안 거래정지되었고, 끝내 상장폐지되었다.

이처럼 거래정지는 대체로 부정적인 사유로 발생하는 경우가 많다. 그리고 그 결말 역시 좋지 않은 경우가 많다. 물론 모든 거래정지가 '비극'으로 끝나는 것은 아니다. 거래정지가 발생한 또 다른 상장사 L사의 공시를 살펴보자.

[그림 2-18]에서 보는 것처럼, L사는 2023년 말에 거래정지 되었는데 사유는 '주된 영업의 정지'였다. 말 그대로 회사가 주력으로 밀던 사업이 여러 가지 사유로 중단되는 것인데, 이는 회사의 영업활동에 중대한 영향을 미칠 수 있다. 따라서 상장폐지에 이를 수 있는 사유 중 하나에 해당한다.

L사는 지적재산권 문제로 인한 소송이 발생했는데, 거래소는 회사 주식의 거래를 일단 정지시켰다. 그리고 상장폐지 사유에 해당할 만큼 사안이 중대한지

그림 2-18 L사 매매거래정지 공시

주권매매거래정지

1.대상종목			보통주
2.정지사유		투자자 보호	
3.정지기간	가.정지일시	2023-10-11	-
	나.만료일시	상장적격성 실질심사 심사대상 여부에 대한 확정일까지	
4.근거규정		코스닥시장상장규정 제18조 및 동규정시행세칙 제19조	
5.기타		코스닥시장 상장규정 제56조제1항제3호라목 및 같은 규정 시행세칙 제61조제1항제4호에 따라 주된 영업의 정지로 확인되는 경우, 상장적격성 실질심사 대상에 해당하는지 여부에 대해 심사를 진행할 예정이며 동 기간 동안 동사 주권의 매매거래는 정지됨을 알려드립니다.	

그림 2-19 L사 매매거래정지해제 공시

주권매매거래정지해제

1.대상종목		보통주
2.해제사유	상장적격성 실질심사 대상 제외 결정	
3.해제일시	2023-11-16	-
4.근거규정	코스닥시장상장규정 제18조 및 동규정시행세칙 제19조	
5.기타	코스닥시장업무규정시행세칙 제26조의 규정에 의거 매매거래 재개일의 장개시전 시간외매매는 성립되지 않습니다.	

를 판단하기로 했다. 이로부터 한 달의 시간이 흘러 공시가 다시 올라왔다. 거래정지가 해제된다는 내용이다([그림 2-19] 참조).

영업정지 상황이 상장폐지 대상으로 갈 만큼의 심각한 사안은 아닌 것으로 판단되었고, 이로 인해 상장적격성 실질심사 대상에서 제외되었다. 상장폐지 사유가 해소되었기 때문에 거래정지 역시 풀린 것이다. 투자자들의 안도 속에 L사는 거래가 재개되었다.

이처럼 회사에 상장폐지로 이어질 수 있는 심각한 문제가 발생했고, 그것이 확인되면 주식은 거래가 정지된다. 그리고 거래가 정지되었으니 당연히 매도할 수도 없다. 투자자 입장에서 결코 반갑지 않은 상황이 되는 것이다.

4. 풍문으로만 들려온 얘기에도 거래가 정지된다

대개 상장폐지 사유 발생과 같이 좋지 않은 사실들이 확인되면 주식의 거래가 정지된다. 하지만 현실에서는 거래정지가 생각보다 더 빨리 진행된다. 즉 주식시장에 '소문'만 들려와도 주식이 거래 정지되는 것이다.

뒤에서 살펴보겠지만 주식시장에는 '조회공시요구' 제도가 있다. 이는 언론에 보도되거나 풍문으로 들리는 소식 중 주가에 영향을 미칠 수 있는 것들에 대해 거래소가 상장사를 상대로 사실을 확인하는 제도다. '당신네 회사에 대해 이런 소문이 돌고 있는데, 사실이냐?'를 물어보는 것이다. 그리고 상장사는 이에 대해 하루 안에 재빠르게 공시로 답해야 한다. 이를 상장사의 조회공시라고 한다.

조회공시에는 다양한 종류가 있다. 회사의 M&A에 관한 소문, 특정 사업에서 철수한다는 소식, 경영권을 다른 사람에게 넘긴다는 소식 등 여러 가지가 있다. 하지만 이 가운데 매년 3월마다 투자자들이 가장 두려워하는 소문이 있다. 바로 상장사의 '감사의견거절' 소문이다.

코스닥 상장사 ①사는 2017년 3월 29일 19시 8분 조회공시요구를 받게 된다. 당시 ①사는 감사보고서를 제출하기 전이었고, 감사의견거절의 풍문이 있어 이를 확인하기 위함이었다([그림 2-20] 참조).

그러나 전자공시시스템에서 자세히 살펴보니 시간과 분 단위까지 동일하게 올라온 공시가 또 하나 보인다. 바로 ①사의 거래정지 관련 공시이다([그림 2-21] 참조).

거래소의 풍문 조회공시요구와 동시에 ①사는 거래정지 된 것이다. 아직 사실로 확정된 것도 아니고 소문 단계에 불과한데, 왜 주식을 팔 기회도 주지 않고 바로 거래정지를 시키는 것일까?

그만큼 감사의견거절은 중대한 사안이기 때문이다. 상장폐지로 직결되는 감사의견거절과 같은 중요한 소문이 사실인지 공식적으로 물어본 뒤에도 거래가 계속 이루어지도록 방치한다면, 공시를 즉각적으로 확인한 사람은 주식을 매도

그림 2-20 ①사 조회공시 요구(감사의견 비적정설)

조회공시 요구(풍문 또는 보도)		
1. 제목	감사의견 비적정설	
2. 조회공시요구내용	감사의견 비적정설의 사실여부 및 구체적인 내용	
3. 요구일시	2017-03-29	오후
4. 답변시한	2017-03-30	18:00까지

그림 2-21 조회공시 요구와 함께 매매거래정지 된 ①사

시간	회사명	공시제목	제출인
2017-03-29 19:08		주권매매거래정지(풍문 또는 보도 관련)	코스닥시장본부
2017-03-29 19:08		조회공시요구(풍문또는보도)(감사의견 비적정설)	코스닥시장본부

하겠지만 다른 사정으로 이를 확인하지 못한 잠재적 투자자는 이를 매수함으로써 피해를 볼 수 있다. 다시 말해 중요한 소문인 만큼 일단 진위 확인이 될 때까지 거래를 정지시키는 것이다.

그리고 또 다른 이유로 미공개정보이용의 가능성을 생각해볼 수 있다. 주식시장에서 모든 투자자들은 공시, 보도자료 등 공표된 정보들을 공정하게 활용할 수 있어야 한다. 즉 특정인(주로 회사와 관련된 내부자들)이 아직 공개되지 않은 정보를 이용해 주식을 매매하면 안 된다는 것인데, 이를 자본시장법상 '미공개중요정보이용행위'라고 한다. 이는 법으로 금지되어 있으며 어길 경우 형사

처벌을 받게 된다.

하지만 현실적으로 회사에 관한 중요한 정보는 공표되기 전에 누설되기도 하며, 이것이 점차 소문으로 퍼지는 경우들이 많다. 이 경우 정보를 취득한 특정인이나 소문을 접한 누군가가 이를 이용하여 주식을 매매하는 경우들이 발생할 수 있는데, 이는 형평성에 어긋난다고 할 수 있다. 풍문에 따른 조회공시요구는 이처럼 공개되지 않은 정보를 이용한 매매행위를 사전에 막는 기능도 할 수 있다.

이제 ①사 사례로 다시 돌아가 보자. 안타깝게도 감사의견거절 풍문들은 대체로 현실이 된다. ①사 역시 실제로 감사의견거절이 나왔고, 거래정지는 그 뒤로 지속되고 있다. 감사의견거절은 형식적 상장폐지 사유이기 때문에 개선기간을 부여받게 되고, 그 기간 동안 거래정지는 지속된다.

'위기의 주식'들이 밟게 되는 경로는 대체로 비슷하다

지금까지 '위기의 주식'들이 주로 겪게 되는 주식시장에서의 운명들을 살펴보았다. 우리 주식시장은 규정에 따라 움직이는 제도들이 형성되어 있기에 위기의 주식들이 밟게 되는 경로는 어느 정도 정형화 되어 있다. 관리종목으로 지정되거나, 외부감사 과정에서 감사의견 비적정이 나오거나, 부정적인 사유로 거래정지가 되는 것이 그 대표적인 모습이다.

그리고 안타깝게도 그 과정에서 주가가 하락하는 것은 어찌보면 부차적인 일에 지나지 않는다. 위기의 주식들이 종국적으로 향하는 곳은 주식시장에서의 퇴출, 즉 상장폐지이기 때문이다.

주가가 하락하면 투자자는 일부 손실을 보지만 주식의 거래가 정지되고 상장폐지에 이르게 되면 원금이 사실상 거의 대부분 사라진다. 말 그대로 '손 써볼 새도 없는 지경'에 이르는 것이다.

다시 한 번 말하지만, 투자는 최종적으로 본인의 책임이다. 이는 투자자가 잘못했다는 것이 아니라 모든 손실은 어쩔 수 없이 스스로가 감당해야 한다는 것이다. 그렇기 때문에 우리는 위기의 주식들이 겪게 되는 과정들을 이해하고 거기서 힌트를 얻어야 한다. 우리는 어느 정도의 손실을 볼지언정 앞으로 있을 투자 기회까지 모조리 잃어버려서는 안 되기 때문이다.

다음 장에서는 주식이 '진정한 휴지조각'에 이르는 과정인 상장폐지에 대해 알아보자.

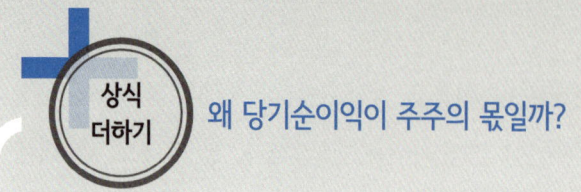

왜 당기순이익이 주주의 몫일까?

주식 투자자들은 모두 회사의 주주이다. 그리고 그 주주의 몫은 당기순이익이다. 우리는 회사의 실적 관련해서 주로 매출액과 영업이익에 주목하고 있는데, 정작 주주의 몫은 당기순이익이라고 한다. 왜 그럴까? 이는 2가지 관점에서 이해해볼 수 있다.

첫 번째 관점은 재무상태표의 형태에서 찾아볼 수 있다.

재무상태표는 '자산=부채+자본'의 형태로 이루어져 있는데, 여기서 부채는 채권자의 몫이다. 즉 회사가 빌린 돈에 대해서는 채권자에게 우선적으로 상환해야 하는 것이다. 그렇지 못하면 이는 회사의 부도발생으로 이어진다. 그리고 주주는 채권자 다음 순서인 자본에 대한 잔여청구권residual claim을 가진다. 회계상 자본의 개념은 자산에서 부채를 제외한 크기, 즉 '나머지' 개념이다. 이렇게 주주의 잔여청구권은 회계상 자본의 개념과 맞닿아 있다.

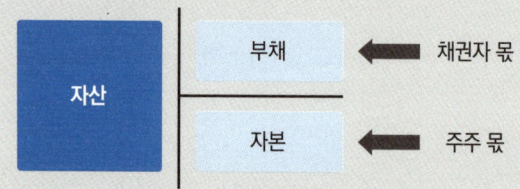

두 번째 관점은 상법에서 찾아볼 수 있다.

주주의 몫은 흔히 배당이라고 한다. 그리고 우리나라 상법 제462조는 주식회사의 배당가능이익에 대해 규정하고 있다. 구체적으로는 '대차대조표의 순자산액'에서 자본금, 법정준비금 등을 제외한 나머지 금액(이익잉여금) 범위 안에서 배당을 할 수 있다고 명시되어 있다. 여기서 대차대조표의 순자산액은 곧 재무상태표상의 자본을 의미한다. 그리고 무분별한 자본 유출을 막기 위해 당기순이익이 발생했을 경우에 한해서 배당할 수 있도록 규정하고 있다. 이처럼 배당의 기본적인 재원이 되는 자본에 매년 가산되는 것이 당기순이익이기 때문에 그것이 곧 주주의 몫이라고 하는 것이다.

휴지조각이 된 '내 주식'
'즉각적으로 퇴출 후보'가 되는 형식적 상장폐지
상장적격성 실질심사 상장폐지의 핵심은 '종합적인 심사'
상장폐지는 최종적인 결과일 뿐 그 원인은 다양하다

3장

주식시장이 가장 두려워하는, '최후의 심판' 상장폐지

위기의 주식들이 최종적으로 맞이하는 절차가 상장폐지, 즉 주식시장에서의 퇴출이다. 어느 종목이든 소액주주들의 규모는 최소 수 천명에서 수 만 명은 되기 때문에 상장폐지는 매번 이슈가 된다. 하지만 정작 어떤 이유로 상장폐지가 되는지, 그리고 어떤 절차로 진행되는지는 자세히 알기 어렵다. 심지어 상장폐지에도 종류가 있다. 이래저래 복잡하다.

그러나 이는 누군가의 재산이 휴지조각이 되는 과정이기에 언제까지나 뉴스나 기사에만 의존할 수는 없다. 이 기회에 상장폐지의 절차들을 알아두고, 이렇게 될 수 있는 주식을 미리 회피하는 방법을 찾아보자.

휴지조각이 된 '내 주식'

| 1. 위기의 주식들이 향하는 종착지 '상장폐지' |

2018년 9월, 감사의견거절로 6개월 동안 거래정지 중이던 코스피시장 상장사 M사는 거래가 재개되었다. 그런데 거래정지 이전 8,770원이던 주가가 하루 만에 1,190원이 되었다. 하한가 기준 -30%를 넘어서는 -86%의 하락률을 보여준 것이다. 그것도 단 1일 만에. 말로만 듣던 무시무시한 '정리매매'였다([그림 3-1] 참조).

정리매매는 7일 동안 이루어져 10월 2일 주가 671원으로 마무리되었고, 다음날 M사는 주식시장에서 사라졌다. 주식이 진짜 휴지조각이 되었다.

정리매매는 상장폐지가 최종적으로 확정된 종목에 대해 마지막으로 거래할 수 있는 기간이다. 정리매매는 7일 동안 허용되며, 해당 기간 동안 '±30%의 상·하한가'는 적용되지 않는다. 누군가에게는 눈물의 손절이라도 할 수 있는 마지막 기회이고, 다른 누군가에게는 불나방처럼 뛰어들어 단타매매를 통해 차익을 취하려는 시간이기도 하다. 많은 사람들의 희비가 엇갈리는 시간이지만 어쩔 수 없다. 주식시장은 냉정하다.

M사는 감사의견거절을 받고 불과 6개월 만에 주식시장에서 사라졌다. 그런

그림 3-1 M사 정리매매

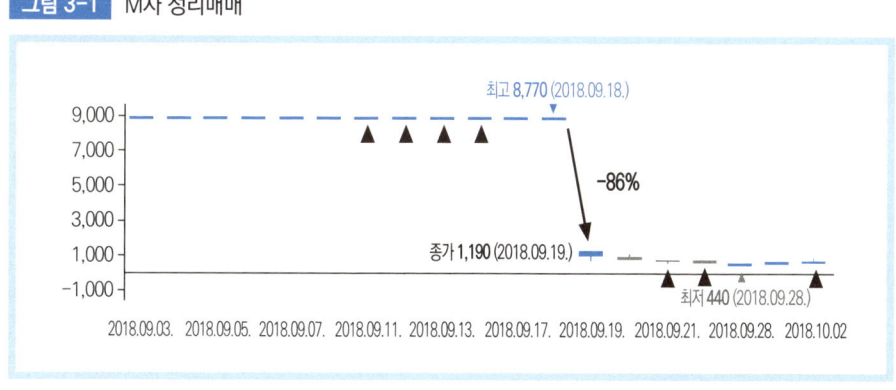

출처 : KIND 전자공시시스템

데 또 어떤 종목은 똑같이 감사의견거절을 받은 뒤 3년 동안 거래정지 상태로 아직 상장폐지되지 않고 있다. 같은 주식이고 같은 사유로 상장폐지 사유가 발생했는데, 어떤 차이가 있는 것일까? 그리고 더 근원적으로, 그 주식은 왜 상장폐지에 이르게 되었을까?

2. 상장폐지에도 종류가 있다

상장폐지라고 다 같은 것이 아니다. 상장폐지에도 종류가 있다는 것이다. 크게 2가지로 나뉘는데 바로 '형식적 사유에 의한 상장폐지'와 '상장적격성 실질심사에 따른 상장폐지'이다. 이제부터 전자는 '형식적 상장폐지', 후자는 '실질심사 상장폐지'라고 하자. 다음에 이어지는 글에서 좀더 자세히 다루겠지만, 일단 여기서는 이렇게 구분하도록 하자. 상장폐지는 최종적인 결과일 뿐 그 원인은 다양하다. 그 다양한 원인 또는 사유를 형식적 상장폐지와 실질심사 상장폐지로 먼저 나눈다는 이야기다.

투자자들이 뉴스 등을 통해 가장 많이 접했을 상장폐지 사유들이 있을 것이다. 감사의견 비적정과 경영진의 횡령·배임을 예로 들어 보자. 결과적으로 같은 상장폐지라도 이 둘은 엄연히 다르다.

먼저 '감사의견 비적정'은 형식적 상장폐지에 해당한다. 그리고 감사의견 비적정은 무조건적인 상장폐지 사유이다. 여기서 무조건이라고 표현한 것은 무조건 상장폐지된다는 것이 아니라 상장폐지 '후보'로 무조건 선정된다는 것이다. 그리고 상장폐지 사유를 해소하지 못하면 상장폐지가 된다. 보통 이 경우 회사는 개선기간을 부여받고, 그 기간 동안 적정한 감사의견을 받기 위해 노력

한다.

　반면에 '횡령·배임 혐의 발생'은 실질심사 상장폐지에 해당한다. 횡령·배임 혐의 발생은 사안에 따라 상장폐지 후보가 될 수도 있고 안 될 수도 있다. 뒤에서 설명하겠지만 1차적으로 중요한 것은 횡령·배임 혐의의 규모이다. 규모가 일정 수준 이상이고 그것이 회사의 재무구조에 치명적인 수준이면, 상장폐지의 후보가 된다.

　그리고 실질심사 상장폐지의 핵심은 '종합적인 심사'를 받게 된다는 것이다. 횡령·배임 혐의가 확인되었는데 그 금액을 다 복구했다고 해서 끝이 아니다. 횡령·배임 혐의가 발생한 만큼 회사의 내부통제 시스템에 문제가 있을 가능성이 크다. 그렇기 때문에 회사가 전반적으로 상장사로서의 자질이 있는지를 살펴보는 과정을 거치게 되는 것이다.

　참고로 코스피시장과 코스닥시장 간 상장폐지 사유 및 절차에 조금씩 차이가 있다. 이 책에서는 코스닥시장의 기업 수가 많고 또 상장폐지와 관련한 이슈가 더 자주 일어나는 현실을 감안하여 코스닥시장을 중심으로 살펴보도록 한다.

'즉각적으로 퇴출 후보'가 되는 형식적 상장폐지

1. '형식적 상장폐지 사유'와 '이의신청'

　형식적 상장폐지 사유들은 다른 판단의 여지가 없이 상장폐지로 이어진다. 형식적 사유에 의한 상장폐지인 만큼, 사유가 발생하기만 하면 바로 상장폐지

그림 3-2 유형별 이의신청 가능 여부(형식적 상장폐지의 경우)

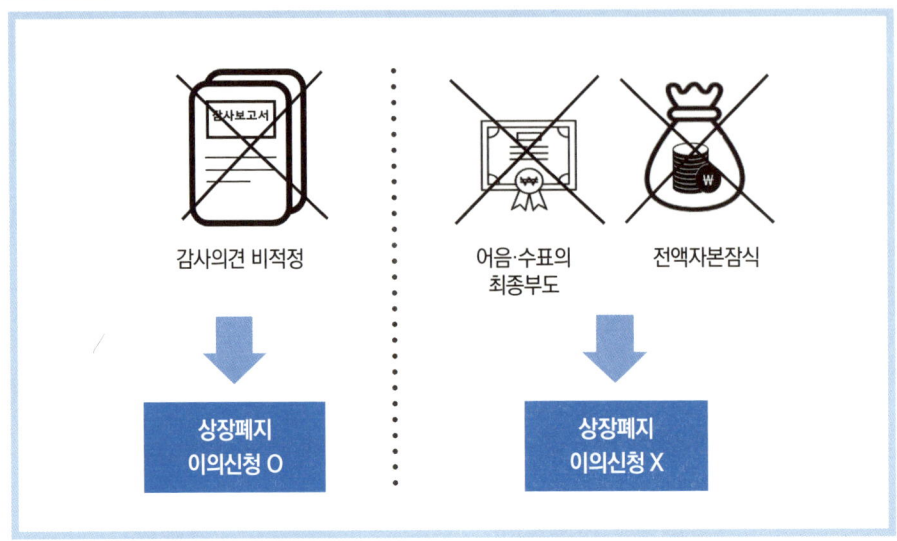

가 되는 것이 원칙이다. 이러한 사유에는 대표적으로 '감사의견 비적정', '최종부도 발생', '자본전액잠식' 등이 있다.

하지만 이 같은 사유가 발생했더라도 모든 경우가 다 즉각적으로 상장폐지가 되는 것은 아니다. 상장사는 거래소의 상장폐지 의결에 대해 이의신청을 할 수 있기 때문이다.

이의신청을 하면서 동시에 개선계획서 등을 제출해야 하고, 거래소는 이를 심사하여 개선기간을 부여할지 여부를 판단한다. 개선기간은 최대 6개월을 부여할 수 있으며, 감사의견 비적정으로 인한 상장폐지의 경우에는 최대 1년까지 개선기간을 부여할 수 있다.[1]

---

1 코스닥시장 상장규정세칙 제60조 제3항

하지만 모든 형식적 상장폐지에 대해 이의제기가 가능한 것은 아니다. 감사의견 비적정의 경우에는 상장사가 이의신청을 함으로써 재기를 노려볼 수 있는 기회가 주어지지만, 회사의 어음·수표에 대한 최종부도[2], 또는 자본전액잠식[3]의 경우에는 이의신청을 할 수 없다. 이때는 즉각적으로 상장폐지되는 것이다([그림 3-2] 참조).

2. 상장폐지 회사 절반 이상이 '감사의견 비적정' 때문

KIND 전자공시시스템을 통해 상장폐지 이력들을 찾아볼 수 있다. 2021년 이후 최근 3년 동안 코스닥시장의 상장폐지 내역을 확인해봤다([그림 3-3] 참조). 상장폐지된 회사 43개 사 중 절반이 넘는 24개 회사가 감사의견 비적정(의견거절 23사, 한정 의견 1사)을 받아 주식시장에서 퇴출되었다.

또한 43개 사 중 31개 사가 형식적 상장폐지에 해당했다. 그만큼 형식적 상장폐지 사유, 그중에서 감사의견 비적정은 상장폐지의 많은 부분을 차지하고 있음을 알 수 있다. 이외에도 상장사의 파산선고, 어음·수표 최종부도, 정기보고서(분·반기보고서, 사업보고서 포함) 미제출 등의 사유도 확인된다. 나머지 12개 사는 상장적격성 실질심사에 의한 상장폐지로 확인되는데 이는 뒤에서 자세히 살펴보도록 하자.

---

[2] 코스피시장의 경우에는 이의신청이 가능하다.
[3] 자본전액잠식 사례 중 외부감사인이 '회계처리 위반으로 인한 한정의견'을 표명한 경우 예외적으로 이의신청이 가능하나 그 이외의 경우에는 이의신청 없이 즉각 상장폐지된다.

그림 3-3 최근 3년 코스닥시장 사유별 상장폐지 현황 * (단위 : 건)

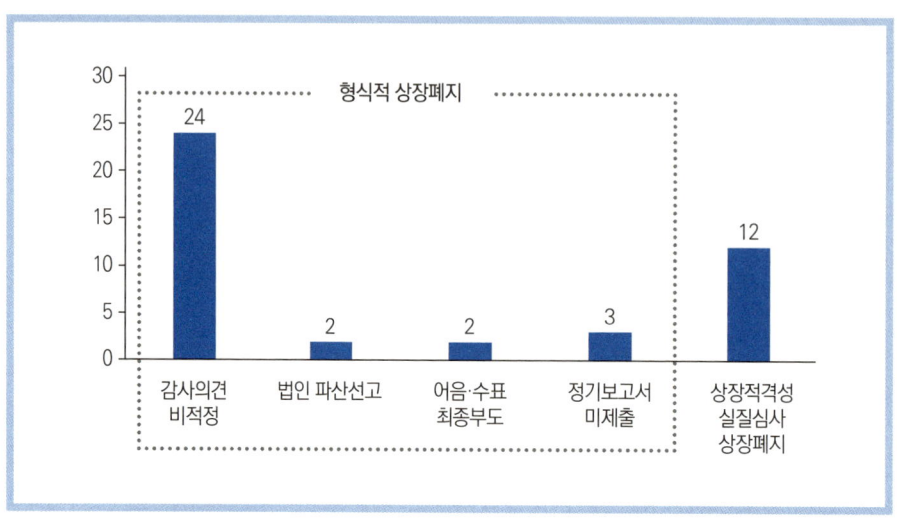

출처 : KIND 전자공시시스템
* 상장사의 자진 상장폐지 신청, 코스피시장 이전상장, 타법인에 피흡수 등으로 인한 상장폐지 사유는 제외한 수치다.

3. '감사의견 비적정 기업'에 대한 심사 프로세스

가장 많은 상장폐지 사유가 '감사의견 비적정'이므로, 여기에 대해 좀더 자세히 알아보도록 하자.

내가 투자한 회사가 3월 감사보고서 제출 시즌에 감사의견거절을 받았다고 치자. 아마도 감사보고서 제출 전에 조회공시를 통해 주식은 이미 거래정지가 되었을 것이다. 거래소는 상장폐지 사유가 발생했다고 공시한다([표 3-1] 참조).

그럼 이제 형식적 상장폐지 사유가 발생했으니 내 주식은 바로 휴지조각이 될까? 그렇지 않다.

대다수의 회사들은 감사의견거절을 받아 상장폐지 대상이 되더라도 거래소에 이의신청을 한다. 여기서 이의신청은 거래소의 상장폐지 결정을 받아들일 수 없다는 의미가 아니다. 바로 '한 번 더 기회를 달라'는 뜻이다. 상장사는 그런 의미에서 이의신청을 하면서 동시에 '개선계획서'를 제출한다. 즉 감사의견 비적정을 어떻게 해소해서 상장폐지를 면할지를 검토하여 계획을 세우는 것이다. 회사가 멀쩡하게 개선계획서를 작성하였으면 대부분의 경우 거래소로부터 개선기간 1년을 부여받는다([표 3-2] 참조).

2020사업연도에 대해 감사의견거절을 받은 N사의 경우 1년의 개선기간을 부여받았다. 물론 이 기간 동안 주식은 계속 거래정지 된다. 그리고 1년이 지났다. N사는 어떻게 되었을까?

결론부터 말하자면, 2021사업연도에 대해서도 감사의견거절을 받아버렸다([표 3-3] 참조). 2번 연속 감사의견거절이니 상황은 절망적이다. 이제는 어떻게 될까?

표 3-1 N사 기타시장안내(상장폐지 사유 발생)

제목: N사(주) 기타시장안내(상장폐지 관련)
동 사는 금일('21.03.23) "감사보고서 제출" 공시에서 2020사업연도의 재무제표에 대한 감사인의 감사의견이 감사범위제한으로 인한 "의견거절" 임을 공시하였습니다.
동 사유는 코스닥시장상장규정 제38조의 규정에 의한 상장폐지 사유에 해당하며 이와 관련하여 동사는 상장폐지에 대한 통지를 받은 날로부터 15일 이내(2021.04.13 限, 영업일 기준)에 이의신청을 할 수 있으며, 이의신청이 없는 경우에는 상장폐지 절차가 진행될 예정입니다.

표 3-2   N사 기타시장안내(이의신청 및 개선기간 부여)

제목 : N사(주) 상장폐지관련 이의신청서 접수 및 개선기간 부여

거래소는 동 사의 최근 사업연도 재무제표에 대한 감사인의 감사의견이 감사범위제한으로 인한 의견거절('감사보고서 제출' 공시, '21.03.23)로 코스닥시장상장규정 제38조의 규정에 의한 상장폐지 사유가 발생함에 따라 동 사의 상장폐지 관련 안내를 한 바 있습니다.
(N사(주) "기타시장안내(상장폐지 관련 안내)", '21.03.23)

동 사는 코스닥시장상장규정 시행세칙 제33조의4에 의거, 금일('21.04.08) 이의신청서를 제출함에 따라 거래소는 동사의 '21.04.08 상장폐지에 대한 이의신청 등과 관련하여 코스닥시장상장규정 제40조에 의거 차기 사업보고서 법정제출기한의 다음날부터 10영업일(~'22.04.14*)까지 개선기간을 부여하였으며, 동 개선기간 중에는 매매거래정지가 지속됨을 알려드립니다.

 * 사업보고서 제출기한 연장 신고 또는 금융당국의 제출지연 제재 면제 승인 등으로 동 기한이 연장되는 경우에는 이에 연동하여 일정 변경 가능

또한 개선기간 종료 후 15일(매매일 기준) 이내에 개선계획 이행내역서, 개선계획 이행결과에 대한 전문가의 확인서 등을 제출받고 동 서류제출일로부터 20일(매매일 기준) 이내에 기업심사위원회를 개최하여 당해 주권의 상장폐지 여부를 심의·의결할 예정임을 알려드립니다.

표 3-3   N사 감사보고서 제출 공시

구분	당해 사업연도	직전 사업연도
1. 연결 감사의견 등		
- 감사의견	의견거절	의견거절
- 계속기업 존속 불확실성 사유 해당 여부	해당	미해당

표 3-4 N사 기타시장안내(상장폐지 의결)

제목 : N사(주) 기업심사위원회 심의·의결 결과 안내

한국거래소는 금일 기업심사위원회를 개최하여 동사의 2020사업연도 감사의견 상장폐지 사유 해소 여부 및 2021사업연도 감사의견 상장폐지 사유에 대해 심의·의결한 결과 동사의 주권을 상장폐지로 심의·의결하여 상장폐지 절차가 진행될 예정임을 알려드립니다.

그림 3-4 감사의견거절로 인한 '형식적 상장폐지' 프로세스 예시

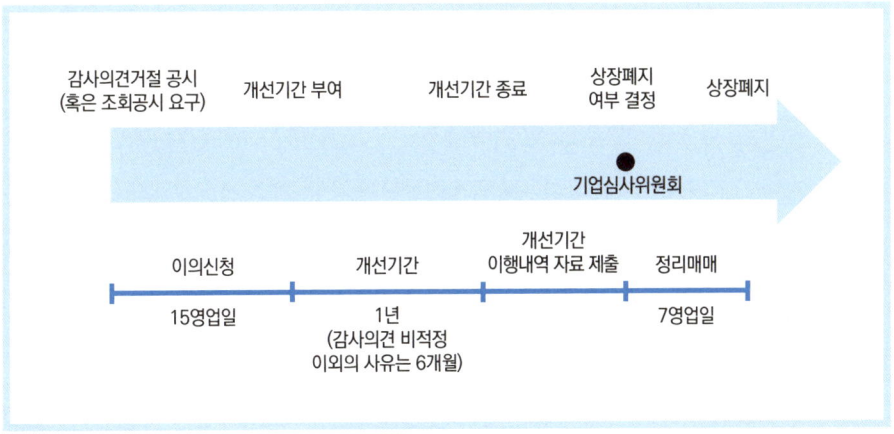

N사는 감사의견거절을 해소하지 못하여 결국 거래소 기업심사위원회의 심의 대상이 되었다. 그리고 결과적으로 상장폐지가 최종 의결되었다([표 3-4] 참조).

이렇게 N사는 주식시장에서 사라지게 되었다. 물론 이때 상장사가 상장폐지 의결에 반발하여 법원에 상장폐지결정 효력정지 가처분 신청을 하는 경우도 있다. 이는 법원의 힘을 빌려 임시적으로나마 거래소의 상장폐지 결정을 정지시키려는 의도다. 효력정지 가처분을 신청하게 될 경우 거래소는 마지막으로 법원의

결정까지 기다려준다. 하지만 가처분 신청은 인용 요건이 까다롭다. 그래서 대다수의 경우 가처분 신청이 기각되어 상장폐지가 진행되는 것이 현실이다.

[그림 3-4]는 '감사의견거절'로 인한 형식적 상장폐지 절차를 정리한 것이다. N사의 형식적 상장폐지 절차를 보니 감사의견거절로 인한 상장폐지 사유 발생 이후 총 1년의 개선기간을 부여받았다. 물론 회사마다 이 과정은 조금 상이할 수 있다.

이의신청을 한 후 부여 받은 개선기간 동안 회사는 감사의견거절 요인들을 해소하는데 최선을 다해야 한다. 만약 그러지 못한다면 다음 기업심사위원회에서 상장폐지 통보를 받게 될 것이다.

상장폐지의 과정은, 주주들의 입장에선 '가장 두려운, 최후의 심판'이다. 그 과정은 기나긴 고통의 시간이다. 물론 희망을 가지고 기다리는 사람들도 많았을 것이다. 하지만 결과는 참혹하다.

4. 감사의견이 '비적정'에서 '적정'으로 바뀐 경우는?

회사가 감사의견 비적정을 받은 뒤 각고의 노력 끝에 개선기간 동안 감사의견을 '적정'으로 바꿔놓는 경우들도 있다. 주주들의 입장에선 수개월 동안 거래정지에 전전긍긍하던 마음이 한 번에 풀린다. 이제 거래재개를 기다리는 일만 남은 셈이다.

그런데 정작 거래재개는 안되고, 이번에는 실질심사 상장폐지 대상이 될 수 있다고 하는 경우도 있다. 도대체 어떻게 된 것일까? 유사한 일을 겪었던 O사 사례를 통해 살펴보도록 하자.

2022년 3월, O사는 거래소 조회공시요구와 함께 거래가 정지된다. 감사의견 비적정설과 관련된 것으로 실제 O사는 얼마 뒤 2021사업연도에 대한 감사의견 비적정(감사범위 제한으로 인한 한정 의견)을 받았음을 공시한다([표 3-5] 참조). 주주들에게는 청천벽력 같은 소식이었다.

회사는 거래소의 상장폐지 통보에 대해 이의신청서와 개선계획서를 제출하고 1년간의 개선기간을 부여받게 된다. 그리고 반년도 지나지 않은 그 해 8월, O사는 감사보고서 제출 정정공시를 낸다. 재감사를 받아 2021사업연도에 대한 회계감사 의견을 적정으로 받아낸 것이다([표 3-6] 참조). 주주 입장에서는 너무나도 기다리던 소식이다. 이제 주식이 다시 거래되고, 또 악재 해소로 주가

표 3-5 O사 감사보고서 제출 공시

구분	당해 사업연도	직전 사업연도
1. 연결 감사의견 등		
– 감사의견	감사범위제한으로 인한 한정	적정
– 계속기업 존속 불확실성 사유 해당 여부	미해당	미해당

표 3-6 O사 감사보고서 제출 정정 공시

1. 정정관련 공시서류	감사보고서 제출	
2. 정정관련 공시서류제출일	2022-03-23	
3. 정정사유	2021년 재무제표의 재감사 결과 반영	
4. 정정사항		
정정항목	정정 전	정정 후
– 감사의견(당해사업연도)	감사범위 제한으로 인한 한정	적정

표 3-7 O사 기타시장안내

제목 : O사㈜의 감사의견 관련 형식적 상장폐지 사유 해소 및 매매거래정지 지속 안내

1. 형식적 상장폐지 사유 해소

거래소는 동사가 금일 제출한 '감사보고서 제출' 공시에서 <u>2021사업연도 감사보고서상 감사의견이 적정으로 변경되었음을 확인하였습니다.</u> 이와 관련하여, 동사는 금일 개선 계획 이행 내역서를 제출하였으며, 거래소는 동사의 감사의견 관련 형식적 상장폐지 사유가 해소되었음을 확인하였습니다.

2. 상장적격성 실질심사 사유 발생 및 매매거래정지 지속 안내

동사는 금일('22.08.16) '<u>감사보고서상 감사의견이 변경되거나 차기 감사보고서상 감사의견 적정으로 상장폐지 사유를 해소한 경우</u>'에 해당하여, 코스닥시장 상장규정 제56조제1항제3호타목 규정에 의거 <u>상장적격성 실질심사 사유가 발생</u>하였음을 알려드립니다.

거래소는 동사에 대해 코스닥시장 상장규정 제56조제1항제3호타목에 의거 상장적격성 실질심사 대상에 해당하는지 여부를 심사할 예정이며, <u>실질심사 대상 해당 여부에 관한 결정 시 (15일 이내, '22.09.06 限, 영업일 기준)</u>까지 매매거래정지가 지속될 예정입니다.

향후, 상장적격성 실질심사 대상에 해당하는 경우(매매거래정지 지속) 당해법인 통보 및 기업심사위원회 심의·의결절차 진행에 관한 사항을 안내하고, 상장적격성 실질심사 대상에 해당하지 않는 경우에는 매매거래정지 해제에 관한 사항을 안내할 예정입니다.

상승까지도 기대해볼 수 있는 상황이다.

거래소는 이후 O사에 대해 형식적 상장폐지 사유가 해소되었고, 관리종목에서도 해제되었음을 공시한다. 그러나 동시에 회사가 이제는 상장적격성 실질심사 사유가 발생하여 거래정지를 지속한다고 공시한다([표 3-7] 참조). 도대체 무

슨 일인 것일까?

요지는 이렇다. 원래 감사의견이 '비적정'이었다가 '적정'으로 바뀐 회사들은 그것으로 끝나지 않고 거래소의 상장적격성 실질심사를 받을 수 있다는 것이다. 즉 감사의견 비적정을 한 번 받았으니 거래소가 종합적으로 회사를 살펴본 뒤에 실질심사 상장폐지 대상으로 삼을지 말지 여부를 결정한다는 것이다. 그리고 그 결정일까지 거래정지가 지속되는 것이다.

야속하지만 어쩔 수 없다. 감사의견 적정을 받지 못했다는 사실이 그만큼 상장사 입장에서 치명적인 것이다. 단순히 실수의 문제가 아니라 구조적인 문제일 가능성이 크기 때문이다. 특히 감사의견은 회사의 회계 관리에 문제가 있다는 것인데, 회계는 회사와 투자자가 소통하는 매우 중요한 수단이다. 따라서 한 번 감사의견 비적정을 받았다가 이를 적정 의견으로 바꿨다고 끝나는 것이 아니다. 진정으로 그 리스크가 잘 해소되었는지를 살펴본다는 것이다.

하지만 O사는 건실했다. 거래소는 회사를 살펴본 결과 O사를 실질심사 대상에서 제외하였다. 즉 상장폐지 리스크가 해소된 것이다. 그리고 이와 동시에 O사의 주식거래는 재개되었다. 결과적으로는 다행이지만 그동안 투자자들이 입었던 금전적 피해와 정신적 피해는 상당할 수밖에 없다.

▎5. '정기보고서 미제출'도 상장폐지 사유 ▎

앞서 살펴본 감사의견 비적정은 대표적인 형식적 상장폐지 사유이다. 그리고 이러한 사유에 이어서 또 다른 높은 비중을 차지하는 형식적 상장폐지 사유가 바로 '정기보고서 미제출'이다. 정기보고서의 종류에는 사업보고서, 분기보고서, 반기보고서 등이 있는데, 이러한 정기보고서를 제때(사업보고서의 경우 사업연도 경과 후 90일 이내, 분기 및 반기보고서의 경우 각 기간 경과 후 45일 이내)에 제출하지 못하면 상장폐지에 이를 수 있다. 예를 들어 최근 2년 동안 3회 이상 정기보고서를 법정기한까지 제출하지 않거나, 사업보고서를 기한까지 제출하지 못하여 관리종목으로 지정된 후 기한 다음날부터 10일 이내에 이를 제출하지 못하는 경우 등이 있다.

한편 이러한 경우로 형식적 상장폐지 사유가 발생하게 되면 회사는 이의신청 절차를 거칠 수 있는데, 과거에는 이의신청 없이 즉각적으로 상장폐지를 진행했다. 2012년에 상장폐지된 ㉮사 사례를 살펴보자.

[표 3-8]을 보면, 감사의견 비적정이 발생했을 때의 기타시장안내 공시와 다르다. 마지막 기한까지 사업보고서를 제출하지 않을 경우 상장폐지 절차가 바로 진행된다고 기재되어 있다. 즉 사업보고서의 법정제출기한 다음날부터 10일이 지나도록 사업보고서를 제출하지 않으면 별도의 이의신청 절차 없이 상장폐지가 진행된다.

실제로 회사는 4월 9일까지 사업보고서를 제출하지 못하자 다음 날인 4월 10일 즉각적으로 상장폐지가 결정되었다. 그리고 회사는 정리매매기간을 거쳐 4월 24일 상장폐지되었다([표 3-9] 참조).

여기서 이제 의문이 드는 점이 있다. 왜 사업보고서를 제출하지 않는다고 이렇게 가혹하게 이의신청도 없이 상장폐지를 시켰을까?

이는 그만큼 사업보고서가 중요한 공시이기 때문이다. 그리고 그것이 중요한 이유는 바로 자본시장법에서 직접적으로 규정하고 있기 때문이다. 자본시장법(제159조)은 상장사에 대해서 사업연도 경과 후 90일 이내에 사업보고서를 금융

표 3-8 ㊐사 기타시장안내 공시(상장폐지 절차 진행)

> (주)㊐사 기타시장안내(상장폐지 관련)
>
> (주)㊐사 코스닥시장상장법인은 상장폐지 사유 발생으로 상장폐지 절차가 진행됨을 안내한 바 있습니다.
>
> 동 상장폐지 사유와는 별도로 동사는 2012.03.30까지 사업보고서를 제출하지 못하였습니다.
>
> 동사가 사업보고서 법정제출기한의 다음날부터 10일 이내(2012.04.09한)에 사업보고서를 제출하지 아니하는 경우 상장폐지 절차가 진행될 예정임을 알려드립니다.

표 3-9 ㊐사 상장폐지 공시

회사명		㈜㊐사
상장폐지 사유		사업보고서 법정제출기한 익일부터 10일 이내 미제출 등
정리매매기간	시작일	2012-04-13
	만료일	2012-04-23
상장폐지일		2012-04-24
기타		* 상장폐지 사유 - 사업보고서 법정제출기한 익일부터 10일이내 미제출 - 감사의견거절(감사범위 제한)

위원회와 거래소에 제출해야 한다고 규정하고 있다. 법률에서 이렇게 직접적으로 규정하고 있으니 이는 그만큼 중요한 것이다. 그리고 중요한 내용을 위반할 경우 이에 대해서 별도의 이의신청 없이 즉시 상장폐지되었던 것이다.

또한 사업보고서를 제출하지 않으면 상장폐지와 별개로 1년 이하의 징역 또는 3,000만 원 이하의 벌금에 처할 수도 있다(동법 제446조). 즉 형사처벌 대상이 된다는 것이다. 사업보고서 미제출은 그만큼 중대한 사항이다.

참고로 정기보고서 미제출로 인한 형식적 상장폐지 사유 발생과 관련하여 2022년 코스닥시장 상장규정 개정 이후 이의신청이 가능해졌다.

6. 그 밖의 형식적 상장폐지 사유들

앞서 살펴본 '감사의견거절'과 '사업보고서 미제출'은 형식적 상장폐지의 가장 주된 사유들 중 하나이다. 물론 형식적 상장폐지에는 흔치 않지만 다른 사유들도 여럿 존재한다. '자본전액잠식'이 그 중 하나이다.

자본전액잠식은 회사의 적자가 누적되어 자본총계가 자본금보다 작아져 자본금을 모두 갉아먹은 상태를 말한다(자본잠식에 대해서는 다음 장에서 자세히 알아보자). 2015년 상장폐지된 코스피시장의 ⓙ사 사례를 살펴보자([표 3-10] 참조).

ⓙ사는 상장폐지되기 전부터 조짐이 좋지 않았다. 임원의 횡령·배임 사실이 확인되어 법원으로부터 유죄판결을 받았고, 매출액도 감소하는 추세를 보였다. 심지어 '매출액 50억 원 미만'에도 해당할 만큼 상황이 악화되고 있었다. 그리고 2015년 초 사업보고서 제출 기간에 자본이 전액잠식 되었음을 공시한다([그림 3-5] 참조).

회사의 직전 사업연도 자본총계/자본금 비율은 105.6%로 자본잠식이 없는 상태였다. 하지만 1년 만에 재무구조가 급격하게 악화되면서 그 비율이 마이너스(-)로 전환되었다. 자본총계/자본금 비율이 마이너스라는 것은 자본전액잠식을 의미한다. 이로 인해 ⓙ사는 상장폐지되었다.

표 3-10 ⓙ사 상장폐지 공시(자본전액잠식)

회사명		㈜ⓙ사
상장폐지 사유		자본전액잠식
상장폐지 예고기간	시작일	2015-04-01
	만료일	2015-04-03
정리매매기간	시작일	2015-04-06
	만료일	2015-04-14
상장폐지일		2015-04-15

그림 3-5 ⓙ사 '자본전액잠식' 및 '매출액 50억 원 미만' 사실 발생

[지배회사 또는 지주회사의 추가공시사항]

구분	재무제표	당해 사업연도	직전 사업연도
자본총계°/ 자본금 비율(%) (°비지배지분은 제외)	연결	-17.1	105.6
매출액(재화의 판매 및 용역의 제공에 따른 수익액에 한함)(단위: 원)	별도	510,331,261	533,358,247

    이외에 회사가 '최종부도'를 내면 여지없이 상장폐지된다. 이러한 사유로 인해 2014년 상장폐지된 ⓛ사 사례를 살펴보자.

    ⓛ사 역시 공시들을 살펴보면 상황이 좋지 못했음을 알 수 있다. 당시 회사는 지속적인 영업손실 발생으로 관리종목으로 지정되었고, 매출액 역시 전년대비 70% 이상 감소하는 등 재무구조가 악화되고 있었다. 공시불이행으로 불성실공시법인으로도 지정되었다.

표 3-11 ⓛ사 부도 발생 공시

부도내용	당사 발행 만기어음 부도
부도금액	1,430,000,000원
최종부도일자	2014-05-08
부도사유 및 경위	부도사유 : 예금 부족 부도경위 : 당사가 발행한 기업어음 1,430,000,000원을 결제하지 못해 최종부도 처리되었습니다.

그리고 2014년 5월 8일 오전 8시 25분 부도가 발생했다는 풍문에 대한 조회공시요구를 받게 되고, 같은 날 오후 5시 51분 회사는 위와 같이 14억 원 상당의 기업어음을 결제하지 못해 최종부도가 발생했음을 공시한다([표 3-11] 참조). 그리고 같은 날 오후 6시 46분 회사는 상장폐지되었다.

이 모든 일들이 하루 만에 이루어졌다는 사실에서 상장사에게 부도 사실이 얼마나 치명적인 것인지를 알 수 있다.

상장적격성 실질심사 상장폐지의 핵심은 '종합적인 심사'

1. 용어부터 어려운 '상장적격성 실질심사'

'형식적 상장폐지'가 아닌 경우는 '상장적격성 실질심사에 따른 상장폐지'에 해당한다. 그렇다면 상장적격성 실질심사 상장폐지는 또 무엇일까? 일단 말부터 어렵다. 차근차근 그 의미를 살펴보자. 이는 상장사를 대상으로 '당신네 회

그림 3-6   최근 3년 코스닥시장 '상장적격성 실질심사' 사유별 발생 건수   (단위 : 건)

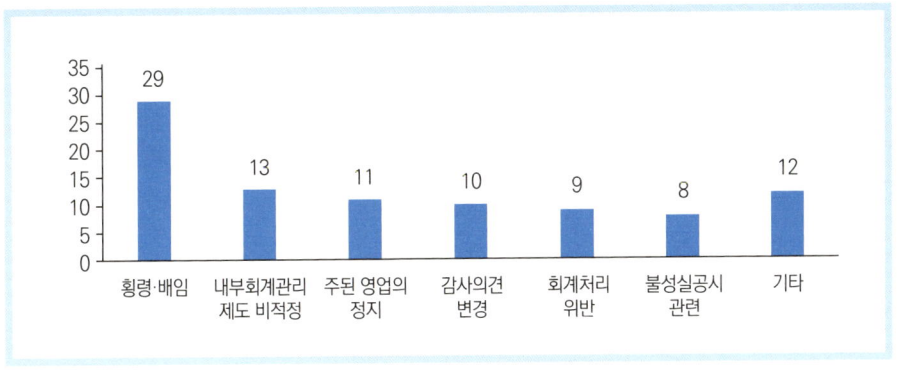

그림 3-7   상장적격성 실질심사 사유 발생 시 결정 단계

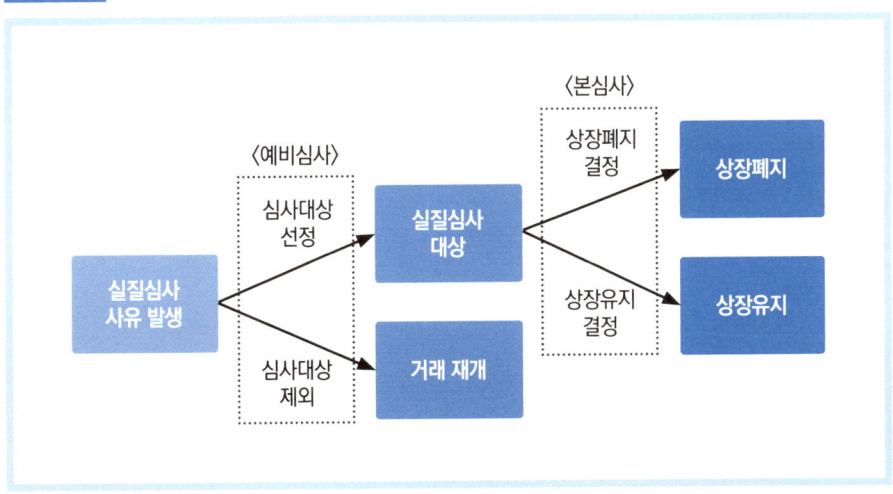

사가 상장사로서 적당한 자격이 있는지 검증해보자'는 의미이다.

  그렇다면 거래소가 아무 상장사를 대상으로 이렇게 검증 작업을 펼칠까? 절대 그럴 리가 없다. 바로 일정한 사유가 있는 회사들을 대상으로 이렇게 검증 작업을 펼치게 되는데, 그 대표적인 것이 '횡령·배임 혐의 발생'이다. 실제 최근 3년 기준 코스닥시장의 통계를 살펴보더라도 횡령·배임 혐의 발생으로 인한 상장적격성 실질심사 사유 발생이 압도적으로 많다([그림 3-6] 참조).

이외에도 대표적인 사유로 앞서 살펴본 것과 같이 회사가 감사의견 비적정을 받았다가 개선기간 동안 재감사를 통해 이를 적정 의견으로 바꾼 '감사의견 변경' 사유가 있다. 그리고 '주된 영업의 정지', '불성실공시법인지정' 등이 있다. 불성실공시법인지정 관련 사유는 4장에서 다루도록 하고, 나머지 사유들은 이번 장에서 실제 사례를 통해 자세히 살펴보도록 하자.

상장적격성 실질심사 사유가 발생한다고 바로 상장폐지를 검토하지 않고 일종의 '예비심사'를 거치게 된다. 즉 상장폐지 사유가 발생한 뒤 거래소가 이를 검토하여 실질심사 대상으로 삼을지 여부를 먼저 결정하고, 만약에 실질심사 대상으로 선정되면 그때 본심사로 상장폐지 여부를 검토하게 되는 것이다. 반대로 예비심사 단계에서 대상 제외 결정이 나오면 주식은 다시 거래재개가 된다. 글로 써놓으면 복잡해보이지만, [그림 3-7]처럼 그림으로 그려놓고 보면 생각보다 간단하다.

이제 상장적격성 실질심사 사유별로 구체적인 사례와 함께 자세히 살펴보도록 하자.

2. '횡령·배임 혐의 발생' 사유

1) 횡령·배임이 발생한다고 무조건 실질심사 대상이 되는 것은 아니다

횡령·배임 혐의 발생으로 인해 내 주식이 실질심사 대상이 되고 상장폐지로 이어질 수 있다는 사실 정도는 많은 사람들이 알고 있을 것이다. 그런데 한 가지 의문이 뒤따른다. '왜 그 회사의 임직원이 저지른 범죄로 인해 내 주식까지 피해를 입어야 하는 것인가?' 부당하다는 생각이 들 수도 있다. '횡령·배임은 그 범죄를 저지른 사람에 대한 수사로 이어져야지 왜 회사 전체로 문제를 확대시키는 것일까?'

이는 횡령·배임 혐의 사실의 발생이 실질심사 사유인 이유를 생각해봐야 한다.

첫 번째는, 회사에 횡령·배임이 발생했다는 사실 자체가 회사의 내부통제에 강한 의구심을 가지게 한다는 것이다. 실제로 횡령·배임 혐의 발생으로 실질심사 대상 법인이 된 회사들은 대다수가 '감사의견거절' 또는 '내부회계관리제도 비적정' 등으로 상장폐지되었다. 내부통제와 감시체계가 확실하면 이러한 횡령·배임은 사전적으로 통제되어야 한다. 그러나 이처럼 횡령·배임이 발생한 회사들은 결국 회사의 임원 또는 직원이 회사 자금에 '접근'하기 쉬웠다는 것을 의미한다. 그리고 그렇게 접근해서 회사 자금을 빼돌리더라도 티가 나지 않았다는 것을 보여주는 대목이기도 하다. 이는 내부통제제도를 잘 갖추어야 하는 상장사로서 보여줘선 안 되는 모습이다.

두 번째는, 횡령·배임 혐의의 규모가 회사의 재무구조를 심각하게 훼손시킬 수 있기 때문이다. 사실 횡령·배임 혐의가 발생한다고 무조건 실질심사 대상이 되지는 않는데, 이는 지금 얘기하고 있는 두 번째 이유 때문이다. 즉 회사의 재무구조에 영향을 줄 수 있는 유의미한 수준을 규정으로 정해놓고, 그 규모가 여기에 해당하면 실질심사 대상이 되는 것이다.

구체적으로 코스닥시장 상장사의 경우 횡령·배임 혐의의 주체가 누구냐에 따라 나뉜다. 임원인 경우 횡령·배임 혐의 금액이 자기자본의 3% 이상 또는 10억

표 3-12 ⓖ사 횡령·배임 혐의 발생 공시

1. 사고발생내용		1. 당사 임원의 업무상 횡령 및 배임혐의 발생 확인 2. 대상자: ○○○(사장), ◇◇◇(전무)
2. 횡령 등 금액	발생금액	9,768,186,544원
	자기자본	354,559,208,104원
	자기자본대비	2.8%
	대기업해당여부	미해당

원 이상이면 실질심사 사유가 된다. 일반 직원의 경우에는 자기자본의 5%가 기준이고, 대기업의 경우 3%가 적용된다.

반면에 코스피시장 상장사는 기준이 조금 다르다. 횡령·배임 혐의의 주체와 상관없이 회사 자기자본의 5% 이상일 경우 실질심사 사유에 해당하고, 회사가 대규모 법인에 해당할 경우에는 그 기준이 2.5%가 된다. 결국 중요한 것은 횡령·배임 혐의의 발생 자체가 아니라, 그 '규모'라는 것을 알 수 있다.

[표 3-12]는 코스피 상장사 ⓖ사가 낸 공시이다. 회사의 임원이 업무상 횡령 및 배임 혐의를 범한 사실이 확인되었다는 내용이다.

횡령·배임 혐의 사실이 상장폐지로 이어질 수 있다고 알고 있는 투자자들은 가슴이 철렁했을 것이다. 여기서 1차적으로 중요한 것은 자기자본 대비 횡령·배임 혐의의 규모이다. 공시를 확인해보니 2.8%로 실질심사의 대상이 되는 기준인 5% 이하이다. 여기서 일단 안심할 수 있다. 실제로 회사는 비록 횡령·배임 혐의가 발생했다고 공시하였지만 이와 관련한 거래 정지 또는 실질심사 대상 선정 문제는 발생하지 않았다.

2) 임직원의 범죄가 회사를 망칠 수 있다

그러나 다른 운명을 맞이한 사례들도 있다. 코스닥 상장사 P사는 2022년 5월 횡령·배임 혐의가 발생했다는 공시를 낸다([표 3-13] 참조).

횡령·배임 혐의 규모는 15억 원으로 자기자본의 4.1%이다. 특히 당시 피고소인이 회사의 전 임원진이었으니 자기자본 3% 기준이 적용되었고, 이는 실질심사 사유에 해당한다. P사의 주식은 상장적격성 실질심사 사유 발생으로 거래가

표 3-13 P사 횡령·배임 혐의 발생 공시

1. 사고발생내용		1. 특정경제범죄가중처벌등에관한법률위반(업무상 횡령 및 업무상배임) 2. 고소인: 주식회사 P사 3. 피고소인: 회사 임원 가, 나, 다
2. 횡령 등 금액	발생금액	1,500,000,000원
	자기자본	36,583,896,346원
	자기자본대비	4.1%
	대기업해당여부	미해당

표 3-14 P사 기타시장안내(상장적격성 실질심사 대상 결정)

제목 : (주)P사 상장적격성 실질심사 대상 결정

거래소는 (주)P사에 대하여 코스닥시장 상장규정 제56조제1항제3호의 종합적 요건에 의한 상장폐지 가능성 등을 검토한 결과, 동사를 상장적격성 실질심사 대상으로 결정하였습니다.

해당 결정에 따라 거래소는 해당 법인에 심사일정 및 절차를 통보하고, 해당 통보일로부터 20일('22.08.05, 영업일 기준) 이내에 기업심사위원회의 심의·의결을 거쳐 상장폐지 여부 또는 개선기간 부여 여부를 결정할 예정입니다.

정지되었다. 그리고 실질심사 대상으로 선정될지 여부를 기다리는 입장이 되었고, 투자자들은 1개월이 넘는 기간 동안 초조하게 결과를 기다리고 있었다.

거래정지 2개월이 넘어서는 어느 날 P사가 결국 실질심사 대상으로 선정되었다는 공시가 발표되었다([표 3-14] 참조). 즉 이제는 본심사를 통해 상장폐지 여부를 가리게 된다는 것이다. P사는 거래소에 개선계획서를 제출하였고, 이를 토대로 상장폐지 가능성을 종합적으로 살펴보게 된다. 그리고 공시를 살펴보면 기업심사위원회라는 심의·의결기구가 상장폐지 또는 개선기간 부여 여부를 결정한다. 만약에 상장폐지가 결정되면, 그 다음 단계인 코스닥시장위원회의 의결을 거쳐서 최종상장폐지가 결정될 예정이라고 안내되어 있다([표 3-15] 참조).

그리고 같은 해 8월, 기업심사위원회는 상장폐지를 결정했고 9월에 마지막 심의 절차인 코스닥시장위원회까지 동일하게 최종 상장폐지를 결정했다([표 3-16] 참조). P사는 이의신청을 했지만 끝내 개선기간을 부여받지 못하고 상장폐지되었다.

투자자 입장에선 황망할 수밖에 없다. 나의 투자판단 잘못이 아닌 회사 임직원의 범죄로 인해 내 주식이 망가지다니 야속한 것이 사실이다.

이렇게 회사가 상장적격성 실질심사를 거치고 상장폐지되었다는 것은 '종합적으로 문제'가 있었다는 것을 보여준다.

일단 임직원의 횡령·배임이 발생했다는 것은 회사의 내부통제 시스템에 허점이 있었다는 의미이다. 즉 회사의 누군가가 회사의 자금을 건드려도 티가 나지 않는 상태였고, 이는 상장사로서 갖춰야 하는 내부통제 시스템이 무너졌다는 것을 방증하는 것이다. 회사의 주인은 주주인데, 주주의 대리인인 회사의 경영진들이 사적으로 회사 자금에 손을 댈 수 있다는 것 자체만으로 큰 결함이라고

표 3-15 P사 기타시장안내(개선계획서 제출)

제목 : ㈜P사 개선계획서 제출

'22.07.08 상장적격성 실질심사 대상으로 결정된 동사가 '22.07.29. 개선계획서를 제출함에 따라, 거래소는 동 제출일로부터 20일 이내('22.08.29, 영업일 기준)에 기업심사위원회의 심의·의결을 거쳐 상장폐지 여부 또는 개선기간 부여 여부를 결정할 예정입니다.

기업심사위원회의 심의·의결을 거쳐 동사의 상장적격성이 인정되는 경우에는 동사 주권의 매매거래정지 해제 등 관련 사항을 안내할 예정이고, 기업심사위원회의 심의·의결 결과가 개선기간 부여에 해당하는 경우에는 개선기간 종료 후 기업심사위원회의 심의·의결을 거쳐 상장폐지 여부를 결정할 예정이며, 기업심사위원회의 심의 결과가 상장폐지에 해당하는 경우에는 기업심사위원회 심의일 이후 20일(영업일 기준) 이내 코스닥시장위원회의 심의·의결을 거쳐 당해 기업의 상장폐지 여부 또는 개선기간 부여 여부 등을 확정할 예정입니다.

표 3-16 P사 기타시장안내(코스닥시장위원회 심의결과)

제목 : (주)P사에 대한 코스닥시장위원회 심의결과 등 안내

거래소는 '22.09.26 코스닥시장위원회를 개최하여 코스닥시장상장규정 제56조제1항에 따라 동사 주권의 상장폐지를 심의·의결하였습니다.

볼 수 있다.

물론 실질심사 상장폐지는 하나의 사유가 아닌 종합적인 검토를 통해 상장폐지되기 때문에 여러 가지 문제가 있었을 것이다. 그렇다면 당시에 내부통제 이외에 회사에 어떠한 문제들이 있었을까?

몇 가지를 살펴보자. 회사는 당시 재무적으로 1,084억 원의 누적결손금 상태

표 3-17 P사 연결감사보고서(재무상태표)   (단위 : 원)

구분		당기	전기
자산		51,984,865,875	61,752,566,492
부채		25,168,670,146	25,168,670,146
자본		28,278,505,302	36,583,896,346
	자본금	23,258,831,500	18,973,117,500
	결손금	(108,468,857,634)	(93,679,995,929)

표 3-18 P사 연결감사보고서(포괄손익계산서)   (단위 : 원)

구분	당기	전기
매출액	10,524,579,463	24,003,294,188
영업이익(손실)	(9,236,663,779)	928,050,048
관계기업 지분법손익	(2,360,455,584)	(7,167,712,160)
당기순이익(손실)	(14,781,878,695)	(13,368,143,090)

였다. 즉 그동안 적자가 지속적으로 발생하면서 결손금이 계속 커진 것이다. 자본금이 232억 원이었는데 자본총계가 282억 원이었으니, 이대로 가다가는 다음해에 자본잠식이 발생할 가능성도 배제할 수 없는 상태였다([표 3-17] 참조).

뿐만 아니라 영업활동도 부정적이었다. 전년도 매출액 240억 원이 당기에 105억 원으로 급감하였다. 반토막 이상으로 상황이 악화된 것이다. 9억 원의 영업이익은 92억 원의 영업손실로 적자전환 되었다. 지분법 손익도 수십억 원의 적자가 지속되었다. 지분법은 일반적으로 회사가 20~50%의 지분율로 투자한 관계기업의 실적을 보유 지분에 비례하여 인식하는 손익이다. 즉 회사가 투자한 다른 회사의 이익과 손익을 그대로 나의 손익에 반영하는 것이다. 이러한 영향으로 회사의 당기순손실은 150억 원에 달하는 수준이었다([표 3-18] 참조).

이처럼 회사의 재무상태와 영업활동은 악화일로를 걷고 있었다. 하지만 그뿐만이 아니었다. 회사는 어려운 재무상황에 더하여 받아야 할 돈을 받지 못하고 있었다. 당기말 기준 대여금 자산이 82억 원이었으나 전액 대손충당금으로 잡혀있었다. 즉 82억 원을 누군가한테 빌려줬는데 받지 못할 것으로 회계처리한 것이다([표 3-19] 참조).

대여금에 대해서 대손충당금을 설정하는 것 자체는 이상하지 않다. 회사 간 자금거래를 하다 보면 일부 돈을 받기 힘들 수도 있다. 거래상대방의 사정이 어려워지거나 다른 사정이 생기면 그럴 수도 있다. 그러나 이번 경우처럼 대규모의 대여금이 전액 대손충당금으로 잡히는 것은 문제의 소지가 있어 보인다. 잘못된 상대방에게 이를 빌려주었을 수 있다. 극단적인 경우로는 애초부터 돌려받을 생각이 없이 누군가에게 빌려주었을 수도 있다. 하지만 어떤 사유이든지 그것은 중요하지 않다. 대규모의 대여금이 전액 대손충당금 설정되었다는 것과 그것이 회사의 재무제표에 악영향을 끼친다는 사실 그 자체가 중요하다.

참고로 대손충당금 설정으로 인해 회사는 대손상각비라는 비용을 인식하게 되는데, 이는 영업이익과 당기순이익에 부정적인 영향을 준다.

비유동 대여금 채권 역시 15억 원 전액 대손충당금 처리되었다. 미수금 채권도 75억 원이 있었으나, 이 가운데 71억 원이 대손충당금으로 잡혀있었다. 한마디로 '받아야 할 돈'이 '받기 힘들어 보인다'는 것이다. 대체로 회사가 자금 사정에 비해 남에게 빌려준 돈이 많고, 이를 대부분 돌려받지 못하는 상황이다.

대여금 관련해서 한 가지 또 주목해볼 점이 있는데 바로 40억 원의 대여금이

표 3-19 P사 연결감사보고서(기타금융자산) (단위 : 천 원)

구분	당기		전기	
	유동	비유동	유동	비유동
대여금	8,284,296	1,579,985	8,531,481	1,280,000
대손충당금	(8,284,296)	(1,579,985)	(8,531,481)	(1,280,000)
미수금	7,594,012	–	8,066,033	–
대손충당금	(7,182,766)	–	(6,867,296)	–

표 3-20 P사 감사보고서(특수관계자 거래) (단위 : 천 원)

구분	특수관계자명	채권			채무	
		매출채권	대여금	미수금	매입채무	보증금
종속기업	㈜□□	–	12,660	136	–	–
관계기업	㈜◇◇	2,437	4,088,917	4,950	–	–
	㈜△△	–	–	–	264,205	
합계		2,437	4,101,577	5,086	264,205	0

표 3-21 P사 감사보고서(관계기업투자주식) (단위 : 천 원)

회사명	소재지	당기 말		전기 말	
		지분율	장부금액	지분율	장부금액
㈜◇◇	한국	26.91%	1	26.91%	1
㈜△△	중국	40.00%	8,828,065	40.00%	11,369,710
합계		–	8,828,066	–	11,369,711

특수관계자와의 거래였다는 것이다. 회사는 특수관계자 ㈜◇◇에 대해 40억 원을 대여해줬으나 이를 몇 년째 돌려받지 못하고 있다. 해당 금액이 전액 대손충당금으로 잡혀 있다는 사실도 확인된다. 앞서 살펴본 대여금 중 해당 특수관계자 거래가 포함되어 있는 것으로 보인다([표 3-20] 참조).

그렇다면 이 ㈜◇◇가 어떤 회사일지를 확인해봐야 한다. 보통 특수관계자에 대한 내용은 감사보고서나 사업보고서에서 확인할 수 있다. 찾기 기능을 통해 회사 이름을 검색해보자.

당기말 기준 P사의 ㈜◇◇에 대한 지분율은 약 27%이다. 그런데 장부금액을 보니 '1'천원이라고 표시되어 있다([표 3-21] 참조). 사실상 현재 ㈜◇◇의 평가 가치가 없는 회사라는 뜻이다. ㈜◇◇의 장부금액이 이런 수준이라는 것을 통해 우리는 P사가 대여금 40억 원에 대해 전액 대손충당금 설정한 배경을 이해할 수 있다. 회계적으로 아무 가치 없는 회사에 대여금이 잡혀 있으니 돌려받지 못하는 것이다.

이외에도 P사의 공시들을 살펴보면 당시 파산신청과 회생신청, 이로 인한 관리종목지정 등의 상황들이 확인된다. 또 경영권 분쟁이 진행 중이었고, 반기보고서상 외부감사인으로부터 감사의견거절을 받았다. 이러한 내용들을 종합한 결과 회사는 더 이상 상장사로서 존속하기 힘들다는 진단을 받고 상장폐지가 결정된 것이다.

이러한 사실을 통해 우리는 하나의 교훈을 얻을 수 있다. 바로 회사의 감사보고서나 사업보고서를 볼 때 단순하게 매출액, 영업이익과 같은 영업 관련 수치만을 봐서는 안 된다는 것이다. 생각보다 우리가 봐야 하는 항목들이 많고 복잡할 수 있다. 하지만 어쩔 수 없다. 우리는 투자를 통해 돈을 벌어야 할 뿐만 아니라 우리 돈을 지켜야 하는 입장이기 때문이다. 그래서 우리는 공시와 재무제표를 보다 종합적으로 볼 줄 알아야 한다.

3) 대규모 횡령·배임에도 상장폐지를 면한 경우

횡령·배임 혐의가 발생하더라도 무조건 상장폐지로 이어지는 것은 아니다. 심지어 그것이 엄청난 규모의 횡령·배임이라 하더라도 상황에 따라 다를 수 있다. 당시 연일 언론에 보도되었던 Q사가 그 대표적인 사례다.

참고로 Q사는 현재 상장폐지 상태인데, 이는 횡령·배임과 전혀 별개로 경영진이 자진상장폐지를 요청하여 이루어진 사안이다.

2022년 1월 Q사는 횡령·배임 혐의가 발생했다는 공시를 제출한다. 놀라운 것은 횡령·배임의 규모와 주체인데, 당시 발표된 규모는 2,215억 원이었다. 이는 회사 자기자본의 무려 108%에 해당하는 수준이었다. 또한 횡령·배임의 주체는 회사의 경영진도 아니고 일반 직원 1명이었다([표 3-22] 참조).

당시 Q사는 영업이익 1,400억 원을 내던 대규모 회사로 매출액과 영업이익이 전기 대비 각각 30%, 46% 증가하는 등 성장세를 보이고 있었다. 그래서 이러한 대규모 횡령·배임 공시는 시장에 큰 놀라움을 안겨주었다. 그리고 규모가 규모인 만큼 Q사는 상장적격성 실질심사 대상으로 선정될 수밖에 없었다([표 3-23] 참조).

그런데 2개월쯤 뒤인 4월에 Q사는 상장유지 결정을 받았고, 다음날부터 주식의 거래가 재개되었다. 상장폐지 기로에서 살아남은 것이다.

대규모의 횡령·배임 금액이었음에도 이렇게 단번에 상장유지 결정을 받을 수 있었던 이유는 무엇이었을까?

표 3-22 Q사 횡령·배임 혐의 발생 공시

1. 사고발생내용		1. 특정경제범죄가중처벌등에관한법률위반(업무상 횡령) 2. 고소인: Q사 주식회사 3. 피고소인: 회사 직원 D
2. 횡령 등 금액	발생금액	221,500,000,000원
	자기자본	204,760,579,444원
	자기자본대비	108.18%
	대기업해당여부	해당

표 3-23 Q사 기타시장안내(상장적격성 실질심사 대상 결정)

제목 : Q사(주) 상장적격성 실질심사 대상 결정

거래소는 Q사(주)에 대하여 코스닥시장 상장규정 제56조제1항제3호의 종합적 요건에 의한 상장폐지 가능성 등을 검토한 결과, 동사를 상장적격성 실질심사 대상으로 결정하였습니다.

해당 결정에 따라 거래소는 해당 법인에 심사일정 및 절차를 통보하고, 해당 통보일로부터 20일('22.03.21, 영업일 기준) 이내에 기업심사위원회의 심의·의결을 거쳐 상장폐지 여부 또는 개선기간 부여 여부를 결정할 예정입니다.

가장 먼저, 재무적으로 우량함을 들 수 있다. 뒤에서 살펴보겠지만 상장적격성 실질심사는 종합적인 심사이고 그 기준이 정해져 있다. 그 중 첫 번째 항목이 바로 영업 및 재무상황 등 기업경영의 계속성이다.

Q사의 당시 자산 규모는 1조 1,500억 원 수준으로 큰 편이었다. 또한 자산 항목 중에서 현금 및 현금성자산이 약 2,000억 원이었다. 당장 대규모의 유동성을 확보할 수 있는 여력이 있음을 알 수 있다. 매출채권 규모도 당시 1,000

표 3-24 Q사 기타경영사항(자율공시 : 경영개선계획 이행현황)

1. 제목	경영투명성 확보를 위한 경영개선계획 이행현황
2. 주요내용	Q사㈜의 경영투명성 확보를 위한 경영개선계획 이행 현황은 아래와 같습니다. - 아 래 - 1. 기 완료사항 ○ 지배구조개선 (1) 경영투명성 및 독립성을 위한 지배구조 개선 - 기존 이사회 임원 교체 완료 - 사외이사 증원 및 과반수 구성 완료, 이사회 6개 개최 - 사외이사후보추천위원회 설치 완료 (2) 감사위원회 설치 및 감사실 독립성 강화

억 원 수준이었다. 영업활동 측면에서도 회사는 지속적인 매출성장세(당시 약 8,200억 원)를 이어가고 있었고, 영업이익도 1,400억 원으로 상당히 준수한 재무구조를 보이고 있었다고 할 수 있다. 재무적으로 튼튼한데 횡령·배임이 발생했다고 무조건 상장폐지 시킬 이유는 없다.

물론 재무적으로 건전하기만 하다고 상장폐지를 면하는 것은 아니다. 횡령·배임 혐의가 발생한 만큼 회사의 내부통제 강화가 필요하다. 그리고 실제로 이러한 내부통제의 강화 의지는 회사의 공시를 통해 간접적으로 확인할 수 있는데, 이는 바로 회사 적극적인 자구 대책 마련이다.

회사가 상장유지 결정을 받은 당일 자율공시(회사가 투자자의 투자판단에 영향을 미칠 수 있는 사항들을 자율적으로 공시하는 것)로 '경영투명성 강화를 위한 경영개선계획 추진'을 공시하였다([표 3-24] 참조). 즉 횡령·배임이 발생하여 내부통제 부실을 의심받을 수 있는 상황을 개선하기 위한 투명성 강화 정책을 자체적으로 공표한 것이다. 지배구조개선, 감사위원회 설치, 윤리경영위원회 기능 및 내부통제 강화 등의 내용들을 비교적 구체적으로 기재하여 공시를 통해 투자자들에게 안내했다. 그리고 이러한 개선계획의 이행 결과들을 매 분기마다 다시 공시함으로써 투자자들에게 정보를 공유했다.

이처럼 Q사는 상장적격성 실질심사에 '정석'으로 대응했다. 재무적으로 우량함은 기본이고 내부통제 강화를 위한 구체적인 이행계획을 수립 및 실천했다. 이 덕분에 횡령·배임의 발생에도 불구하고 상장적격성을 인정받은 것이다.

3. '주된 영업의 정지' 사유

'주된 영업의 정지' 사유는 한마디로 회사가 먹거리를 잃으면 닥치는 위기다. 그러니까 '주된 영업'은 회사의 현금흐름을 창출해주는 수단이며, 매출액과 관련성이 높다.

회사가 이익을 내든 손실이 나든 그 출발은 매출액이다. 그만큼 매출액은 중요하다. 오죽하면 상장폐지 사유 중에서도 '매출액 미달'이라는 항목이 있겠는가?

물론 매출이라는 것은 업황과 경제상황에 따라 급변할 수밖에 없다. 작년 대비 매출액이 반토막이 난다고 상장사로서의 지위에 문제가 생기는 것은 아니다. 그러나 이런 경우를 상상해보자. 그럴 리는 없지만, 만약에 종합반도체 회사 SK하이닉스가 반도체사업을 못하게 된다면 어떻게 될까? 당연히 현재 조 단위의 매출액이 거의 다 사라질 것이다. 이 경우에는 상장사로서의 지위에 근본적인 문제가 생기는 것이다.

그리고 이와 관련된 실질심사 사유가 바로 '주된 영업의 정지'이다. 어떠한 사유로 회사의 주된 영업이 정지되면 그 영업 부문만큼 회사의 매출액이 '반영 구적'으로 사라지게 될 것이니 이 회사의 상장적격성을 심사하는 것이다.

코스닥 상장사 R사(현재 상장폐지)는 본래 전자기기 제조업을 영위하는 유명 업체였다. 그러나 당시에는 업종을 일부 전환하여 게임퍼블리싱 사업을 영위하고 있었다. 그런 R사는 갑작스럽게 다음과 같은 영업정지 공시를 내게 된다([표

표 3-25 R사 영업정지 공시

1. 영업정지 분야		온라인게임 "○○○" 퍼블리싱계약
2. 영업정지 내역	영업정지금액	14,590,263,285원
	최근매출총액	19,805,335,401원
	매출액대비	73.67%
	대규모법인여부	코스닥상장법인
3. 영업정지 내용		온라인게임 "○○○" 퍼블리싱 계약 종료
4. 영업정지 사유		계약기간 만료에 따른 해당 게임의 서비스 종료

표 3-26 R사 기타시장안내(상장적격성 실질심사 대상 결정)

제목 : ㈜R사 상장적격성 실질심사 대상 결정

거래소는 ㈜R사에 대하여 코스닥시장 상장규정 제38조제2항제5호의 종합적 요건에 의한 상장폐지 가능성 등을 검토한 결과, 동사를 상장적격성 실질심사 대상으로 결정하였습니다.

해당 결정에 따라 거래소는 해당 법인에 심사일정 및 절차를 통보하고, 해당 통보일로부터 15일('21.03.11, 영업일 기준) 이내에 기업심사위원회의 심의의결을 거쳐 상장폐지여부 또는 개선기간 부여 여부를 결정할 예정입니다.

3-25] 참조).

특정 온라인게임의 퍼블리싱 계약이 R사 매출액의 73%를 차지하고 있었는데 이 사업이 계약 종료로 더 이상 유효하지 않게 되었다는 것이다. 달리 말하면 이 상황 그대로 갈 경우 매출액이 반영구적으로 73% 가량 증발할 수밖에 없는 상황인 것이다. 거래소는 이로 인해 상장적격성 실질심사 사유가 발생했다고 공시하였고, 이때부터 주식거래도 정지되었다. 이후 약 1개월의 검토 결과, R사는 실질심사 대상으로 선정된다([표 3-26] 참조).

결과적으로 R사는 상장적격성 실질심사가 진행되던 중에 감사의견거절로 인해 형식적 상장폐지가 이루어졌다. 이렇게 기업심사위원회에서 형식적 상장폐지 사유와 실질적 상장폐지 사유가 중복되면 형식적 상장폐지가 먼저 다뤄지게 된다. 형식적 상장폐지는 그 사유가 확정적인 반면 실질심사 상장폐지는 사유가 발생하더라도 상장폐지 단계로 가지 않을 수도 있기 때문이다.

그런데 여기서 한 가지 궁금증이 생긴다. 과연 매출액의 몇 퍼센트까지 영업정지가 되어야 실질심사 대상이 될까? 횡령·배임 규모처럼 특정 기준치가 있을까? 결과적으로 매출의 발생과 감소는 상황에 따라 가변적이기 때문에 사안별로 볼 수밖에 없다. 즉 영업정지 규모의 양과 질을 모두 감안해야 한다.

그렇다면 같은 영업정지 상황에서도 실질심사 대상에서 제외된 코스닥 상장사 L사의 사례를 살펴보자. L사는 매출액의 40%에 달하는 수준의 영업정지를 공시했다. 해외 경쟁사의 지적재산권 관련 소송에 의한 영업금지 가처분 결정 때문이었다([표 3-27] 참조).

매출액의 40%는 당연히 큰 규모이다. 회사는 이로 인해 상장적격성 실질심사 사유가 발생하였고 주식 거래정지가 되었다. 큰 규모의 영업정지가 발생했

표 3-27 L사 영업정지 공시

1. 영업정지 분야		◇◇◇ 제품
2. 영업정지 내역	영업정지금액	2,673,766,001원
	최근매출총액	6,707,876,186원
	매출액대비	39.86%
	대규모법인여부	코스닥상장법인
3. 영업정지 내용		◇◇◇ 제품 생산, 마케팅 및 판매 활동 일시 정지
4. 영업정지 사유		지적재산권 침해 소송 관련 가처분 인용

표 3-28 L사 기타시장안내(상장적격성 실질심사 대상 제외 결정)

제목 : L사㈜ 상장적격성 실질심사 대상 제외 결정

L사㈜의 '23.10.10 상장적격성 실질심사 사유와 관련하여, 거래소는 코스닥시장상장규정 제56조제1항제3호의 종합적 요건에 의한 상장폐지 가능성 등을 검토한 결과, 동사를 상장적격성 실질심사 대상에서 제외하기로 결정하였습니다.

이에 따라 '23.11.16부터 동사 주권의 매매거래가 재개될 예정입니다.

으니 회사는 상장적격성 실질심사 대상법인으로 선정이 될까? 그렇지 않다. L사는 실질심사 대상에서 제외되었고, 그 다음날부터 주식 거래가 재개되었다([표 3-28] 참조).

보통 영업정지 비중이 매출액 대비 50~80%이면서 잔여사업부문의 최근 매출액이 30억 원 미만인 경우 실질심사 대상이 될 수 있다. 또는 영업정지 비중이 80%를 넘어설 때 잔여사업부문 최근 매출액이 50억 원 미만인 경우에도 위험하다. 이는 일종의 양적 기준이다. 그러나 양적 기준이 충족된다고 무조건 상장폐지 대상이 되는 것은 아니다. 잔여사업부문에서 지속적이고 안정적인 매출이 발생하면 화를 면할 수 있다.[4] 그렇기 때문에 영업정지를 사유로 상장적격성 실질심사 대상이 되는지 여부는 종합적인 판단이 필요한 영역이다. 해당 영업정지가 회사의 계속성에 어떠한 영향을 줄 수 있을지가 가장 중요하다.

회사의 사업영역이 오로지 1개인데 그것이 영업정지 된다면 이 회사는 존속할 수가 없을 것이다. 그러나 여러 가지 사업 중에서 1개의 사업 영업이 정지되더라도 회사는 존속할 수 있다. 이 경우에는 종합적인 판단 하에 상장적격성 실질심사 대상에서 제외될 수 있을 것이다.

이외에도 해당 영업정지의 질적인 측면도 중요하다. 영업정지의 사유가 일시적 이슈에 의한 것인지, 회사의 사업계속성에 영구적인 영향을 끼칠지 등을 판단해야 한다.

이처럼 영업정지는 상장폐지로 이어질 수 있는 중요한 사안이다. 그리고 영업정지의 규모와 그 질적 측면, 회사의 사업모델 등을 종합적으로 고려하여 실질심사 대상 지정 여부가 결정되는 것이다.

| 4. 상장적격성 실질심사는 어떻게 이루어질까? |

실질심사 상장폐지와 형식적 상장폐지의 가장 큰 차이점은 상장폐지 확정 여부가 정해지는 시점이다. 형식적 상장폐지는 사유가 발생한 즉시 상장폐지가

---

4   코스닥시장 상장규정세칙 제61조 제1항 제4호 가목 내지 다목 및 코스닥시장 상장적격성 실질심사지침 제5조 제1항

확정된 상태에서 개선기간을 부여하여 상장폐지 사유의 해소 기회를 준다. 이에 반해 실질심사 상장폐지는 종합적인 심사과정을 거친 뒤 심의를 통해 상장폐지 여부가 확정된다.

이처럼 실질심사 상장폐지는 여러 가지 질적인 부분들도 고려를 해야 하기 때문에 형식적 상장폐지의 경우보다 개선기간을 더 많이 부여받을 수 있다. 그리고 그만큼 절차가 길고 복잡하다.

상장적격성 실질심사는 한국거래소의 기업심사위원회, 그리고 코스닥시장위원회라는 전문가 집단을 중심으로 진행된다. 회사는 4~5번의 상장폐지 심의를 받을 수 있다. 물론 이는 물리적으로 가능한 수치이고 부여받는 개선기간에 따라 달라진다. 회사가 실질심사 대상 기업으로 선정된 이후 받을 수 있는 개선기간은 최대 3회에 걸쳐 총 2년이다. 이 과정을 정리한 것이 [그림 3-8]이다.

물론 이는 회사가 매번 개선기간을 부여받고 상장폐지 의결에 대해 이의신청을 제기하는 경우를 가정한 경우이다. 회사마다 사정이 다르니 참고만 하자.

그렇다면 '종합적으로 심사'하는 상장적격성 실질심사의 기준은 무엇일까? 아무런 기준도 없이 사안에 따라 상장폐지를 주관적으로 결정할 수는 없다. 코스피시장과 코스닥시장 모두 실질심사의 항목 기준이 존재한다. 대표적인 것으로 영업지속성, 재무건전성, 경영투명성 항목 등이 있다([그림 3-9] 참조).

회사, 특히 상장사의 가장 중요한 대전제는 기업의 계속성이다. 즉 회사가 지속적으로 돈을 벌면서 존속해야 한다. 그렇기 때문에 그 회사의 영업지속성을 먼저 살펴봐야 한다.

나아가 그동안의 영업활동을 통해 이루어낸 현재의 재무상태 역시 중요하다. 회사의 영업상황이 당장 어렵다 하더라도 재무상태가 양호하다면 괜찮다. 어

그림 3-8 '상장적격성 실질심사' 진행 과정 예시(코스닥시장)

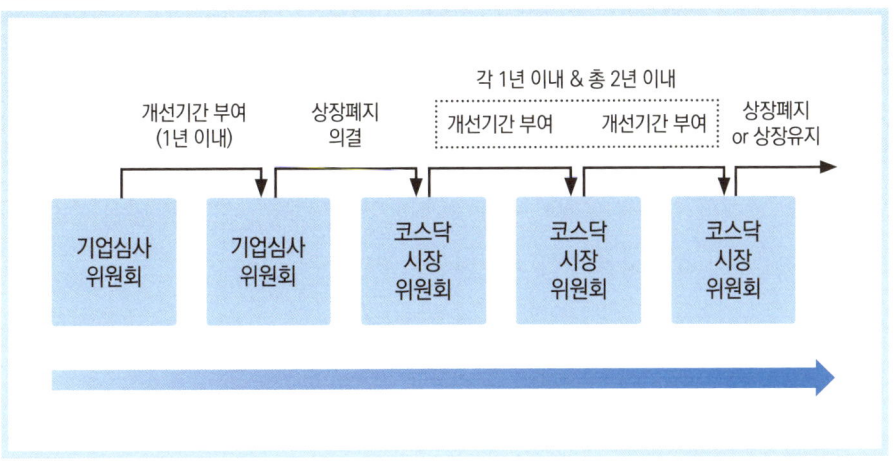

그림 3-9 상장적격성 실질심사 주요 항목

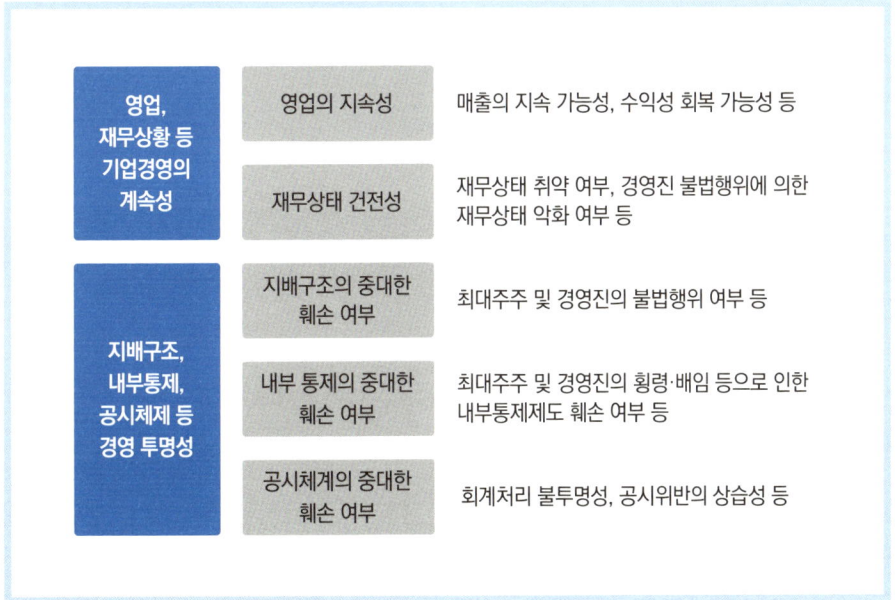

려운 시기를 버티고 다른 활로를 찾아갈 수 있는 여력이 있기 때문이다. 따라서 영업상황과 재무상황 양자 모두가 중요하다.

또한 지배구조, 내부통제, 공시체제 등 경영투명성 역시 주요하게 살펴봐야 할 항목이다. 회사의 주인은 주주이지만 회사를 실질적으로 운영하는 것은 경영진이다. 그리고 주식시장에서 공모를 진행한 상장사는 그만큼 많은 수의 주주들이 존재하기 때문에 투명한 경영활동이 중요할 수밖에 없다.

지배구조 항목은 최대주주 또는 경영진의 정상적인 경영활동을 점검한다. 즉 최대주주나 경영진이 경영활동을 올바르게 하고 있는지, 불법행위는 없었는지 등에 대한 것을 살펴보는 것이다.

내부통제 항목은 기업의 투명성과 책임성을 높이고 경영활동을 효율적으로 통제하기 위한 조직적·체계적 틀을 점검한다. 대표적으로 이사회의 운영규정, 감사규정, 그리고 회계규정 등이 있다. 이러한 내부통제가 잘 갖추어져 있는지, 미비점은 없는지, 그리고 규정에 따라 제대로 운영되고 있는지 등을 살펴보는 것이다.

마지막으로 공시체계 항목은 회사가 회계처리를 잘 하고 있는지, 그리고 공시를 잘 이행할 수 있는지에 대한 점검이다. 회계와 공시가 중요하다는 것은 자명한 사실이다. 회사가 투자자와 소통할 수 있는 공식적인 창구이기 때문이다. 이러한 소통창구에 문제가 발생했다는 것은 곧 상장사로서의 자격에 문제가 있다는 것을 의미한다. 그렇기 때문에 중요하게 심사하는 항목이다.

상장폐지는 최종적인 결과일 뿐 그 원인은 다양하다

지금까지 상장폐지 제도 및 그와 관련한 사례들을 다양하게 살펴봤다. 수많은 위기의 주식들이 상장폐지라는 최후의 심판대 앞에 똑같이 선다. 하지만 그런 결과에 이르게 된 원인들이 다양하다. 감사의견거절이나 부도의 발생, 자본 전액잠식, 횡령·배임 혐의 발생 등 여러 가지 경로를 통해 회사의 주식이 상장폐지에 이르게 된다.

이렇듯 원인이 다양하기 때문에 우리는 과거의 사례들을 폭넓게 인지해야 한다. 감사의견거절로 인한 상장폐지가 가장 다양하지만, 그 이면에 왜 감사의견거절이 발생했는지에 대해서는 자세히 알기가 쉽지 않다. 하지만 그럼에도 우리는 최소한의 추론을 통해 원인을 규명해야 한다. 그래야 내가 투자한 회사에도 유사한 시그널이 발생했을 경우 대응할 수 있는 시간과 가능성이 생기기 때문이다. 이벤트가 발생하고 나서 주식이 거래정지 되면, 그때는 이미 늦었다.

그렇다면 그 '위험한 신호'라는 것을 어디서 어떻게 알아낼 수 있을까? 회사의 내부자가 아닌 외부자 입장인 우리는 공시와 재무제표를 적극 활용해야 한다. 물론 간단한 일은 아니다. 무엇보다도 공시의 종류가 다양하고 재무제표의 정보량이 방대하다. 이를 일일이 정독하면 좋겠지만 현실적으로 어렵다. 그래서 이 책에는 과거의 사례들이 많이 등장한다. 과거의 사례들은 우리가 생각하는 것보다 더 많은 것을 알려준다.

이어지는 다음 장들부터가 '내 주식 위험진단'의 본론인 셈이다. 다양한 사례를 활용해 위험 지표들을 구체적으로 찾아볼 것이다. 특히 공시의 종류별로 어떤 내용들을 주의해서 봐야하는지 먼저 살펴보도록 하자.

주식시장의 상·하한가 제도

우리나라 코스피시장과 코스닥시장의 경우 현재 상·하한가 제도를 운영하고 있다. 이는 하루 동안 주가가 움직일 수 있는 폭을 제한하는 것으로, 현재 30%의 가격제한폭 제도를 운영하고 있다. 기존의 가격제한폭은 15%였으며 2015년 6월 30%로 확대되었다. 이러한 제도는 시장의 안정성을 유지하고 과도한 가격 변동을 방지하기 위한 취지로 적용되었다.

참고로 레버리지 2배짜리 ETF와 ETN의 경우 '레버리지 2배'의 특성을 반영하여 60%의 가격제한폭을 적용하고 있다. 다만 주식의 상장폐지가 결정되어 마지막 정리매매가 이루어지는 기간 동안 상·하한가의 가격제한폭은 적용되지 않는다.

한편 미국 주식시장의 경우 이러한 가격제한폭 제도가 없다. 하루 동안 주가가 끝없이 오를 수도 있고 내릴 수도 있다. 한때 중국판 스타벅스로 유명세를 떨쳤던 나스닥 상장사 루이싱커피Luckin Coffee는 2020년 4월 분식회계(매출액 조작 등) 사실이 확인(이로 인해 회사는 2020년 6월 상장폐지되었다)되어 하루 동안 주가가 80% 폭락하는 모습을 보였다.

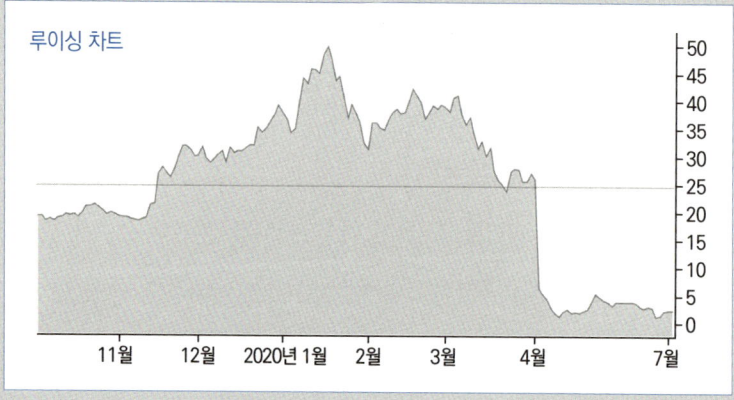

루이싱 차트

출처 : Investing.com

주식등의대량보유상황보고서 : 회사의 대주주에 대한 정보 요약서

최대주주변경 : 회사의 새로운 최대주주를 바로 확인하라

타법인주식 및 출자증권 취득결정 : 회사가 올바른 투자를 하고 있는가?

불성실공시법인 지정 : 회사가 공시의무를 성실하게 이행하고 있는가?

조회공시 : 풍문으로 들었소

감사보고서 제출 공시 : '감사의견' 외에도 많은 정보가 담겨 있다

공시도 결국 '해석'이다

4장

내 주식 위험진단 (1)
: 공시로 알아보기

'단일판매 공급계약 체결', '무상증자 결정', '자기주식 취득 및 소각' 등등. 우리에게 익숙한 호재성 공시들의 제목이다. 호재성 공시는 주가 상승과 연관되기에 항상 화제가 된다.

그러나 막상 위험한 주식을 피하기 위한 공시들에 대해서는 조금 생소한 것이 사실이다. 무엇보다 내용이 명시적이지 않고 구석에 숨겨져 있는 경우들이 많다. 그렇기 때문에 어렵다. 하지만 위험을 피하기 위한 공시들 역시 어느 정도 정형화 되어 있다.

공시의 종류별로 어떤 내용들을 확인하면 되는지 알아보자.

주식등의대량보유상황보고서 : 회사의 대주주에 대한 정보 요약서

'주식등의대량보유상황보고서'는 내 주식 위험진단을 위해 가장 먼저 살펴봐야 하는 공시이다(이하 '주식대량보유보고서'). 주식대량보유보고서는 말 그대로 회사의 주식을 '대량'으로 보유한 사람이 그 주식에 관한 거래, 계약 등 중요한 사항들을 공시하는 보고서이다. 여기서 기준은 5% 지분율이다. 그래서 흔히 주식대량보유보고서를 '5%룰^{Rule}'이라고도 한다. 이를 통해 내가 투자하려는 회사의 대주주가 누구인지를 알 수 있다.

주식대량보유보고서는 매우 중요한 공시이다. 너무 중요해서 자본시장법에서 이 공시를 직접 규정[1]하고 있다. 즉 주식대량보유보고서의 각 항목에 어떤 내용들을 담아야 하는지를 직접 제시하고 있는 것이다. 이뿐만 아니라 주식대량보유보고서 공시를 제대로 하지 않으면 행정적인 제재와 잘못하면 형사처벌까지 받을 수도 있다고 명시되어 있다. 그만큼 중요한 공시이다. 그리고 중요한 공시에는 당연히 중요한 내용들이 담긴다.

우리가 여기서 어떤 내용을 주의해서 봐야 하는지를 살펴보자.

▎1. 이 공시를 왜 했을까? : '보고사유' 항목 ▎

주식대량보유보고서는 특정한 사유가 있는 경우에 발표되는 공시이다. 따라서 일단 이 공시가 왜 올라왔는지를 살펴볼 필요가 있다. '보고사유'는 공시를 열자마자 보이는 항목으로 확인이 쉽다.

코스피 상장사 한화오션의 주식대량보유보고서 공시를 사례로 살펴보자. [그림 4-1]을 보면, 회사는 보고사유에 '제3자배정 유상증자 참여에 따른 신규보고'를 기재하였다. 보고자는 한화에어로스페이스이다. 한화오션이 제3자배정 유상증자를 실시하였고, 그 과정에서 한화에어로스페이스가 그 주식을 취득하

---

1 자본시장법 제147조(주식 등의 대량보유 등의 보고).

그림 4-1   한화오션 주식대량보유보고서 공시

주식등의 대량보유상황보고서

금융위원회 귀중 보고의무발생일 : 2023년 05월 24일
한국거래소 귀중 보고서작성기준일 : 2023년 05월 24일
                보고자 :   한화에어로스페이스(주)

요약정보			
발행회사명	대우조선해양(주)	발행회사와의 관계	최대주주
보고구분	신규		
보유주식등의 수 및 보유비율		보유주식등의 수	보유비율
	직전 보고서	-	-
	이번 보고서	221,991,779	82.36
주요계약체결 주식등의 수 및 비율		주식등의 수	비율
	직전 보고서	-	-
	이번 보고서	221,991,779	82.36
보고사유	제3자배정 유상증자 참여에 따른 신규 보고 - 보고자 및 계열회사 보유비율: 38.75% - 공동보유자(산업은행, 수출입은행) 보유비율: 43.61% 주주간 계약 체결(효력 발생 포함)		

그림 4-2   한화오션 주식대량보유보고서(변동사유)

5. 변동[변경]사유

변동방법	제3자배정 유상증자 참여에 따른 신규보고
변동사유	경영권 확보를 위한 취득
변경사유	주주간 계약의 체결 (효력 발생 포함)

그림 4-3 한화오션 주식대량보유보고서(보고자 및 특별관계자별 보유내역)

1. 보고자 및 특별관계자별 보유내역

가. 주식등의 종류별 보유내역

관계	성명(명칭)	생년월일 또는 사업자 등록번호 등	주권								합계	
			의결권 있는 주식	의결권 있는 주식으로 상환될 주식	의결권 있는 주식으로 전환될 주식	신주 인수권이 표시된 것	전환 사채권	신주 인수권부 사채권	교환 사채권	증권 예탁 증권	기타	주수(주)	비율(%)
보고자	한화에어로스페이스(주)	609-81-02992	52,219,321	-	-	-	-	-	-	-	-	52,219,321	19.37
특별관계자	한화시스템(주)	513-81-17175	26,109,661	-	-	-	-	-	-	-	-	26,109,661	9.69
	Hanwha Impact Partners Inc.	53363	20,887,728	-	-	-	-	-	-	-	-	20,887,728	7.75
	한화컨버전스(주)	124-87-04943	1,566,580	-	-	-	-	-	-	-	-	1,566,580	0.58
	Hanwha Energy Corporation Singapore Pte. Ltd.	53044	3,655,353	-	-	-	-	-	-	-	-	3,655,353	1.36
	한국산업은행	101-82-03970	59,738,211	-	-	-	-	-	-	-	-	59,738,211	22.16
	한국수출입은행	116-82-01988	-	-	-	-	57,814,925	-	-	-	-	57,814,925	21.45
			A	a1	a2	B	C	D	E	F	G	H	

여 최대주주가 되었다는 뜻이다. 실제로 '직전보고서' 항목에는 보유주식수가 없는데, '이번보고서'에 82.36%의 주식 보유 현황이 기재되어 있다.

이러한 내용은 [그림 4-2]의 '변동(변경)사유' 항목에서도 확인이 가능하다. '경영권 확보를 위한 취득'임이 변동사유에 나와 있다.

한편 주식대량보유보고서는 최대주주 혼자서 보고하지 않는다. 주식대량보유보고서는 자본시장법에서 규정하는 공시인데, 해당 법률은 본인과 특별관계자가 보유한 지분이 발행주식수의 5% 이상일 경우 보고하도록 규정하고 있다.

특별관계자가 누구인지는 관련 법령에서 자세하게 나열하고 있는데 대표적인 예로 최대주주의 배우자, 6촌 이내의 혈족 등이 있다. 만약 최대주주가 법인이라면 그 법인의 임원, 계열회사 등도 특별관계자에 해당한다. 예를 들어 김모 씨가 특정 상장사의 지분 3%를 보유하고 있고 그 배우자가 2%를 보유하고 있다면, 김 모 씨와 그 배우자는 합쳐서 5%의 지분을 보유하게 되므로 주식대량보유보고서를 공시해야 한다.

그렇다면 이제 한화오션의 최대주주가 된 한화에어로스페이스는 단독으로 82.36%의 지분을 보유하고 있는 것일까?

[그림 4-3]의 '보고자 및 특별관계자별 보유내역' 항목을 확인해보니 대표보고자는 한화에어로스페이스이지만 단독으로 보유하고 있는 지분은 19.37%이다. 그 외에도 한화시스템, 한국산업은행, 한국수출입은행 등이 특별관계자로 이름이 올라와 있다. 그러니까 이 모두가 보유한 지분을 합치면 82.36%가 된다는 것이다. 참고로 한국산업은행과 한국수출입은행은 최대주주인 한화에어로스페이스와 주식 동반매도청구권 계약Tag-Along을 체결한 특별관계자로 확인된다. 이 역시 주식대량보유보고서에 기재되어 있다.

이처럼 주식대량보유보고서 공시는 상당히 상세하다. 주식대량보유보고서 공시를 법률에서 중요한 공시로 규정하고 있는 이유는 그만큼 투자자들이 알아야 하는 주요 정보들이 많다는 뜻이다. 해당 공시에 어떤 중요한 정보들이 포함되어 있는지 좀더 살펴보도록 하자.

2. 대주주가 누구지? : '대량보유자에 관한 사항' 항목

내가 투자한 회사의 대주주가 누구인지를 확인하는 것은 매우 중요하다. 대주주 중 특히 최대주주는 지분율을 바탕으로 회사의 경영진을 꾸리는 경우가 많다. 그리고 이 경영진은 이사회와 각종 의결기구들을 통해 사실상 회사의 정책과 사업방향을 결정한다.

그래서 투자자는 최대주주의 개인 신상정보를 속속들이 알 필요까지는 없지만, 적어도 최대주주가 멀쩡한 사람(혹은 법인)인지 정도는 확인하는 것이 필요하다. 그리고 이는 주식대량보유보고서의 '대량보유자에 관한 사항' 항목에서 쉽게 확인할 수 있다.

[그림 4-4]를 보면, 한화오션의 주식 대량보유자이자 공시 보고자인 한화에어로스페이스에 대한 기본적인 정보들이 확인된다. 특히 '발행회사와의 관계' 항목에 최대주주라고 기재되어 있다.

또 [그림 4-5]에는 보고자에 대한 구체적인 사항이 나온다. 특히 보고자, 즉 최대주주 한화에어로스페이스의 재무상황을 확인할 수 있다. 여기서 한화에어

그림 4-4 한화오션 주식대량보유보고서(보고자 개요)

보고구분	신규	연명	
보고자 구분	국내법인	국 적	대한민국
보고자 구분 기재 근거 (법령상 조합 또는 기타단체로 기재한 경우만 기재)		-	
성명(명칭)	한글	한화에어로스페이스(주)	한자(영문)	HANWHA AEROSPACE CO., LTD.
주소(본점소재지) [읍·면·동까지만 기재]	경남 창원시 성산구 창원대로	생년월일 또는 사업자등록번호 등	609-81-02992
직업(사업내용)	항공기용 부품 제조업	발행회사와의 관계	최대주주
업무상 연락처 및 담당자	소속회사	한화에어로스페이스(주)	부서	경영기획팀
	직위	대리	전화번호	02-729*****
	성명	김보경	팩스번호	02-729*****
	이메일 주소	******m@hanwha.com		

(성명(명칭) 행에서 한자(영문) 열 기재)

그림 4-5 한화오션 주식대량보유보고서(보고자 세부사항)

(2) 보고자에 대한 구체적인 사항(법인, 기타단체, 법령상조합, 민법상 조합의 경우 기재)

(단위: 백만원)

법적성격	주식회사		
자산총액 (또는 운용자산총액)	15,849,470	부채총액	11,517,386
자본총액	4,332,084	자본금	265,650
대표자 (대표조합원 또는 업무집행조합원)	손재일, 김동관		
의사결정기구 (의사결정권자)	이사회		
최대주주 (최다출자자)	(주)한화	최대주주 지분율(%) (최다출자자 출자비율)	33.95

※ 보고자 한화에어로스페이스(주) 2023년 3월 말 연결 재무제표 기준

로스페이스는 자산총액 15.8조 원, 부채총액 11.5조 원, 자본총액 4.3조 원(자본금 2,656억 원)으로 확인된다. 대기업답게 우량한 재무상황임을 알 수 있다.

그 외에 대표자, 그리고 보고자의 최대주주(주식회사 한화) 등 추가적인 정보들을 확인할 수 있다. 나름 친절하고 상세한 내용들이다.

그런데 한화에어로스페이스처럼 큰 회사들만 최대주주인 것은 아니다. 시가총액이 작은 회사들의 경우 소규모 자본으로도 최대주주의 지위를 확보할 수 있는 것이 현실이다. 다른 회사의 주식대량보유보고서 공시를 살펴보자.

[표 4-1]에서 회사의 최대주주 법인의 재무상태가 좋지 않다는 사실이 확인된다. 애초에 자본금부터 1,000만 원에 불과하다. 특히 자본총액이 자본금보다 작은 것을 알 수 있는데 이를 '자본잠식'이라고 한다. 이는 부채가 너무 많거나

표 4-1 부실한 최대주주 사례

(2) 보고자에 대한 구체적인 사항 (단위 : 원)

법적 성격	주식회사		
자산총액	9,958,506	부채총액	174,464,876
자본총액	-164,506,370	자본금	10,000,000
대표자	△△		
의사결정기구	이사회		
최대주주 (최다출자자)	□□□	최대주주 지분율	50%

적자가 지속되어 회사의 돈주머니(자본금)를 갉아먹은 상태를 말한다.

공시를 통해 내가 투자하려는 회사의 최대주주가 부실하다는 것을 알게 되었다는 것만으로도 내 투자판단에 도움이 될 수 있다.

3. 주식 관련 주요 계약사항들 : '보유주식 등에 관한 계약' 항목

1) 대주주의 주식담보대출을 확인하라

주택담보대출이라는 말을 들어봤을 것이다. 보통 집을 매매할 때 자기자금으로 매매대금을 모두 조달할 수 없기 때문에 내가 사려는 주택을 은행에 담보로 제공하면서 대출을 받는다. 이를 통해 내가 주택을 소유하게 되지만 한편으로는 동시에 주택을 담보로 설정하는 셈이다. 이럴 때 사람들은 "이 집의 화장실만 내 것이고 나머지는 다 은행 소유야"라고 자조 섞인 농담을 하기도 한다.

주식의 세계에서도 마찬가지이다. 회사를 인수하기 위해서는 당연히 대규모

자금이 필요하다. 그리고 이를 100% 자기자금으로 조달하기 어려우면 내가 인수하는 회사의 주식을 금융기관 혹은 제3자에게 담보로 제공하면서 대출을 받는 것이다.

부동산 등기부등본에서 해당 부동산에 대한 대출 여부(근저당권)를 확인할 수 있듯이, 주식도 주식대량보유보고서에서 이를 확인할 수 있다. 바로 '보유주식 등에 관한 계약' 항목에 이러한 내용을 기재하도록 되어 있다.

이번에는 코스피 상장사 SK가스의 사례를 살펴보자. [표 4-2]를 보면, SK가스의 최대주주인 SK디스커버리는 SK가스 주식을 담보로 제공한 주식담보대출 계약 5건을 공시하고 있다. 계약상대방은 한국증권금융 등 금융기관이다. 그리고 담보로 제공된 주식의 지분율은 15.32%이다. SK디스커버리가 보유한 주식이 (특별관계자를 포함하여) 총 74.36%임을 감안할 때 보유 주식의 일부분만이 담보로 제공되고 있는 것이다.

그리고 [표 4-3]에 담보계약의 세부내역이 있다. 대출금액, 이자율, 담보유지비율 등을 확인할 수 있다. SK가스의 최대주주인 SK디스커버리는 SK가스 주식을 담보로 제공하면서 총 1,100억 원을 차입하였다. 이자율은 대략 5%대이며 담보유지비율은 110%로 확인된다. 참고로 [표 4-2] 및 [표 4-3]의 5번 계약은 한국증권금융 대상 주식담보대출에서 추가 담보 납입이 없는 계약이다(이 역시 본 공시에 주석으로 기재되어 있다).

그렇다면 주식담보대출이 있다는 사실을 어떻게 받아들여야 할까? 우선 주식담보대출이 많다고 무조건 나쁜 것은 아니다. 일부러 주식담보대출을 받고 경영을 하기도 하는데 이를 '차입경영'이라고 한다. 이 경우 최대주주의 경영능력이 출중하고 또 재무상태가 건전하다면 괜찮다. 앞서 살펴본 대로 SK가스의

표 4-2　SK가스 주식등의대량보유상황보고(보유주식등에 관한 계약)

나. 계약 내용

연번	성명	보고자와의 관계	주식 등의 종류	주식 수	계약 상대방	계약의 종류	계약 체결일	비율
1	SK디스커버리㈜	본인	의결권 있는 주식	100,000	한국증권금융㈜	담보계약	2023.09.05	1.08%
2	SK디스커버리㈜	본인	의결권 있는 주식	464,100	한국증권금융㈜	담보계약	2023.09.05	5.03%
3	SK디스커버리㈜	본인	의결권 있는 주식	500,000	한국증권금융㈜	담보계약	2023.09.05	5.42%
4	SK디스커버리㈜	본인	의결권 있는 주식	350,000	한국증권금융㈜	담보계약	2023.08.13.	3.79%
5	SK디스커버리㈜	본인	의결권 있는 주식	0	한국증권금융㈜	담보계약	2024.04.29	0
합계(주식 수)				1,414,100	합계(비율)			15.32%

표 4-3　SK가스 주식등의대량보유상황보고(담보계약 세부내역)

다. 주요계약이 담보계약인 경우 추가 기재사항

연번	주식 수	대출금액	채무자	이자율	담보 유지비율	기타
1~2	564,100	25,000,000,000	주식담보제공자와 동일	5.13%	110%	-
3	500,000	40,000,000,000	주식담보제공자와 동일	5.13%	110%	-
4	350,000	25,000,000,000	주식담보제공자와 동일	5.16%	110%	-
5	0	20,000,000,000	주식담보제공자와 동일	5.17%	110%	-
합계	1,414,100	110,000,000,000	-	-	-	-

그림 4-6 SK가스 주식대량보유보고서 공시

(2) 보고자에 대한 구체적인 사항(법인, 기타단체, 법령상조합, 민법상 조합의 경우 기재)

(단위 : 백만원, %)

법적성격	주식회사		
자산총액 (또는 운용자산총액)	1,752,488	부채총액	673,674
자본총액	1,078,814	자본금	111,677
대표자 (대표조합원 또는 업무집행조합원)	최창원, 전광현		
의사결정기구 (의사결정권자)	이사회, 주주총회		
최대주주 (최다출자자)	최창원	최대주주 지분율(%) (최다출자자 출자비율)	40.72

※ 상기 수치는 당사의 2023년 말 별도 재무제표 기준이며, 최대주주 지분율은 제출일 현재 보통주 기준임.

최대주주는 SK디스커버리이며, 주식대량보유보고서 공시에서 확인할 수 있듯이 최대주주 회사의 재무상황은 우량하다.

[그림 4-6]을 보면, 최대주주인 SK디스커버리의 자산총액은 1.75조 원, 부채총액은 6,737억 원 규모로 확인된다. 그리고 최대주주(SK디스커버리)의 최대주주가 SK디스커버리의 대표이사인 최창원 부회장이라고 공시되어 있다. 이러한 정보들을 통해서 SK가스가 주식담보대출 형태의 차입경영을 하고 있지만 그럴 만한 여력이 있는 회사라는 것을 알 수 있다.

그리고 여력이 있는 회사들의 이러한 차입경영은 오히려 장점을 지니는데 바로 '레버리지 효과' 때문이다. 이는 타인의 자본을 지렛대처럼 이용하여 자기자본의 수익률을 높이는 효과를 의미한다.

다만 모두가 이러한 레버리지 효과를 누릴 수는 없다. 특히 중요한 것은 이러한 레버리지 효과를 잘못 이용했을 경우 감당할 수 있는 여력이 있는지 여부이다. 이를 판단할 수 있게 해주는 기준은 당연히 재무상태라고 할 수 있다.

재무상태가 열악한 최대주주가 인수과정에 자기자금 투입이 전혀 없는 무자본M&A가 동반된 경우에는 위험할 수 있다. 이는 달리 말하면 감당할 수 없는 빚을 지면서 회사의 경영권을 취득했다는 것을 의미한다. 만약에 주가 하락으로 인해 주식담보대출에 대한 반대매매가 발생하면 최대주주의 경영권이 상실될 수 있고, 연쇄적인 주가 하락이 발생할 수 있다.

반대로 최대주주의 재무상태가 준수하다면 주식 반대매매가 발생할 수 있는 상황에서 차입금을 상환하거나 주식을 추가로 담보 제공하여 위기상황을 관리할 수 있는 여력이 있다.

이처럼 주식담보대출은 상황에 따라 약이 될 수도 있고 독이 될 수도 있다.

2) 위험한 계약조건을 확인할 수 있는 사례

앞서 살펴본 대로 주식담보대출계약은 매우 중요하다. 발행회사의 주식이 담보로 제출된 상태이기 때문에 최대주주의 상태와 주가, 반대매매 가능성 등을 함께 고려해야 한다.

그러나 주식에 관한 계약사항에 이러한 주식담보대출계약만 기재되어 있는 것은 아니다. 여러 특별관계자 간 공동보유약정, 교환사채 발행계약, 신탁계약, 주식양수도 계약 등 다양하다. 발행주식수의 1% 이상의 수량에 대해 체결된 계약이면 이처럼 주식대량보유보고서를 통해 공시해야 한다.

그렇다면 이 보유주식에 관한 계약 항목을 통해 투자자 입장에서 '위험한 계약사항'까지 확인할 수 있을까? 다시 한 번 말하지만 주식대량보유보고서는 친절하다. 자세하게 쓰도록 법에서 정해놨기 때문이다. 그것도 아주 오래전부터 말이다.

우리나라 자본시장에서 그동안 여러 굵직한 M&A들이 있었지만 그 중 실패한 거래로 자주 회자되고 있는 것 중 하나가 바로 2006년 금호아시아나그룹의 대우건설 인수 건이다.

당시 금호아시아나그룹은 한국자산관리공사가 보유한 대우건설의 지분을 인수함으로써 외연 확장을 꾀했다. 2006년 금호산업(현재의 '금호건설') 등이 여러 계열회사 및 재무적 투자자들과 함께 대우건설의 지분 72%를 약 6조 4,000억 원에 매입하였다. 상당한 규모의 M&A였다.

[그림 4-7]에서 보듯이 당시 대우건설 주식대량보유보고서의 대표보고자는 금호산업이었음을 알 수 있다. 보유주식에 관한 계약사항을 확인해보면 금호산업을 포함한 많은 특별관계자들이 등장한다. 이제 어떤 계약사항이 기재 되어 있는지 확인해보자.

주석에 크게 2개의 계약이 보이는데, 먼저 '주1)'로 표시되어 있는 계약은 주식양수도 계약에 관한 사항이다([그림 4-8] 참조). 한국자산관리공사를 포함한 9개 채권금융기관이 보유하던 대우건설의 지분을 금호산업 외 22개사를 대상으로 6조 4,255억 원에 매각하는 계약이다. 계약체결일은 2006년 11월이다.

두 번째 '주2)'에는 금호산업에 대한 별도의 계약사항이 나와 있다([그림 4-9] 참조). 계약의 당사자는 금호계열사 4개사 및 재무적 투자자 18개사이다. 어떤 내용일까?

여기서 7번의 매도선택권은 그 유명한 '풋옵션' 계약 항목이다. 금호산업은 당시 6조 원이 넘는 자금을 혼자 감당할 수 없었기 때문에 여러 계열회사와 재무적 투자자들을 모집하여 대우건설을 인수하였다. 금호산업은 인수에 참여한 다른 회사들에게 유인책을 제시할 필요가 있었고, 그것이 바로 풋옵션(매도선택권) 부여였다.

그림 4-7 대우건설 주식등의대량보유상황보고(보유주식등에 관한 계약)

2. 보유주식등에 관한 계약

성명 (명칭)	보고자와의 관계	생년월일 또는 사업자등록번호 등	주식등의 종류	주식수	금액	상대방	내용
금호산업	본인	104-81-31309	보통주	62,621,990	1,644,608,375,703	자산관리공사외 8개사	주1) 참조
금호타이어	특수관계인	101-81-95610	보통주	19,038,572	499,999,999,564	〃	상동
금호석유화학	특수관계인	102-81-31147	보통주	15,230,857	399,999,983,893	〃	〃
아시아나항공	특수관계인	104-81-17480	보통주	9,519,286	249,999,999,782	〃	〃
금호생명보험	특수관계인	408-81-07958	보통주	3,807,714	99,999,989,408	〃	〃
성신양회	공동보유자	101-81-18194	보통주	1,903,857	49,999,994,704	〃	〃
미래에셋파트너스삼호사모투자전문회사	공동보유자	107-86-81803	보통주	23,227,057	609,999,977,407	〃	〃
팬지아데카	공동보유자	214-87-97411	보통주	19,038,572	499,999,999,564	〃	〃
국민은행	공동보유자	201-81-68693	보통주	11,423,143	299,999,994,486	〃	〃
티와이스타	공동보유자	104-86-04073	보통주	12,946,228	339,999,974,491	〃	〃
디케이에이치	공동보유자	104-86-04184	보통주	7,615,428	199,999,978,815	〃	〃
신한은행	공동보유자	202-81-02637	보통주	3,807,714	99,999,989,408	〃	〃
대호인수	공동보유자	107-86-83780	보통주	3,807,714	99,999,989,408	〃	〃
신한캐피탈	공동보유자	134-81-11323	보통주	761,542	19,999,976,872	〃	〃
칸서스제육차	공동보유자	107-86-82006	보통주	1,218,468	31,999,984,004	〃	〃
칸서스제칠차	공동보유자	107-86-82011	보통주	7,615,428	199,999,978,815	〃	〃
칸서스제팔차	공동보유자	107-86-81991	보통주	11,001,100	288,916,101,229	〃	〃
기업은행케이티비제일호사모투자	공동보유자	104-81-94226	보통주	1,142,314	29,999,991,570	〃	〃
케이티비이천오사모투자	공동보유자	220-87-15812	보통주	1,523,085	39,999,980,006	〃	〃
케이티비이천육사모투자	공동보유자	220-87-36710	보통주	9,519,286	249,999,999,782	〃	〃
우리투자증권	공동보유자	116-81-03693	보통주	1,903,857	49,999,994,704	〃	〃
Merit,LLC	공동보유자	SRV 061031216-4229236 File	보통주	8,376,971	219,999,981,949	〃	〃
대우증권	공동보유자	116-81-05556	보통주	7,615,428	199,999,978,815	〃	〃
금호산업	본인	104-81-31309	보통주	182,043,621	4,780,915,838,676	금호타이어외 21개사	주2)참조

그림 4-8 대우건설 주식등의대량보유상황보고(보유주식등에 관한 계약 주석1)

주1)
[주식매매계약의 주요내용]
1. 매도인들: 한국자산관리공사 외 8개 채권금융기관
2. 매수인들: 금호산업 외 22개사
3. 인수주식수: 보통주 244,665,611주(대우건설 발행주식 총수의 72.11%)
4. 인수대금: 6,425,524,214,379(주당 26,262원)
5. 계약체결일: 2006. 11. 15.
6. 계약종결일: 2006. 12. 15.(단, 동일 기준으로 5영업일 이전에 기업결합신고가 승인되지 아니하는 경우는 기업결합 승인일로부터 5영업일이 되는 날 또는 당사자간 별도로 합의한 날)
7. 손해배상: 본 계약의 당사자가 계약을 위반하여 상대방 당사자에게 손해가 발생한 경우, 위반 당사자는 상대방 당사자에게 매매대금의 10%를 한도로 손해를 배상하여야 함.

그림 4-9 대우건설 주식등의대량보유상황보고(보유주식등에 관한 계약 주석2)

주2)
[주주간계약의 주요내용]
1. 계약목적: 대우건설 인수의 성공적인 완료 및 양 당사자간의 주주로서의 권리와의무를 명확히 하고, 대우건설을 운용하는 데 필요한 기타 사항을 정함.
2. 당사자: 금호산업 및 금호계열사 4개사("계열사"), 기타 재무적 투자자 18개사("재무적 투자자")와 각각 계약 (계열사 및 재무적 투자자를 통칭하여 "투자자"라고 함).
3. 계약체결일: 2006. 11. 15.
4. 경영에 관한 사항: 금호산업은 대우건설의 경영진을 지명할 권리를 포함하여 대우건설에 대한 경영권을 행사할 수 있고, 투자자는 금호산업의 경영권 행사에 최대한 협조하여야 함. 금호산업은 주주총회 특별결의사항 등 주주관련 주요경영사항에 대한 의결권 행사시 투자자의 의견을 반영하여 의결권을 행사키로 함. 투자자에 따라서는 비상임이사지명권이 부여되기도 함.
5. 우선매수권: 투자자가 대우건설 총 발행주식의 1% 이상 처분하고자 할 경우, 금호산업은 우선적으로 매수할 권리를 가짐.
6. 공동매도청구권: 금호산업이 제3자에 대하여 대우건설 지분을 매도하고자 하고 그 매도로 인하여 금호산업 및 금호계열사의 지분을 합하여 최대주주의 지위를 상실할 경우, 투자자는 금호산업에게 투자자 지분도 함께 매도하여 줄 것을 청구할 권리를 가짐.
7. 매도선택권: 재무적투자자는 (i) 주주간계약 중 경영에 관한 사항 을 위반하거나 당사의 진술보증사항에 허위나 부정확 등의 사유가 있 는 경우 또는 (ii) 주식매매계약의 종결일로부터 3년 내에 대우건설 3개 월평균 주가가 주당 기준가격(대우건설 주식취득가액에 3년간 연복리 6%~9%의 비율을 적용하여 산출한 금액에서 이익배당금 및 감자대금 등을 제외하여 계산된 금액)을 상회하지 못하는 경우가 발생하는 경우 재무적투자자는 (i)호 사유의 경우 발생한 날로부터 1개월 이내, (ii)호 사유의 경우 계약종결일 후 3년이 되는 날부터 1개월 이내에 당사에게 재무적투자자가 그때까지 매도하지 않고 계속 보유중인 주식에 대하 여 매수하여 줄 것을 요청할 수 있으며, 당사는 요청 통지를 받은 날로 부터 6개월 내에 기준가격으로 직접 매입하거나 당사가 지정한 제3자 로 하여금 매입하도록 할 의무를 부담함.
8. 비밀유지의무: 금호산업 및 투자자들은 대우건설 주식의 인수와 관련하여 대우건설 또는 상대방으로부터 받은 정보를 비밀로 유지하여야 함.

주식매매계약 종결일로부터 3년 내에 대우건설 주가가 일정수준(기준가격) 이상이 되지 못하면 상대방의 요구에 따라 그 기준가격에 주식을 매수해야 하는 일종의 '독소조항'이었다. 당시 인수가격이 2만 6,000원이었으며 6~9% 연복리를 적용한 기준가격은 약 3만 2,000원 수준이었다. 즉 2만 6,000원에 대우건설을 매입했으나 3년 뒤 주가가 3만 2,000원에 미치지 못하면 기준가격인 3만 2,000원에 계약상대방들의 주식을 사들여야 하는 것이다.

금호산업의 입장에서 불리할 수밖에 없는 조항이었다. 결과적으로 2년 뒤 리만브라더스 파산 사태 등으로 글로벌 금융위기가 발생하면서 대우건설 주가는 폭락하였고 금호산업은 풋옵션 발동으로 인한 부담을 떠안아야 했다.

여기서 M&A를 구체적으로 논하지는 않을 것이기 때문에 더 자세한 내용은 생략하기로 하자. 다만 챙겨볼 부분이 있다. 2006년에도 주식대량보유보고서는 투자자에게 친절하고 나름 자세한 내용을 담고 있다. M&A 주체 간 주식양수도계약 사항을 기재했을 뿐만 아니라 그 항목에서 문제가 될 수 있는 풋옵션 관련 내용도 모두 기재가 되어 있다.

이는 중요한 대목이다. 투자자 입장에서, 특히 거래의 대상이 되는 대우건설 주식과 관련하여 중요한 계약사항으로 볼 수 있는 부분이기 때문이다.

4. 무자본M&A를 체크하라 : '취득에 필요한 자금등의 조성내역' 항목

앞서 얘기했듯이, 회사를 인수하기 위해서는 당연히 돈이 필요하다. 특히 최대주주가 되어 회사의 경영권까지 손에 넣기 위해서는 최소 수십억 원 이상의 자금이 필요하다.

이쯤에서 궁금한 점이 생긴다. 최대주주는 그 대규모의 자금이 어디서 났을까? 본인 돈일까? 아니면 남의 돈일까? 사소한 궁금증 같지만 이는 결코 사소한 것이 아니다. 뒤에서도 다시 언급하겠지만, 최대주주가 무슨 돈으로 이 회사를 인수했는지는 굉장히 중요한 정보이다. 그리고 주식대량보유보고서는 이러한 내용도 친절하게 알려준다.

한화오션 사례를 다시 보도록 하자. 주식대량보유보고서에서 '취득에 필요한 자금등의 조성내역'은 대주주가 회사를 인수하면서 투입한 자금의 출처를 밝히는 항목이다. [그림 4-10]을 보면, 한화오션의 새로운 최대주주인 한화에어로스페이스 등이 자기자금을 통해 회사를 인수했음을 알 수 있다. 즉 내 돈으로 회사를 인수한 것이다.

그리고 이렇게 자기자금으로 새로운 최대주주가 들어오는 것은 주식시장에서 호재로 받아들여진다. 자기자금을 동원할 수 있을 정도로 재무적 기반이 튼

그림 4-10 자기자금을 통한 회사 인수 사례(한화오션)

3. 취득에 필요한 자금등의 조성내역
(1) 취득자금등의 개요

(단위 : 원)

성명	생년월일 또는 사업자등록번호등	자기자금(H)	차입금(I)	기타(J)	계(H+I+J)
한화에어로스페이스(주)	609-81-02992	999,999,997,150	-	-	999,999,997,150
한화시스템(주)	513-81-17175	500,000,008,150	-	-	500,000,008,150
Hanwha Impact Partners Inc.	53363	399,999,991,200	-	-	399,999,991,200
한화컨버전스(주)	124-87-04943	30,000,007,000	-	-	30,000,007,000
Hanwha Energy Corporation Singapore Pte. Ltd.	53044	70,000,009,950	-	-	70,000,009,950

표 4-4 A사 주식등의대량보유상황보고(취득에 필요한 자금등의 조성내역)

(1) 취득자금등의 개요

성명	자기자금(H)	차입금(I)	기타(J)	계(H+I+J)
F사	-	100억 원	-	100억 원

(2) 취득자금등의 조성경위 및 원천

차입자	F사	차입처	1. △△저축은행 2. 김아무개
차입금액	100억 원	차입기간	1. △△저축은행(20XX.01.01~20XX.12.31.) - 50억 원 2. 김아무개(20XX.01.01~20XX.12.31.) - 50억 원
주식 등의 담보제공 여부	1. 제공 2. 해당사항 없음	담보 내역	1. A사 주식 50만 주 2. 해당사항 없음

튼한 최대주주는 경영권 안정에 도움이 될 수 있고, 또 그만큼 투자자들은 책임경영을 기대할 수 있기 때문이다.

이제 정반대의 경우를 살펴보자. 망가진 회사들에 대한 기사에 자주 등장하는 용어가 있다. 바로 '무자본M&A'이다. 무자본M&A는 누군가가 회사를 인수할 때 자기 자신의 돈(자기자금)이 아닌 남의 돈(차입금)을 사용하는 것을 말한다. A사의 사례를 살펴보자.

[표 4-4]를 보면, 새로운 최대주주 F사는 회사를 인수하는 과정에서 당시 100% 차입금으로 인수자금을 조달하였다. 총 인수자금이 100억 원인데 차입금 역시 100억 원으로 기재돼 있다. 그리고 이 돈은 잘 알려지지 않은 △△저축은행(50억 원)과 개인 김 아무개(50억 원)로부터 빌린 돈이다.

앞서 살펴봤던 '보유주식등에 관한 계약' 항목과 연계해서 살펴보도록 하자.

표 4-5   A사 주식등의대량보유상황보고(보유주식등에 관한 계약)

나. 계약 내용

성명	보고자와의 관계	생년월일 또는 사업자 등록번호	주식 등의 종류	주식수	계약 상대방	계약의 종류	계약 체결일	비고
F (최대주주)	본인	XXX	의결권 있는 주식	500,000	△△저축 은행	담보 계약	20XX. 01.01	담보 대출

표 4-6   A사 주식대량보유보고서(보고자 F사 재무상황)

(2) 보고자에 대한 구체적인 사항   (단위: 원)

법적 성격	주식회사		
자산총액	10,000,000	부채총액	150,000,000
자본총액	-140,000,000	자본금	10,000,000
대표자	이모씨		
의사결정기구	이사회		
최대주주 (최다출자자)	□□□	최대주주 지분율	70%

[표 4-5]에서 역시나 최대주주의 주식담보대출계약이 확인된다. 그리고 계약상 대방은 50억 원을 차입한 △△저축은행이다. 인수한 A사의 주식을 담보로 제공한 계약이다. 이런 것을 전형적인 무자본M&A라고 한다.

무자본M&A 관련 기사들을 살펴보면 그 위험성에 대한 내용들이 많이 언급된다. 물론 앞서 얘기했듯이 주식담보대출을 받아서 회사를 인수한 것이 무조건 나쁜 것은 아니다. 중요한 것은 이러한 차입금을 감당할 수 있는지의 문제이다.

F사가 A사를 인수할 당시 F사의 재무상황을 살펴보자. [표 4-6]에서 자산총액이 1,000만 원에 불과한 것을 볼 수 있다. 심지어 자본총액은 마이너스 상태로 완전자본잠식 상태이다. 이런 회사의 경우 정상적인 영업활동을 하는 기업은 아니라는 것을 충분히 추측할 수 있다. 즉 영업활동을 통해 벌어둔 돈이 없을 것이다.

그리고 자산총액이 작기 때문에 담보로 제공할 만한 자산 역시 마땅히 없어 보인다. 결국 F사가 100억 원의 차입금을 얻기 위해서 제공할 수 있는 것은 인수한 회사의 주식뿐이다. 이는 바로 앞에서 살펴본 주식담보대출계약에서도 확인이 된다.

남의 돈으로 회사를 인수했기 때문에 그 주식을 제3자에게 담보로 제공했을 가능성이 크다. 특히 주식담보계약체결의 상대방이 우리가 흔히 아는 금융기관이 아니고 정체불명의 제3자일 경우 불확실성은 더 커진다.

만약 주가가 하락하여 담보로 제공된 주식의 담보가치가 담보유지비율 아래로 떨어질 경우 그 계약상대방(채권자)은 대출금의 원금을 보전하기 위해 최대주주의 주식을 팔아버릴 수 있다.

이 경우 대규모 물량이 시장에 출회하게 된다. 특히 채권자들은 대출금 회수를 위해 주식을 시장가, 심지어 하한가에도 매도한다. 최대한 주식을 빨리 현금화하기 위함이다. 이런 상황에서 주가는 여지없이 무너지기 마련이다.

이러한 이유로 무자본M&A를 통한 회사 인수는 리스크를 동반한다. 특히 F사의 경우처럼 대주주의 재무상태가 열악할 경우 무자본M&A의 위험도는 더욱 커진다.

최대주주변경 : 회사의 새로운 최대주주를 바로 확인하라

1. "새로운 최대주주가 인사드립니다"

회사에 새로운 최대주주가 등장한다면 이는 당연히 주식대량보유보고서를 통해 공시된다. 그리고 주식대량보유보고서는 앞서 살펴본 내용과 같이 상당히 많은 정보들을 보여준다.

하지만 주식대량보유보고서 공시는 최대주주가 변경되자마자 공시되지는 않는다. 보통 공시의무 발생일로부터 5영업일 이내에 공시하도록 되어 있다. 어느 정도 시차가 있는 정보라고 할 수 있다.

핵심은 최대주주변경이 중요한 이벤트라는 점이다. 정보가 생명인 주식시장에서 이렇게 중요한 정보는 빠르게 파악할수록 좋을 것이다. 그리고 이를 주식대량보유보고서보다 빠르게 파악할 수 있는 방법이 있다. 바로 '최대주주변경' 공시이다.

최대주주변경 공시는 거래소 공시규정상 당일 공시가 원칙이다.[2] 즉 최대주주가 바뀌자마자 당일 바로 공시된다는 것이다. 정보의 적시성 측면에서 장점이 있다.

물론 내용적인 측면에서 주식대량보유보고서 공시보다 간단한 주요 정보들로 이루어져있다. 어쩌면 주식대량보유보고서가 공식적인 '풀버전 문서'라고 한다면 최대주주변경 공시는 그 '요약본'이라고 할 수 있다.

---

2 코스닥시장 공시규정 제6조 제1항 제3호 가목(1)

표 4-7 지누스 최대주주변경 공시

1. 변경내용	변경 전	최대주주 등	이○○ 외 10인
		소유주식수(주)	6,137,090
		소유비율(%)	38.84
	변경 후	최대주주 등	주식회사 현대백화점 외 3인
		소유주식수(주)	7,320,649
		소유비율(%)	42.48
2. 변경사유			전-후 최대주주 간 주식매매계약 완료 및 현대백화점의 제3자배정 유상증자 납입
3. 지분인수목적			1) 주식매매거래 : 경영참여 2) 제3자배정 유상증자 : 시설자금 확보를 통한 지속가능한 성장기반 마련
- 인수자금 조달방법			자기자금 및 차입금
4. 변경일자			2022-05-25

[표 4-7]을 보면, 코스피 상장사 지누스는 최대주주가 기존 이○○에서 현대백화점으로 변경되었다. 전 최대주주 이○○이 보유하던 주식을 현대백화점이 사들였으며, 추가적으로 제3자배정 유상증자를 통해 지분을 42.48%(현대백화점의 특수관계자 포함) 확보하였다. 최대주주 변경일자는 2022년 5월 25일인데 최대주주변경 공시 역시 같은 날에 이루어졌다.

이처럼 최대주주변경 공시는 해당 사실을 빠르게 확인할 수 있다. 또한 인수자금의 조달방법도 공시 내용에 포함되는데, 여기서는 자기자금과 차입금을 함께 활용하였다고 기재되어 있다.

2. '요약본'과 '풀버전'을 함께 보라

최대주주변경 공시는 요약본에 해당하는 공시이기 때문에 5영업일 이내에 공시되는 주식대량보유보고서 공시를 반드시 함께 확인해야 한다. 주식대량보유보고서의 내용이 더 자세할 뿐만 아니라 가끔 최대주주변경 공시와 다른 내용을 공시하는 경우가 있기 때문이다.

지누스의 경우 최대주주변경 공시 하루 뒤인 2022년 5월 26일 주식대량보유보고서를 공시하였다.

[표 4-8]에서 현대백화점은 기존 최대주주의 지분인수를 위해 총 7,747억 원의 인수대금을 지불하였다. 이중 자기자금은 2,000억 원이고 나머지 5,747억 원은 차입금으로 조달한다고 공시하였다. 이처럼 주식대량보유보고서를 통해 최대주주변경 공시의 내용을 보다 상세하게 확인할 수 있다.

그런데 공시의 내용이 달라지기도 한다. 심지어는 최대주주변경 공시의 내용을 180도로 바꿔서 주식대량보유보고서에 공시한 경우도 있었다. 현재 상장폐지된 A사의 과거 최대주주변경 공시를 살펴보자.

[표 4-9]에서 A사는 새로운 최대주주 ■■■의 인수자금 조달방법으로 '자기자금 및 차입금'을 기재하였다. 이는 자기자금과 차입금을 병행하는 일반적인

표 4-8 지누스 주식등의대량보유상황보고서(취득에 필요한 자금등의 조성내역)

(1) 취득자금등의 개요

(단위 : 원)

성명	자기자금(H)	차입금(I)	기타(J)	계(H+I+J)
㈜현대백화점	200,000,000,000	574,666,042,645	-	774,666,042,645

표 4-9 A사 최대주주변경 공시

1. 변경내용	변경 전	최대주주 등	▲▲▲
		소유주식수(주)	2,500,000
		소유비율(%)	8.40
	변경 후	최대주주 등	■■■
		소유주식수(주)	2,435,406
		소유비율(%)	8.18
2. 변경사유			기존 최대주주의 주식 양도
3. 지분인수목적			경영참여
– 인수자금 조달방법			자기자금 및 차입금

표 4-10 A사 주식등의대량보유상황보고(취득에 필요한 자금등의 조성내역)

(1) 취득자금등의 개요

성명	자기자금(H)	차입금(I)	기타(J)	계(H+I+J)
■■■	–	60억 원	–	60억 원

자금 조달방법이라 전혀 이상해보이지 않는다. 해당 공시를 본 사람들은 ■■■라는 새로운 최대주주가 자기자금과 차입금을 적절히 섞어서 회사를 인수했을 것이라고 판단한다.

그런데 며칠 뒤에 공시된 주식대량보유보고서를 보니 다른 내용이 확인된다. 자기자금은 한 푼도 없고 전액 차입금으로 회사를 인수한 것이다. 말이 달라졌다([표 4-10] 참조).

확인해보니 차입금은 A사 주식을 담보로 제공한 주식담보대출로 이루어진

100% 무자본M&A였다. 그리고 결과론적인 얘기지만 이 회사는 끝내 망가지고 몇 년 뒤 상장폐지에 이르게 되었다.

이는 투자자 입장에서 결코 가볍게 넘어갈 문제가 아니다. 악의적인 목적으로 거짓말(허위공시)을 한 것일 수도 있다. 물론 5영업일 이내에 상황의 변화가 있어서 이를 달리 보고한 것일 수도 있다. 무엇이 되었든 중요한 것은 최종적인 결론이다. 즉 전액 차입금을 통해 회사를 인수한 무자본M&A였다는 사실을 확인하는 것이 중요하다.

다시 한 번 강조하지만 최대주주변경 공시는 주식대량보유보고서 공시와 함께 반드시 확인과정을 거치는 것이 필요하다.

타법인주식 및 출자증권 취득결정 : 회사가 올바른 투자를 하고 있는가?

1. "회사의 새로운 먹거리를 소개합니다"

모름지기 회사는 본업을 잘해야 한다. 본업을 잘해야 현금흐름이 계속 창출될 수 있기 때문이다. 하지만 본업만 잘한다고 주가가 오르는 것은 아니다. 본업을 잘하는 것뿐만 아니라 사업의 확장 역시 중요하다. 기존 사업의 외연을 넓히거나 신사업에 진출을 하게 되면 주가는 반응한다. 특히 이러한 사업 확장에 투자금이 올바르게 투입된다면 회사는 성장할 수 있다. 투자자들은 이러한 회사의 미래를 바라보고 투자를 결정한다.

이처럼 회사가 사업 확장을 위해 선택하는 대표적인 방식이 M&A, 즉 다른 회사의 주식을 인수하는 것이다. 그리고 이와 관련된 공시의 제목이 바로 타법인주식 및 출자증권 취득결정(이하 '타법인주식취득결정 공시')이다.

타법인주식취득결정 공시는 거래소 규정에 따라 공시한다. 하지만 모든 타법인주식 인수를 공시해야 하는 것은 아니다. 회사 자기자본의 10% 이상(코스닥 상장사 기준)에[3] 해당하는 규모의 M&A가 있을 경우에 공시하도록 정하고 있다.[4] 즉 어느 정도 유의미한 수준의 M&A에 대해서 공시를 하는 것이다.

M&A는 경영 효율성의 제고, 사업의 다각화를 도모할 수 있는 수단이다. 그러나 한편으로 무분별한 M&A는 회사의 부실화를 초래할 수 있다. 그렇기 때문에 내가 투자한 회사의 M&A 내용을 파악하는 것이 중요하다. 그리고 이를 위해 타법인주식취득결정 공시를 잘 확인해야 한다.

SK하이닉스의 예를 들어보자. [그림 4-11]은 SK하이닉스가 미국 인텔Intel의 낸드플래시NAND Flash 사업부문을 인수하기 위한 투자 관련 내용이다. 취득하는 회사는 'SK hynix NAND Product Solutions Corp.'인데 이는 SK하이닉스의 미국법인 자회사이다. 즉 미국법인의 자회사에 출자를 하고 이를 통해 인텔사의 낸드플래시 사업부문을 인수한다는 내용이다.

M&A에 사용하는 투자금은 1조 3,511억 원이고 취득방법은 현금출자로 명시되어 있다. SK하이닉스는 이러한 M&A를 통해 낸드 사업부문의 경쟁력을 확보하는 등 반도체 사업의 외연을 확장하려 한다는 것을 알 수 있다.

참고로 자기자본의 2.6%에 해당하는 규모인데 왜 공시하는지 의문을 가지

---

3 코스닥시장 공시규정 제6조 제1항 제2호 나목(6).
4 코스피 상장사의 기준은 자기자본의 5% 이상[유가증권시장 공시규정 제7조 제1항 제2호 나목(3)].

그림 4-11 SK하이닉스 타법인주식취득결정 공시

타법인 주식 및 출자증권 취득결정

1. 발행회사	회사명	SK hynix NAND Product Solutions Corp.		
	국적	미국	대표자	노종원
	자본금(원)	256,172,500,000	회사와 관계	자회사
	발행주식총수(주)	215,000,000	주요사업	반도체 판매
2. 취득내역	취득주식수(주)	1,134,000,000		
	취득금액(원)	1,351,161,000,000		
	자기자본(원)	51,909,096,804,828		
	자기자본대비(%)	2.6		
	대규모법인여부	해당		
3. 취득후 소유주식수 및 지분비율	소유주식수(주)	1,349,000,000		
	지분비율(%)	100		
4. 취득방법		현금출자		
5. 취득목적		자회사인 SK hynix NAND Product Solutions Corp.의 인수자금 및 운영자금 조달		
6. 취득예정일자		2021-12-24		

는 독자들이 있을 수 있다. 코스피 상장사의 경우는 투자규모가 자기자본의 5% 이상일 때 공시하는 것이 원칙이나 그 중에서도 대규모법인의 경우 자기자본의 2.5% 이상일 때 마찬가지로 공시를 하도록 규정[5]하고 있다.

한편 기존의 사업 영역을 넘어서서 신사업에 진출하기 위한 M&A도 공시를 통해 확인할 수 있다. 신사업 진출은 여러 가지 이점을 지니고 있는 M&A다. 기존 사업과의 시너지 효과를 고려해볼 수 있다. 또는 아예 새로운 현금창출 경로

---

5 코스닥 상장사의 경우 자기자본의 10% 이상인 투자금에 대해 공시하는 것이 원칙이나 대기업의 경우 5% 이상인 경우 공시하도록 규정.

그림 4-12 하이브 타법인주식취득결정 공시

타법인 주식 및 출자증권 취득결정				
1. 발행회사	회사명	두나무 주식회사		
	국적	대한민국	대표자	이석우
	자본금(원)	2,292,137,000	회사와 관계	-
	발행주식총수(주)	33,809,128	주요사업	전자상거래 및 온라인정보 제공업
2. 취득내역	취득주식수(주)	861,004		
	취득금액(원)	499,999,659,868		
	자기자본(원)	1,198,939,409,950		
	자기자본대비(%)	41.70		
	대규모법인여부	미해당		
3. 취득후 소유주식수 및 지분비율	소유주식수(주)	861,004		
	지분비율(%)	2.48		
4. 취득방법		신주발행 제3자배정 유상증자(현금취득)		
5. 취득목적		장기적 파트너십 구축 및 NFT를 포함한 신규사업 공동 추진		
6. 취득예정일자		2021-11-24		

를 만들어 회사 전체의 규모를 키우는 효과를 누릴 수도 있다.

엔터테인먼트 사업을 영위하고 있는 하이브의 공시를 보자. [그림 4-12]는 하이브가 암호화폐 거래소 사업을 영위하는 두나무의 지분을 인수하는 공시이다. 총 취득자금은 5,000억 원으로 두나무의 지분 2.48%를 인수하는 건이다.

이는 하이브 자기자본의 41.7%에 해당하는 것으로 상당히 큰 규모의 주식취득이라고 할 수 있다. 그리고 취득목적을 살펴보면 'NFT를 포함한 신규사업 공동 추진'으로 기재되어 있다. 메타버스와 NFT 등 가상자산 관련 사업을 영위하는 두나무와 파트너십을 구축하여 신사업을 공동추진하려는 것을 알 수 있다. 이를 통해 하이브는 신규사업의 노하우를 배울 수도 있고, 해당 사업에서 발생하는 수익을 일부 향유할 수도 있다.

2. 위험한 M&A는 아닐까?

타법인주식취득결정 공시를 통해 '위험한 M&A'도 선별해야 한다. 우선 여기서 말하는 위험한 M&A는 무엇일까? 저자는 이를 '무리한 M&A'와 구별하여 설명하고자 한다.

무리한 M&A는 말 그대로 다른 회사를 인수하는 과정에서 자금사정 대비 무리한 지출을 하거나, 자산규모 측면에서 작은 회사가 큰 회사를 인수합병하는 등의 경우를 생각해볼 수 있다. 하지만 이러한 인수합병은 거래가 이루어지는 당시에 그 결과를 평가할 수 없다. 무리한 인수합병을 했다고 하더라도 향후에 기존 사업과의 시너지 효과가 나타나거나 인수합병한 회사의 업황이 개선되어 성공한 M&A로 평가받을 수도 있다.

그러나 여기서 저자가 말하고자 하는 위험한 M&A는 이와 다르다. 회사가 자금사정이 좋지 않을 뿐만 아니라 인수합병의 대상이 되는 회사의 재무상황이 매우 안 좋거나 실체가 불분명한 경우이다. 이는 회사 입장에서 돈을 낭비할 뿐만 아니라 회수 불가능한 상황까지 이를 수도 있다.

무리한 M&A와의 차이가 이 부분이다. 무리한 M&A는 보통 좋은 회사를 무리하게 인수합병 하는 경우가 많은데, 설령 나중에 손해를 보더라도 이를 매각함으로써 일부 자금을 회수할 수 있다. 그러나 위험한 M&A는 매각 자체가 불가능해질 수 있다. 애초부터 가치가 없는 회사를 산 경우가 많기 때문이다.

이뿐만 아니다. 보통 기업사냥꾼들이 부실한 회사의 경영권을 인수하고서 그

표 4-11 ⒷAl 타법인주식 및 출자증권 취득결정 공시

1. 발행회사	회사명	㈜◇◇◇
	자본금	480억 원
	주요사업	전자부품 제조 및 판매업
2. 취득내역	취득주식수	1,300,000주
	취득금액	170억 원
	자기자본	375억 원
	자기자본대비 비율	45%
3. 취득 후 소유주식수 및 지분비율	소유주식수	1,300,000주
	지분비율	28%
4. 취득방법		보유한 타법인 주식의 양도대가
5. 취득목적		지배구조 개편을 통한 경영효율성 제고

【발행회사(㈜◇◇◇)의 요약 재무상황】 (단위 : 억 원)

구분	자산총계	부채총계	자본총계	자본금	매출액	당기순이익
당해년도	331	81	249	480	222	-38
전년도	323	73	250	480	357	-113
전전년도	315	64	251	480	389	-1,253

표 4-12 ⒷAl 사업보고서(종속기업 및 관계기업 투자내역)

(1) 종속기업 및 관계기업 투자내역

구분	회사명	당기 말					전기 말
		보유주식수	지분율	취득원가	장부가액		장부금액
종속기업투자	㈜○○○	2,500	60%	20억 원	20억 원		20억 원
	⋮	⋮	⋮	⋮	⋮		⋮
관계기업투자	㈜◇◇◇	1,300	28%	170억 원	-		170억 원
	⋮	⋮	⋮	⋮	⋮		⋮

회사의 자금을 빼돌리는 방식으로 이렇게 M&A를 이용하기도 한다. 투자를 명목으로 돈을 유출시키는 것이다.

여러모로 위험한 결론에 이를 수 있는 상황들이다. 이를 확인해보기 위해서 우리가 참고해볼 수 있는 것이 바로 타법인주식취득결정 공시이다. 현재 상장폐지된 ⑬사의 M&A 관련한 과거 공시를 살펴보자.

⑬사는 ㈜◇◇◇에 대한 주식 인수를 결정한다. [표 4-11]에 보면, '전자부품 제조 및 판매업'을 영위하는 회사라고 기재되어 있다. 인수금액은 170억 원이다. 적정한 규모의 인수합병일까? 이를 판단하기 위해서는 자본대비 비율을 통해 확인하는 것이 좋다. 이번 거래는 ⑬사 자기자본의 45%에 해당하는 상당히 큰 규모라고 할 수 있다. 많은 돈을 지출한 것인 만큼 M&A의 대상이 되는 회사는 당연히 멀쩡해야 한다.

이와 관련하여 공시 하단에 피인수기업 ㈜◇◇◇의 요약 재무상황이 기재되어 있다. 자본금이 480억 원인데 자본총계는 249억 원이다. 자본잠식 상태(자본총계<자본금)이다. 당기순손실도 3년 연속 이어지고 있으며 매출액은 하향추세임을 알 수 있다. 이 같은 정보들을 통해 이 170억 원짜리 M&A가 재무적으로 적정한 것인지를 판단해 볼 수 있다.

그리고 타법인주식취득결정 공시는 나중에 발표되는(보통 3월에 공시되는) 12월 말 기준 사업보고서 공시와 함께 보는 것이 중요하다. 사업보고서에는 회사가 인수한 타법인들에 대한 가치평가 내역을 확인할 수 있다. 즉 그동안 진행해온 M&A에 대한 일종의 성적표를 볼 수 있는 것이다.

⑬사의 사업보고서에서 ㈜◇◇◇ M&A와 관련된 내용을 확인해보자. [표 4-12]에 보면, 회사는 ㈜◇◇◇의 지분을 20% 이상 보유하고 있고 유의미한 영

그림 4-13 ⓑ사 2020사업연도 기타비용 항목

(2) 기타비용

(단위: 천원)

구 분	당기	전기
기부금	26,791	-
기타의대손상각비	3,981,557	2,126,248
당기손익-공정가치측정 금융자산 평가손실(유동)	-	53,092
당기손익-공정가치측정 금융자산 손상차손(비유동)	-	550,001
관계기업투자손상차손	17,425,755	5
종속기업투자손상차손	10,143,349	7,336,088
유형자산처분손실	1,463	-
유형자산폐기손실	123,466	-
투자부동산처분손실	106,773	-
리스해지손실	1,634	-
잡손실	36,506	3,514
계	31,847,294	10,068,948

향력을 행사하고 있는 것으로 보인다. ㈜◇◇◇가 '관계기업'으로 분류돼 있다.

작년에 취득한 ㈜◇◇◇ 주식의 취득원가는 170억 원이었다. 그리고 작년말 기준 그 장부가액도 170억 원이었다. 그런데 1년이 지난 올해 말 기준 장부가액은 0원으로 표시되어 있다. 회사가 ㈜◇◇◇ 주식을 처분한 것이 아니라면 이는 작년에 취득한 170억 원짜리 주식이 0원이 되었다는 뜻이다. 이를 회계에서 '손상차손'이라고 한다. 결국 ⓑ사의 ㈜◇◇◇ 투자는 완전히 실패한 것이다.

그런데 한 가지 생각해볼 점이 있다. 170억 원에 산 회사가 불과 1년 만에 전액 손상차손 되는 것이 정상적인 투자일까? 의심해봐야 한다. 투자자 입장에서 중요한 것은 회사가 170억 원을 1년 만에 날려버렸다는 사실이다. 이렇게 날려버린 170억원은 재무제표에 어떻게 반영될까?

[그림 4-13]에 보면, 관계기업투자손상차손이라는 기타비용으로 174억 원이 잡힌 것을 확인할 수 있다. 이렇게 잡힌 기타비용은 영업이익에서 차감되어 결과적으로 당기순이익을 깎아먹게 된다.

참고로 ⓑ사의 기타비용에는 관계기업투자손상차손 174억 원 외에 종속기업투자손상차손으로도 101억 원이 잡혀있는 것을 볼 수 있다. 이래저래 회사는 M&A를 통해 대규모의 손실을 입었다.

이렇게 타법인주식취득결정 공시와 사업보고서(분기보고서 혹은 반기보고서를 참고해도 좋다)를 함께 봐야 회사의 투자활동이 잘 진행되고 있는지 확인할 수 있다.

불성실공시법인 지정 : 회사가 공시의무를 성실하게 이행하고 있는가?

공시는 상장사가 경영과 관련한 중요한 내용들을 자본시장법과 거래소 규정이 정하는 바에 따라 신속하고 정확하게 공개하는 제도이다. 이러한 공시는 투자자들에게 회사와 관련된 정보들을 투명하게 알려주고, 무엇보다 주가에도 영향을 미칠 수 있다는 점에서 중요하다.

그래서 상장사로서의 자질 중 하나가 공시 의무를 성실하게 잘 수행하는 것이다. 내부통제가 잘 갖춰져 있고 IR 업무를 잘 수행하는 건전한 상장사들은 이러한 공시 업무 역시 충실하게 이행한다. 투자자에게 회사의 중요한 사항을 잘 알린다는 것이다.

하지만 매년 이러한 공시 의무와 관련하여 이를 충실하게 이행하지 않는 회

그림 4-14 기업들의 '늑장공시' 관련 언론보도

> 어닝쇼크도, 수백억 피소도 투자자만 모르네…대기업 늑장 공시에 속 터지는 개미
>
> 올해 상반기, 8곳 대기업 불성실공시법인 지정 및 지정 예고
> 피소·실적 악화·자사주 소각 계획 등 공시 제대로 안 해
> 처벌 강화 주장도 나와

출처 : 2023. 7. 5. 조선일보

사들이 발생하고 있다. 그리고 이들은 언론의 도마 위에 오른다.

'늑장공시' 관련 기사들의 요지는 상장사들이 중요한 공시(회사 대상 소송 제기 여부, 계약체결, 타법인 주식 취득 등)를 적기에 하지 않아 투자자 피해가 발생한다는 것이다([그림 4-14] 참조).

상장사가 공시를 제대로 이행하지 않으면 어떻게 될까? 어떤 불이익을 받게 될까? 이와 관련하여 해당 회사가 공시를 제대로 이행하지 않았다는 사실을 알리고 공표하는 공시도 있다. 바로 '불성실공시법인 지정' 공시이다.

한국거래소에서는 공시의무를 충실하게 이행하지 않은 상장사를 '불성실공시법인'으로 지정하고 공시위반제재금과 벌점 등을 부과하고 있다. 불성실공시의 종류는 '공시불이행', '공시변경', '공시번복' 등 총 3가지로 구분된다.

1. 공시불이행 : 공시해야 하는 사항을 적시에 이행하지 않아서

공시불이행은 말 그대로 공시를 해야 함에도 공시를 하지 않았거나, 기한까

지 하지 않은 경우를 말한다. 사례를 통해 살펴보자.

S사는 타인에 대한 대규모의 채무보증을 결정했음에도 불구하고 이에 대한 공시를 뒤늦게 이행하였다. 공시 제도의 목적 자체가 상장사의 중요한 정보를

표 4-13 불성실공시법인지정 공시(S사의 공시불이행)

1. 불성실공시법인 지정내역	
유형	공시불이행
내용	타인에 대한 채무보증 결정 지연공시
사유발생일	20XX-05-15
공시일	20XX-05-30
부과벌점	2.0
공시위반제재금	-
2. 최근 1년간 불성실공시법인 부과벌점 (당해 부과벌점 포함)	2.0

표 4-14 불성실공시법인지정 공시(M사의 공시불이행)

1. 불성실공시법인 지정내역	
유형	공시불이행
내용	소송 등의 제기·신청(경영권 분쟁 소송) 지연공시
사유발생일	20XX-12-22
공시일	20XX-12-26
부과벌점	4.5
공시위반제재금	-
2. 최근 1년간 불성실공시법인 부과벌점 (당해 부과벌점 포함)	9.0

적기에 알리는 것이기 때문에 이러한 지연 공시는 제재의 대상이 된다([표 4-13] 참조). 특히 지연 공시된 '타인에 대한 채무보증 결정'은 상장사의 재무구조에 잠재적인 리스크가 될 수 있는 내용으로 투자자들에게 당연히 안내가 되어야 하는 사항이다.

S사는 이와 관련하여 공시위반제재금은 부과받지 않았지만, 벌점 2점을 받았다. 벌점의 의미에 대해서는 뒤에서 자세히 얘기하도록 하자.

또 다른 공시불이행 사례를 보자. Ⓜ사는 12월 22일 소송이 발생했다. 경영권 분쟁과 관련한 소송이다.

경영권 분쟁 소송은 최대주주와 또 다른 주주들 간 경영권에 분쟁이 발생한 상황을 말한다. 경영권 분쟁 소송의 종류에는 경영권을 주장하는 상대방 측에서 제기하는 주주총회 의결 무효 소송, 임원의 직무집행정지가처분신청, 주주총회 소집허가 신청 등이 있다.

경영권 분쟁 소송이 발생한 경우 회사가 해당 사실을 송달받은 즉시 공시하는 것이 원칙이다. 하지만 Ⓜ사는 소송 발생일로부터 영업일 기준 2일이 지난 12월 26일 이를 공시하였다.

경영권 분쟁은 투자자들에게 중요한 정보이다. 일단 경영권 분쟁은 회사의 경영권이 불안정하다는 부정적인 징후일 수 있다. 한편으로는 주주들 간 경영권 분쟁의 과정에서 경영권을 확보하기 위한 대량의 주식 매수 등으로 주가가 오를 수 있는 호재성 내용으로도 해석될 수 있다. 정답은 없지만, 그만큼 투자자들에게 경영권 분쟁은 중요한 정보이다.

그렇기 때문에 시장에 빠른 정보 제공이 필요한 것이고, 이를 적시에 이행하지 않은 Ⓜ사는 '지연공시'를 사유로 벌점 4.5점을 부과 받았다([표 4-14] 참조).

여기서 또 눈여겨볼 만한 부분은 최근 1년간 누적 벌점이 9점이라는 것이다. 누적 벌점의 의미에 대해서는 뒤에서 다시 살펴보도록 하자.

▍2. 공시변경 : 공시한 내용을 일부 바꿔서 ▍

공시변경은 공시불이행과 달리 이미 공시한 내용을 일부 수정하는 것을 말한다. 공시의 내용이 실제와 일부 달라지는 것은 어느 정도 있을 수 있는 일이지만, 그 변경되는 정도가 일정 기준 이상일 경우, 이는 투자자의 투자 판단에 영향을 미치는 사안에 해당하게 되므로 규제의 대상이 된다.

T사는 1월 1일 100억 원의 유상증자를 진행한다고 공시했다. 그런데 1년이 다 지나가는 12월 31일 최종적으로 납입된 유상증자 금액은 70억 원이었다. 결과적으로 유상증자는 진행되었지만, 금액 측면에서 30% 가량의 차이가 발생한 것이다.

유상증자는 회사에 자금이 수혈되고 한편으로 투자자 입장에선 발행주식 총 수량이 늘어나는 중요한 이벤트이다. 그렇기 때문에 유상증자와 관련한 공시 내용의 유의미한 변화에 대해서는 제재를 가한다.

100억 원의 유상증자를 기대하고 투자 판단을 했다가 실제 자금유치 결과가 70억 원일 경우 투자자 입장에서는 황당할 것이다. 공시규정 상 유상증자의 경우 기존 발표한 금액에서 20% 이상의 변경이 발생하는 경우 공시변경으로 본다. [표 4-15]에서 보듯이, T사는 이로 인해 벌점 5점과 제재금 400만 원을 부과 받았다.

Ⓔ사를 통해 또 다른 공시변경 사례를 살펴보자. 회사는 1월에 27.5억 원짜리

표 4-15 불성실공시법인지정 공시(T사의 공시변경)

1. 불성실공시법인 지정내역	
유형	공시변경
내용	유상증자 발행금액 100분의 20 이상 변경
원공시일	20XX-01-01
공시일	20XX-12-31
부과벌점	5.0
공시위반제재금	4,000,000
2. 최근 1년간 불성실공시법인 부과벌점 (당해 부과벌점 포함)	5.0

표 4-16 불성실공시법인지정 공시(ⓔ사의 공시변경)

1. 불성실공시법인 지정내역	
유형	공시변경
내용	단일판매·공급계약금액 100분의 50 이상 변경
원공시일	20XX-01-20
공시일	20XX-12-20
부과벌점	5.0
공시위반제재금	-
2. 최근 1년간 불성실공시법인 부과벌점 (당해 부과벌점 포함)	5.0

단일판매·공급계약 체결 사실을 공시하였다. 그런데 1년이 지나서 계약금액이 1.1억 원으로 크게 감소해버렸다. 무려 96%가 사라진 것이다. 판매계약이 존재했던 사실에는 변함이 없으나 금액의 규모에 너무 큰 변화가 발생한 경우다.

보통 단일판매·공급계약 체결 금액은 기존 규모에서 50% 이상 변동될 경우 공시변경에 의한 불성실공시법인지정 사유가 된다. ⓔ사의 경우 기존 계약규모에서 96%가 감소했으니 당연히 불성실공시법인으로 지정되었으며 벌점으로 5점을 부과 받았다([표 4-16] 참조).

3. 공시번복 : 공시 내용을 취소해버려서

마지막으로 공시번복은 공시변경과 유사한 것 같으면서도 다르다. 공시번복은 이미 공시한 내용을 일부 수정하는 것이 아니라 전면적으로 취소 또는 부인하는 것을 말한다. 어떻게 보면 공시변경보다 더 문제 될 수도 있는 사안이다.

U사는 1월 1일 공시한 제3자배정 유상증자 결정 2건(공시 금액 각각 100억 원, 180억 원)과 전환사채권발행 결정 2건(공시 금액 각각 100억 원, 75억 원)을 모두 철회하였다. 투자자 입장에서는 총 455억 원의 증자 예정 계획이 취소된 것이다.

만약에 회사가 자금난에 시달리는 상황이었다면 이러한 대규모 증자 계획은 투자자들에게 호재로 인식되었을 수도 있다. 하지만 회사는 결과적으로 4건의 증자 관련 공시 내용을 아예 없던 일로 뒤집어버린 것이다. [표 4-17]에서 보듯이, 철회된 증자 규모도 커서 벌점 9점과 제재금 3,600만 원을 부과받았다.

ⓓ사를 통해 또 다른 공시번복 사례를 살펴보자. 회사는 2월 18일 회사의 주요 사업부문을 물적분할 하겠다는 공시를 한다.

물적분할은 기존 법인이 100% 지분을 보유하면서 사업부문을 분할하여 자회사로 만드는 것을 말한다. 즉 사업부문을 별도의 회사로 만들어 그 사업의 경

표 4-17 불성실공시법인지정 공시(U사의 공시번복)

1. 불성실공시법인 지정내역	
유형	공시번복
내용	제3자배정 유상증자 결정 철회 2건 전환사채권 발행 결정 철회 2건
원공시일	20XX-01-01
공시일	20XX-12-31
부과벌점	9.0
공시위반제재금	36,000,000
2. 최근 1년간 불성실공시법인 부과벌점 (당해 부과벌점 포함)	9.0

표 4-18 불성실공시법인지정 공시(D사의 공시번복)

1. 불성실공시법인 지정내역	
유형	공시번복
내용	물적분할 결정 취소
원공시일	20XX-02-18
공시일	20XX-08-07
부과벌점	7.5
공시위반제재금	-
2. 최근 1년간 불성실공시법인 부과벌점 (당해 부과벌점 포함)	7.5

영효율화를 도모하는 취지이다. 그리고 이러한 사안은 당연히 투자자들에게 중요한 정보이다. 내가 투자한 회사의 주요 사업부문이 결과적으로 회사에서 분리되어 나가는 것이기 때문이다. 2020년 12월 LG화학의 배터리 사업부문이

LG에너지솔루션으로 분할된 사례에서 기존 LG화학 주주들의 입장을 생각해보면 이해하기 쉬울 것이다.

그러나 ⓓ사는 그 뒤 돌연 물적분할 취소 공시를 낸다. 취소 사유를 살펴보니 채권자(은행)의 물적분할 반대로 인한 결정이라는 것이다. 주요 사업부문을 자회사로 내보내는 것이 채권자인 은행 입장에서는 채권 회수 측면에서 불안 요소로 작용했을 수 있다. 어쨌든 중요한 것은 회사가 경영상 중요한 결정사항을 결과적으로 취소해버린 점이다. [표 4-18]에서 보듯이, ⓓ사는 이로 인해 벌점을 7.5점 받았다.

4. 중요한 것은 불성실공시 자체가 아니라 그 이력이다

공시도 결국 사람이 하는 일이다. 그렇기 때문에 실수가 발생할 수 있다. 공시의 종류도 다양하고 규정도 복잡하기 때문에 더욱 그렇다. 그래서 큰 규모의 회사들도 불성실공시법인으로 지정되는 경우들이 종종 있다.

하지만 실수가 반복되면 문제가 될 수 있다. 공시 역시 마찬가지이다. 내 주식에 불성실공시법인지정 공시가 1건 있다고 문제가 되는 것은 아니다. 하지만 이런 일이 '누적'된다면 이야기가 다르다. 불성실공시의 이력을 확인해보는 것이 중요한 이유다.

지금까지 살펴봤듯이 불성실공시법인으로 지정되면 공시위반제재금이나 벌점을 부과 받는다. 제재금은 상장사에 경제적 불이익을 주는 것으로 제재의 의미가 있지만, 벌점은 무슨 의미가 있을까?

벌점 그 자체로는 별도의 효력이 없지만, 벌점이 누적되었을 때는 문제가 될

표 4-19 불성실공시법인지정 공시(누계벌점 15점 이상인 V사)

1. 불성실공시법인 지정내역	
유형	공시불이행
내용	경영권 분쟁 관련 소송 제기 지연 공시
사유발생일	20XX-01-01
공시일	20XX-03-01
부과벌점	5.0
공시위반제재금	-
2. 최근 1년간 불성실공시법인 부과벌점 (당해 부과벌점 포함)	16.5
4. 기타	최근 1년 간 누계벌점이 15점 이상에 해당하여 상장적격성 실질심사 사유 발생

표 4-20 불성실공시법인지정 공시(누계벌점 15점 이상인 F사)

1. 불성실공시법인 지정내역	
유형	공시번복
내용	전환사채권 발행결정 취소
원공시일	20XX-11-30
공시일	20XX-08-05
지정일	20XX-09-07
부과벌점	7.5
공시위반제재금	-
2. 최근 1년간 불성실공시법인 부과벌점 (당해 부과벌점 포함)	17.5
3. 근거규정	코스닥시장공시규정 제28조 및 제32조
4. 기타	최근 1년간 불성실공시 부과벌점이 15점 이상에 해당하여 상장적격성 실질심사 사유 발생

수 있다. 코스닥시장 상장법인은 1회 부과벌점이 8점 이상이면 1일 간 그 주식이 거래정지된다. 그리고 1년 간 누적 벌점이 15점을 넘게 되면 그 상장사는 상장적격성 실질심사 대상 법인[6], 즉 상장폐지 심사 대상이 된다.[7] 달리 말하면 불성실공시법인 지정이 잦으면 상장폐지까지 이어질 수 있다는 것이다.

실제로 잦은 불성실공시법인 지정으로 상장폐지까지 이르게 된 사례를 살펴보자.

[표 4-19]에서 보듯이, V사는 회사 경영권 분쟁이 발생하여 소송이 제기되었음에도 이를 뒤늦게 공시하였다는 공시불이행 사유로 벌점 5점을 부과 받았다.

하지만 V사는 이전에도 최근 1년 동안 11.5점의 벌점이 있는 상태(공시불이행 1건, 공시번복 1건)였고, 이번 불성실공시법인지정으로 1년 누계벌점이 16.5점이 되었다. 이로 인해 회사는 상장적격성 실질심사 대상 법인으로 지정되었고, 즉시 거래정지가 되었다. 그리고 실질심사 끝에 V사는 상장폐지되었다.

누적된 불성실공시법인 지정은 일종의 '옐로카드'로 받아들일 수 있다. 실제로 V사는 거래정지가 된 이후에도 지속적으로 불성실공시법인으로 지정되어 누계벌점이 40점을 넘겼던 것으로 확인된다. 그만큼 V사는 이미 공시 업무를 제대로 수행하지 못할 만큼 내부통제가 망가진 상황이었다고 볼 수 있다.

비슷한 사례로 ⑥사를 살펴보자. [표 4-20]에서 보듯이, 회사는 9월 7일 불성실공시법인으로 지정돼 벌점 7.5점을 받았다. 사유는 기존의 전환사채권 발행

---

6   코스닥시장 상장규정 제56조 제1항 제3호 차목
7   코스피시장의 경우 1년 동안 벌점이 15점 쌓이면 관리종목으로 지정되고, 관리종목 지정 상태에서 1년 동안 다시 벌점 15점이 쌓이면 상장적격성 실질심사 대상 법인이 된다(유가증권시장 제48조 제2항 제4호 가목).

결정 공시를 취소해버렸기 때문(공시번복)이다. 하지만 여기서 더 중요한 것은 바로 누계벌점이 17.5점이라는 사실이다.

앞서 살펴본 대로 최근 1년간 불성실공시법인으로 지정됨으로써 누계된 벌점이 15점을 넘어서면 상장적격성 실질심사 대상 법인, 즉 상장폐지 검토 대상이 된다. ⓕ사 역시 불성실공시가 잦아 누계벌점이 적지 않았던 것이다. 결국 ⓕ사는 상장적격성 실질심사과정을 거쳐 상장폐지되었다.

그림 4-15 KIND 전자공시시스템 조회 화면(불성실공시법인 지정)

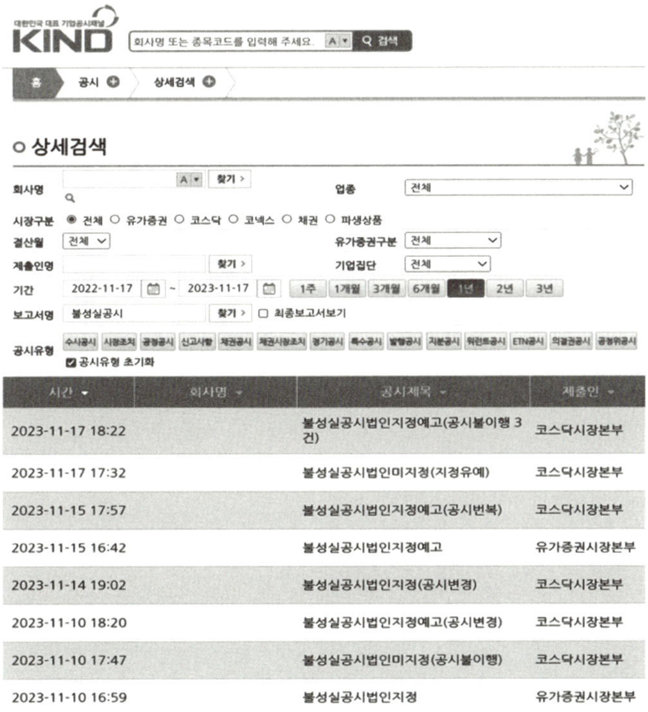

따라서 투자자라면 투자하고 있는 회사의 공시 이력을 2~3년 단위로 설정하여 검색해볼 필요가 있다. 그리고 불성실공시법인 지정이 잦으면 경계해야 한다.

이는 KIND 전자공시시스템에서 쉽게 확인할 수 있다. 원하는 기간을 설정하여 '불성실공시'를 키워드로 입력하면 회사와 관련된 불성실공시 내역들을 곧바로 찾아볼 수 있다([그림 4-15] 참조).

조회공시 : 풍문으로 들었소

주식시장은 정보에 민감하게 반응하는 곳이다. 호재와 악재에 주가가 민감하게 반응하고, 심지어 어디선가 정보가 새어나가(?) 주가가 먼저 움직이기도 한다.

중요한 정보들은 보통 공시를 하게 되어있지만, 공시되지 않았음에도 '풍문'으로 도는 소식들도 있다. 특히 요즘 같이 메신저 등 각종 SNS 수단이 발달한 사회에서 이러한 주식시장의 풍문들은 빠르게 퍼져나간다.

이런 풍문에 대한 내용을 거래소에서 상장사에게 먼저 물어보는 경우들이 있다. 바로 '조회공시 요구'이다.

1. 주식시장에서 도는 소문들은 사실일까?

'조회공시'는 일종의 Q&A 방식으로 이뤄진다. 거래소가 물어보고 상장법인이 이에 답변을 해야 한다. 물어보는 내용은 주로 신문에 실린 내용, 혹은 거래

그림 4-16 조회공시 요구(2023. 7. 12. ㈜셀트리온)

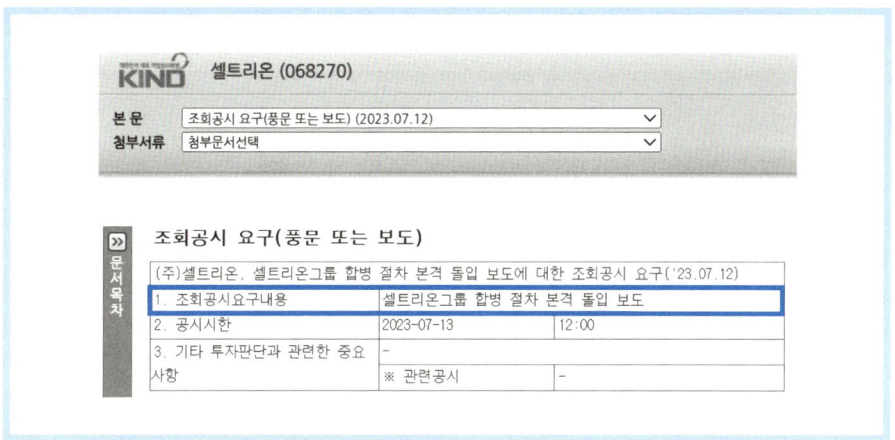

그림 4-17 조회공시 요구에 대한 답변(2023. 7. 13. ㈜셀트리온)

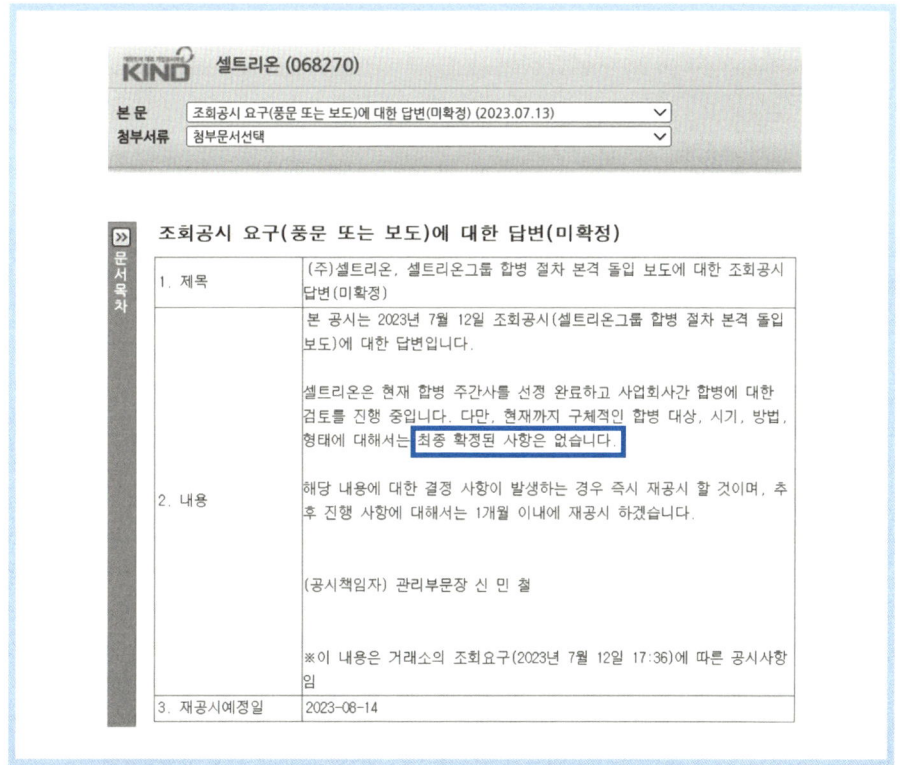

그림 4-18 회사합병 결정 공시(2023. 8. 17. ㈜셀트리온)

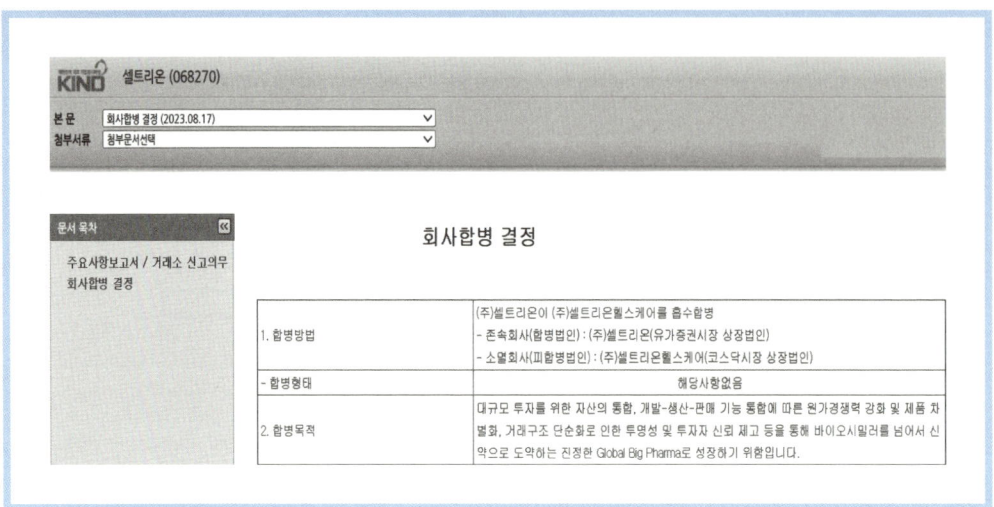

소가 자체적으로 수집한 정보들이다.

답변을 해야 하는 기한도 짧아서 비교적 공시가 빨리 올라온다. 조회공시 요구 시점이 오전일 경우 상장사는 당일 오후 6시까지 이에 대한 답변 공시를 해야 한다. 또 조회공시 요구 시점이 오후인 경우에는 다음날 정오까지 답변 공시를 해야 한다.[8]

2023년 7월 12일 오후 5시 36분. 한국거래소는 셀트리온을 대상으로 조회공시를 요구했다([그림 4-16] 참조). 셀트리온그룹의 합병 절차가 본격적으로 시작되었다는 보도에 관하여 회사가 직접 공시하라는 것이다. 공시 기한은 다음날 정오까지이다. 셀트리온은 이에 대해서 뭐라고 답변했는지 살펴보자.

---

8 매매거래정지를 수반하는 조회공시의 경우 오전, 오후에 상관없이 1일 이내 즉 다음날 오후 6시까지 답변해야 한다.

조회공시 요구에 대한 ㈜셀트리온의 답변은 한마디로 '최종 확정된 사항은 없다'이다([그림 4-17] 참조). 사실 거래소의 조회공시 요구에 대한 대부분의 답변은 '미확정'이다. 어쩌면 당연한 현상일 수 있다. 답변 기한이 짧고 보통 신문에서 선제적으로 보도되는 내용들은 회사의 공식적인 발표 이전 시점인 경우들이 많기 때문이다.

그럼에도 이런 조회공시 요구 제도는 의미를 갖는다. 풍문이 들려오는 '지금 당장'의 시점에서는 해당 내용이 미확정이라고 답변하지만 결과적으로 그 풍문이 진짜인 경우들이 자주 있기 때문이다. ㈜셀트리온의 이 '미확정 답변'은 한 달 뒤 결국 현실화 되었다([그림 4-18] 참조).

이처럼 조회공시는 회사 관련 풍문에 대해 당장 명확히 알 수는 없지만 '소문이 충분히 개연성이 있다'는 정도의 인식을 가지면 충분하다. 내가 투자한 주식의 뉴스를 매일 검색하기는 힘들지만 이러한 조회공시 정도는 틈틈이 확인할 수 있을 것이다. 이처럼 조회공시만 쫓아다녀도 내가 투자한 회사에 어떤 소문들이 돌고 있는지를 알 수 있다.

2. 매매거래가 정지되는 '조회공시 요구' 사안들

한편 좀 더 심각하고 긴장해야 하는 조회공시들도 많다. 바로 거래소의 조회공시 요구와 동시에 주식의 매매거래가 정지되는 종류의 것들이다.

대표적으로 회사가 발행한 어음·수표의 부도, 주된 영업의 정지, 감사의견 비적정에 관한 풍문 등이 있다([그림 4-19] 참조). 앞에서 살펴봤지만 이는 대부분 상장폐지로 이어질 수 있는 심각한 사안들이다. 그래서 조회공시 요구는 투자

그림 4-19 매매거래가 정지되는 '조회공시 요구' 사안들

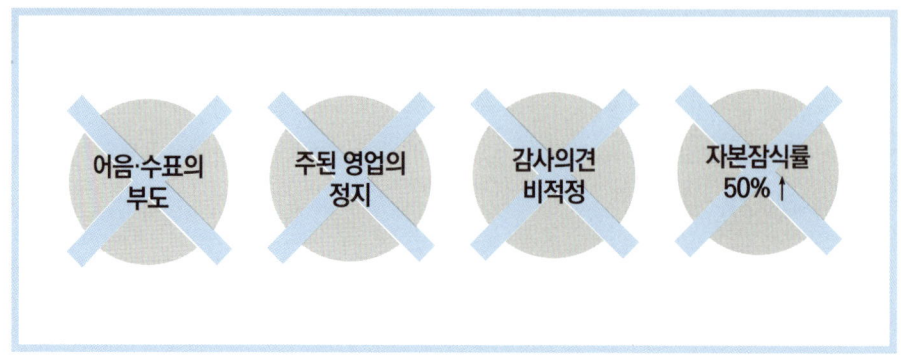

자들의 간담을 서늘하게 하는 경우가 많다.

이와 관련하여 매년 3월은 투자자들이 마음 졸이는 이벤트가 있는 시기이다. 바로 상장사들의 감사보고서 제출이다. 상장사가 감사보고서를 제출하지 않거나, 제출하더라도 감사의견이 '비적정'이면 상장폐지 대상이 될 수 있다.

그만큼 정상적인 감사보고서 제출 여부는 중요한 일이다. 따라서 이 시기가 되면 이와 관련된 풍문들이 돌기 시작한다.

그리고 이 조회공시 요구와 세트인 공시가 있다. 바로 매매거래정지 공시이다([표 4-21], [표 4-22] 참조).

상장폐지로 이어질 수 있는 악재성 풍문들은 거래소의 조회공시 요구와 동시에 매매거래가 정지된다. 보통 이런 악재성 풍문들은 이미 어느 정도 시장에서 소문이 난 상태인 경우가 많다. 그렇기 때문에 회사의 답변이 공시되기도 전에 일단 매매거래를 정지시킨다.

실제로 A사는 외부감사인으로부터 감사의견거절을 받았다([표 4-23] 참조). 심지어 계속기업 존속 불확실성 사유도 있다고 공시되었다. A사는 거래정지가

표 4-21 A사 조회공시 요구(감사의견 비적정설)

1. 제목	감사의견 비적정설
2. 조회공시요구내용	감사의견 비적정설의 사실여부 및 구체적인 내용
3. 요구일시	20XX-03-23
4. 답변시한	20XX-03-24

표 4-22 A사 매매거래정지(조회공시 요구)

1. 종목명	A사
2. 매매거래정지 유형	풍문 등 조회공시 관련 매매거래정지
3. 매매거래정지 일시	20XX-03-23 17:59
4. 매매거래정지 해제일시	-
5. 매매거래정지 및 해제사유	조회공시 요구(감사의견 비적정설)

표 4-23 A사 감사보고서 제출 공시(감사의견거절)

구분	당해 사업연도	직전 사업연도
1. 연결 감사의견 등		
- 감사의견	의견거절	적정
- 계속기업 존속 불확실성 사유 해당여부	해당	미해당

계속 이어지면서 그 후로 상장폐지 심사를 받게 된다.

이처럼 조회공시에는 중요한 정보들이 많이 담겨있다. 그리고 내가 투자를 함에 있어서 참고하기에 충분한 내용들이라는 것을 알아야 한다. 만약에 매매거래가 정지되는 악재성 조회공시가 나올 경우 이미 때는 늦어버린다. 이때부터는 상장폐지 여부를 기다릴 때까지 기나긴 고난의 시간을 마주해야 한다. 많은 투자자들에게 잔인한 공시 중의 하나라고 할 수 있다.

감사보고서 제출 공시 : '감사의견' 외에도 많은 정보가 담겨 있다

앞서 언급했듯이 매년 3월 말은 감사보고서 제출 시즌이다. 내가 투자한 회사가 제 때에 감사보고서를 제출하는지, 감사의견은 적정인지를 마음 졸이면서 지켜볼 수밖에 없는 시기이다.

감사보고서는 외감법에 따라 정기 주주총회 개최 1주일 전까지 제출해야 한다. 통상적으로 결산기가 12월인 우리나라 상장법인들은 3월 말까지 정기 주주총회를 개최한다. 그래서 보통 감사보고서 제출 기한은 3월 셋째 주 즈음이다.

항상 이 시기에는 감사보고서 제출 관련 뉴스들이 쏟아진다. 그리고 이러한 감사보고서 제출의 결과물을 한눈에 볼 수 있게 정리되어 있는 공시가 바로 '감사보고서 제출' 공시이다. 이 공시의 하이라이트는 당연히 감사의견이다. 그런데 이 공시에는 감사의견 외에도 생각보다 유용한 정보들이 많다.

1. '감사의견'에 울고 웃는 투자자들

상장사가 감사보고서를 제출하는 것은 당연하다. 문제는 감사보고서 제출 공시에 기재되어 있는 외부감사인의 감사의견이다. 대부분의 회사들은 '적정'의 감사의견을 받고 있다([그림 4-20] 참조).

그림 4-20 현대자동차 감사보고서 제출 공시

구분	당해 사업연도	직전 사업연도
1. 감사의견 등		
- 감사의견	적정	적정
- 계속기업 존속불확실성 사유 해당여부	미해당	미해당
2. 연결 재무내용(원)		
- 자산총계	255,742,462,000,000	233,946,415,000,000
- 부채총계	164,845,917,000,000	151,330,626,000,000
- 자본총계	90,896,545,000,000	82,615,789,000,000
- 비지배지분 제외 자본총계	82,349,287,000,000	74,986,122,000,000
- 자본금	1,488,993,000,000	1,488,993,000,000
※ 자본총계˚/자본금 비율(%) (˚비지배지분은 제외)	5,530.5	5,036.0
3. 연결 손익내용(원)		
- 매출액	142,527,535,000,000	117,610,626,000,000
- 영업이익	9,819,769,000,000	6,678,949,000,000
- 법인세비용차감전계속사업이익	10,947,943,000,000	7,959,562,000,000
- 당기순이익	7,983,614,000,000	5,693,077,000,000
- 지배기업 소유주지분 순이익	7,364,364,000,000	4,942,356,000,000
4. 연결대상 종속회사 수	143	139
5. 주요종속회사수	2	2
6. 연결 감사보고서상 횡령·배임사항 기재여부	아니오	

주의할 점은 여기서 '감사의견 적정=좋은 회사'의 등식이 성립하지는 않는다는 것이다. 감사의견 적정은 상장사가 한국채택국제회계기준$^{K-IFRS}$에 따라 재무제표를 올바르게 작성했다는 뜻이다.

이외에도 감사의견의 종류에 '한정', '부적정', '의견거절'이 있다. 후자로 갈

수록 감사의견에 문제가 있다는 것인데, 사실 투자자 입장에서 이를 세부적으로 구분할 필요는 없다. 그저 '적정'인지 '적정이 아닌지(비적정)'가 중요하다. 왜냐하면 감사의견이 비적정이면, 즉시 주식의 매매거래가 정지되고 회사는 상장폐지 대상(형식적 사유에 의한 상장폐지)이 되기 때문이다.[9]

물론 감사의견 비적정 관련 소식은 거래소 조회공시 요구가 동반되는 경우가 많기 때문에 보통 조회공시 요구와 함께 즉시 거래가 정지된다([그림 4-21] 참조). 만약에 감사의견 비적정 관련 조회공시 요구가 있었고, 이로 인해 거래정지가 되었다가 실제로 감사의견이 적정으로 제출되면 거래정지는 다시 해제된다.

그러나 앞서 설명한 것처럼 보통 감사의견 비적정 관련 조회공시 요구가 있는 경우 실제로 감사의견이 비적정으로 확인되는 경우가 많은 것이 현실이다.

감사의견거절로 인해 상장폐지된 W사의 공시를 예로 살펴보자. [그림 4-22]에서 보듯이, 감사의견은 이렇게 감사보고서 제출 공시 가장 상단에서 한 줄로 바로 확인할 수 있다. 이 한 줄의 내용으로 투자자들의 희비가 갈린다.

W사의 경우 감사의견거절을 받았다. 이는 외부감사인이 회사로부터 유의미한 회계 감사자료들을 제출받지 못해 아예 의견 표명조차 할 수 없을 정도였다는 뜻이다.

이처럼 감사보고서 제출 공시의 하이라이트는 당연히 감사의견이다. 그런데 이 공시를 가만히 들여다보면 생각보다 유의미한 내용이 많다는 것을 알게 된다. 내 주식이 감사의견 적정을 받았다고 안심하고 전자공시를 바로 꺼버리지 말고, 그 외에도 유익하게 참고할 만한 내용들을 살펴보자.

---

9 코스닥시장 상장규정 제54조 제1항 제1호

그림 4-21 동시에 공시된 W사 '조회공시 요구'와 '매매거래정지'

번호	시간	회사명	공시제목	제출인	차트/주가
2	2020-03-23 15:56		주권매매거래정지(풍문 또는 보도 관련)	코스닥시장본부	
1	2020-03-23 15:56		조회공시요구(풍문또는보도)(감사의견 비적정설)	코스닥시장본부	

그림 4-22 W사 감사보고서 제출 공시

감사보고서 제출

[지배회사 또는 지주회사의 연결재무제표 기준 감사의견 및 재무요건]

구분	당해 사업연도	직전 사업연도
1. 연결 감사의견 등		
-감사의견	의견거절	적정
-계속기업 존속불확실성 사유 해당여부	해당	미해당
2. 감사의견과 관련 없는 계속기업 존속 불확실성 기재여부	미기재	미기재

2. 또 다른 상장폐지 위험신호 '자본잠식률'을 확인하라

앞서 2장에서 살펴본 것처럼 자본잠식률은 말 그대로 회사의 자본금이 얼마나 잠식되었는지를 나타내는 지표이다. 여기서 좀 더 자세히 짚고 넘어가자.

우선 '자본금'과 '자본총계(혹은 자기자본)' 간의 개념 구분이 필요하다. 자본총계는 자본금보다 포괄적인 개념이다. 자본총계는 자본금, 자본잉여금, 이익잉여금 등 여러 자본 항목으로 구성된다.

자본금은 회사가 설립될 때 주주들이 최초로 출자한 돈이다. 그리고 회사 설립 이후에도 증자가 이루어질 때마다 자본금은 늘어난다. 자본금은 결국 회사의 근간이 되는 자금이다. 이처럼 자본금은 자본총계의 일부인데, 만약에 자본총계가 자본금보다 작다면 이는 자본금이 잠식당한 것이다. 역시 2장에서 소개한 것처럼 자본잠식률은 다음과 같이 구할 수 있다.

$$자본잠식률(\%) = \frac{자본금 - 자본총계}{자본금} \times 100$$

자본잠식은 당연히 재무적으로 좋지 않은 신호다. 회사가 지속적으로 적자가 나거나 경영진이 돈을 허투루 유출시킨다면 자본금을 깎아 먹는 자본잠식 상태에 이르게 된다.

하지만 이는 재무적 문제만이 아니다. 자본잠식이 심해지면 상장폐지에까지 이를 수 있다. 자본잠식률이 50%를 넘어가면 우선 관리종목으로 지정되어 각종 불이익(신용거래 금지, 주요 지수에서 종목 제외 등)을 받게 된다. 그리고 50%가 넘는 자본잠식률이 2년 연속일 경우 상장폐지(상장적격성 실질심사) 대상 법인이 된다.[10] 이뿐만 아니라 전액 자본잠식(자본잠식률 100% 이상) 상태가 되면 형식적 사유에 의한 상장폐지가 된다([그림 4-23] 참조).[11]

---

10   코스닥시장 상장규정 제56조 제1항 제3호 거목
11   코스닥시장 상장규정 제54조 제1항 제6호

그림 4-23 자본잠식과 상장폐지

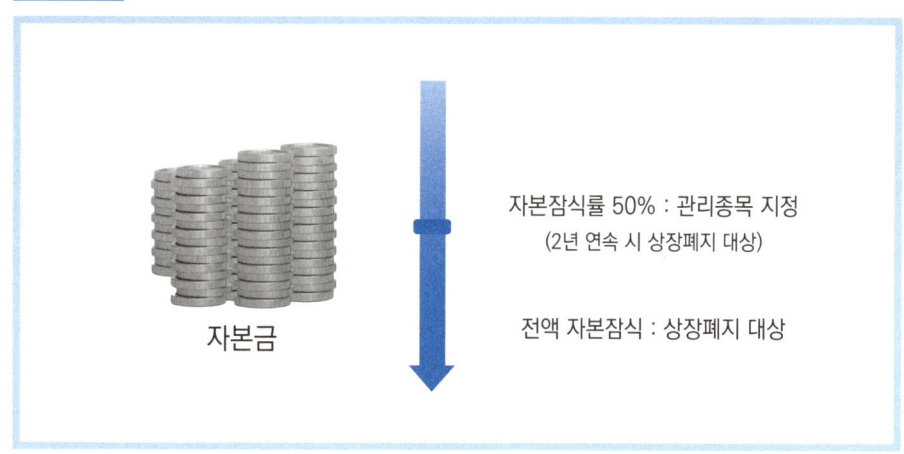

이처럼 자본잠식은 내 주식의 주가뿐만 아니라 주식의 존폐에도 영향을 줄 수 있는 중요한 재무지표이다.

따라서 자본잠식률 확인은 중요하다. 그런데 이 수치는 내가 따로 산식을 통해 구해보거나 인터넷에 검색해봐야 하지만, 확신할 수가 없는 경우가 있다. 이럴 때는 감사보고서 제출 공시에 나와 있는 자본잠식률을 참고해보면, 간편하고 또 확실하다. 사례를 통해 살펴보자.

코스닥 상장사인 X사의 감사보고서 제출 공시를 살펴보니 직전사업연도에 없었던 자본잠식이 확인되었다([그림 4-24] 참조). 그동안 영업적자 등이 지속되면서 자본총계가 자본금보다 작아지는 상태에 이르게 되었다는 것이다. 자본잠식률은 9.5% 수준으로 아직 위험수준은 아니지만 자본잠식이 발생했다는 사실 자체는 참고할 만하다.

물론 직전사업연도에서도 자본금이 849억 원인데 자기자본 총액이 851억 원이었으므로, 다음 해에 자본잠식이 발생할 수도 있겠다는 예상은 어느 정도 가능했을 것이다.

한편 또 다른 코스닥 상장사 Y사의 경우 직전사업연도에 없었던 자본잠식이 발생했으나 그 규모가 45.3%로 확인된다([그림 4-25] 참조). 대규모 당기순손실 발생으로 인한 자본잠식인 것으로 보인다.

자본잠식률이 위험수준인 50%에 근접하므로 투자 판단에 중요하게 고려해

그림 4-24 X사 감사보고서 제출 공시(자본잠식률)

[자본잠식률] (단위 : %, 원)

구분	당해사업연도	직전사업연도
자본잠식률(%) = [(자본금-자기자본)/자본금] ×100	9.5	-
자기자본[지배회사 또는 지주회사인 경우에는 비지배지분 제외]	105,837,624,027	85,120,402,568
자본금	117,021,540,500	84,953,417,000

그림 4-25 Y사 감사보고서 제출 공시(자본잠식률)

[자본잠식률] (단위 : %, 원)

구분	당해사업연도	직전사업연도
자본잠식률(%) = [(자본금-자기자본)/자본금] ×100	45.3	-
자기자본[지배회사 또는 지주회사인 경우에는 비지배지분 제외]	3,706,727,952	12,848,318,093
자본금	6,788,364,500	5,494,704,500

야 하는 내용이라고 할 수 있다. 만약에 회사 재무사정에 개선의 여지가 없고 다음 해에도 이러한 추세가 유지될 것으로 예상된다면 조심해야 한다. 자본잠식률 50%를 상회하게 되면 관리종목 지정, 그리고 그것이 2년 연속으로 이어진다면 상장폐지 대상이 될 수 있기 때문이다.

이처럼 '자본잠식률 50%'가 의미하는 바를 알고 있다면, 투자자 입장에서 감사보고서 제출 공시에 나오는 숫자의 의미를 보다 더 적극적으로 받아들이고 해석할 수 있게 될 것이다.

3. 이런 것도 보여준다 : 최근 3년 세전사업손실률

'법인세비용차감전계속사업이익(손실)'이라는 말부터 낯선 사람들이 많을 것이다. 앞 장들에서 언급하기는 했지만, 역시 좀 더 자세히 살펴보도록 하자.

회사가 영업활동을 통해 벌어들인 돈을 '영업이익'이라고 하고, 영업외이익과 손실 그리고 채권자들에 대한 이자지급 등을 거쳐 최종적으로 회사가 벌어들인 이익을 '당기순이익'이라고 한다. 이 당기순이익을 통해 배당이 이루어지기 때문에 이를 '주주의 몫'이라고도 한다.

그리고 이 당기순이익을 산출하기 직전에 법인세비용을 차감하게 된다. 법인세는 회사가 벌어들인 이익에 과세하는 세금인데, 이는 국가에서 징수해가는 금액이기 때문에 회사 입장에서는 일종의 외부 변수에 해당한다. 그렇기 때문에 법인세를 차감하기 이전의 이익을 기준으로 삼는 것이다. 그것이 법인세비용차감전계속사업이익(손실)이다(물론 법인세 세무조정, 세무조사 등으로 인해 법인세비용이 발생할 수도 있다).

한편 '계속사업이익(손실)'이라는 개념은 말 그대로 현재도 진행하고 있는 사업을 통해 벌어들인 이익(손실)을 의미한다. 반대로 '중단영업이익(손실)'이라는 개념도 있는데 이는 당해 연도에 중단한 사업을 통해 벌어들인 이익(손실)을 말한다. 중단영업이익(손실)은 당해 연도에만 발생하고 다음해에는 더 이상 고려하지 않는 사업이기에 일시적인 개념이다.

그렇기 때문에 고려대상에서 제외하고 계속사업과 관련한 이익만을 염두에 두는 것이다. '법인세비용차감전계속사업손실률(세전사업손실률)'은 이처럼 두 가지 개념이 합쳐진 숫자라고 할 수 있다.

투자자 입장에서 이 숫자는 왜 알아야 할까? 바로 이 수치에 따라 내 주식이 관리종목으로 지정되거나 상장폐지 될 수 있기 때문이다.

10억 원이 넘는 세전사업손실이 발생했고, 최근 3년 중 자기자본 대비 세전사업손실의 규모가 50%를 넘은 해가 2번이면 관리종목으로 지정된다. 그리고 그 다음해에 또 세전사업손실이 발생하면 상장폐지 대상이 된다. 그렇기 때문에 의미가 있는 것이다.

이렇게 보니 중요한 내용인 것 같다. 하지만 이 역시 내가 직접 계산하거나 다른 곳에서 확인하기 어려운 수치이다. 일일이 재무제표를 열어서 법인세비용차감전손실이 얼마인지, 중단사업이 있는지 등을 확인하기에는 투자자가 공들여야 하는 시간이 너무 많다.

하지만 이 역시 간단하게 확인해볼 수 있다. 바로 감사보고서 제출 공시를 통해서 가능하다. 사례를 살펴보자.

코스닥 상장사인 Z사는 전전사업연도에 세전사업손실률 125.3%를 기록하여 한 번의 경고카드를 받은 상태였다. 직전사업연도에는 손실이 발생하지 않아 경고를 면했으나 당해사업연도에는 세전사업손실률 174.2%로 또 다시 경고 카드를 받았다([그림 4-26] 참조).

    결국 최근 3년 기준 2번의 50% 초과 세전사업손실률을 기록하게 된 것이다. 그 결과 Z사는 감사보고서 제출 공시 다음날 바로 관리종목으로 지정되었다([그

그림 4-26 Z사 감사보고서 제출 공시(세전사업손실률)

[최근 3사업연도의 법인세비용차감전계속사업손실률] (단위 : %, 원)

구분	당해사업연도 (T)	직전사업연도 (T-1)	전전사업연도 (T-2)
(법인세비용차감전계속 사업손실/자기자본)×100(%)	174.2	-	125.3
	50%초과	-	50%초과
법인세비용차감전계속사업손실	22,730,807,490	-	21,446,165,052
리픽싱조건부 금융부채 평가손실 제외 여부	미해당	미해당	미해당
자기자본[지배회사 또는 지주회사인 경우에는 비지배지분 포함]	13,047,943,955	24,164,195,339	17,110,597,580

그림 4-27 Z사 관리종목지정 공시('세전사업손실률 50% 초과' 2회 발생)

관리종목 지정

1.대상종목	보통주
2.지정사유	- 최근3사업연도중 2사업연도 자기자본 50%초과 법인세비용차감전계속사업손실 발생
3.지정일	2023-03-24
4.근거규정	코스닥시장상장규정 제53조 및 동규정시행세칙 제58조(별표 10)
5.기타	-

림 4-27] 참조).

투자자 입장에서는 당해사업연도 세전사업손실률이 50%를 초과할지 정확하게 예측할 수는 없다. 그러나 회사가 연중에 분기보고서와 반기보고서를 제출하고 있다는 점을 활용해 최소한 3분기까지 회사의 실적들을 참고해보면 어느 정도 예측은 가능할 것이다.

만약 Z사가 다음 해에도 50%가 넘는 세전사업손실률을 보인다면 상장적격성 실질심사 대상 법인으로 지정된다. 이런 내용 역시 자본잠식률만큼 투자 판단에 있어서 중요하지만 평소에 챙겨보지 않는 내용일 것이다.

이처럼 감사보고서 제출 공시를 볼 때 외부감사인의 '감사의견'만 보지 말고, 그 아래에 나와 있는 '이런 수치'들도 자세하게 살펴보면 여러모로 도움이 될 것이다.

공시도 결국 '해석'이다

지금까지 상장폐지라는 극단적인 결과를 초래할 수 있는 다양한 종류의 중요한 공시들을 살펴보았다. 투자자라면 공시가 중요하다는 사실은 누구나 알 것이다. 하지만 저자가 계속 강조하는 바와 같이 '호재성 공시' 외에 '악재성 공시'에도 우리는 충분한 관심을 가져야 한다. 돈을 벌기에 앞서 손실을 최소화하는 것도 중요하기 때문이다.

공시는 단순히 자료를 나열하고 전달하는 발표자료가 아니다. 오히려 투자자가 적극적으로 해석을 해야 하는 자료이다. 특히 부정적인 공시에 대해서 그 공시가 왜 부정적인지, 그리고 그 영향으로 회사의 상황이 어떤 방향으로 악화될 수 있는지를 예측해야 한다.

그리고 이를 체화하기 위해 가장 좋은 방법이 이번 장에서 살펴본 바와 같이 이미 망가진 주식들의 과거 공시 이력을 분석해보는 것이다.

회사의 주식대량보유보고서 이력을 검색해보면 기존 최대주주 변동이력, 지분율 변동사항 등을 자세히 알 수 있다. 중요하다고 강조한 최대주주의 자금조성 내역도 파악할 수 있다. 또 감사보고서 제출 공시에 기재되어 있는 다양한 재무 이력들을 통해 회사가 관리종목으로 지정되거나 상장폐지 대상 종목이 될 수 있는지도 예측해볼 수 있다.

이런 방식으로 공시를 접근하면 보다 풍부한 해석이 가능하고 또 리스크를 회피하는데 도움 될 수 있다.

재무정보 역시 마찬가지다. 공시는 실시간 정보를 반영하는 반면 오히려 재무 관련 정보는 과거의 정보에 해당한다고 볼 수 있다. 그리고 이러한 재무정보는 과거 이력을 바탕으로 미래를 예측하고 리스크를 판단하는데 큰 도움이 될 수 있다. 다음 장에서 보다 자세히 살펴보도록 하자.

담보유지비율이란?

주식담보대출은 말 그대로 주식을 담보로 제공하여 대출을 받는 것이다. 그러나 주가라는 것은 항상 변동성이 있기 때문에 대출을 해주는 채권자 입장에서는 대출을 회수하지 못할 위험에 대비해야 한다. 그리고 그 대비의 임계점이 바로 담보유지비율이다.

담보유지비율은 일종의 데드라인Deadline이다. 만약에 주가가 하락하여 그 담보가치가 데드라인 이하로 떨어지게 된다면 반대매매가 발생한다. 반대매매는 대출 회수금을 위한 조치이기 때문에 낮은 가격(심지어 하한가)에 매도 주문이 제출되고 이로 인해 주가는 더욱 하락한다.

담보유지비율은 낮을수록 좋다. 그만큼 주가가 하락해도 안전한 폭이 크다는 것을 의미하기 때문이다. 반대로 담보유지비율이 높으면 주가가 조금만 하락해도 반대매매가 발생할 수 있다. 보통 채무자의 신용평가가 좋을수록, 채권자가 대형사일수록 담보유지비율이 낮은 경향이 있다. 주식담보대출의 경우 보통 140~200% 사이의 담보유지비율이 설정된다.

뿐만 아니라 담보로 제공하는 주식의 종류에 따라서도 담보유지비율이 다르다. 당연히 우량주일수록 담보유지비율이 낮다. 삼성전자 주식을 담보로 제공하는 것과 변동성이 큰 소형주를 담보로 제공하는 것에는 차이가 있을 수밖에 없다. 각 주식마다 신용도가 다를 수밖에 없는 것이다. 그리고 개별주식의 신용도는 대출을 제공하는 금융기관이 자체적으로 관리한다.

신용/대출 종목 그룹별 이용 조건(증거금률, 대출 가능 비율 등)

구분		2그룹	3그룹	4그룹	5그룹	6그룹
주식위탁증거금률		30%	40%	40%	40%	100%
담보유지비율		140%	140%	150%	150%	150%
대출	비율	65%	60%	50%	40%	대출 불가
	사용기간	180일				불가
	만기연장(180일)	별도 조건 없이 연장 가능		원담보(직권설정담보) 기준 담보비율 170% 이상인 경우에만 연장 가능		불가

출처 : 대신증권

참고로 주식이 관리종목으로 지정되면 주식담보대출이 불가능하거나 만기연장이 안 되는 경우들이 있다. 상장사들이 관리종목 지정을 꺼려 하는 이유 중 하나이다.

감사보고서 : 외부감사인이 강조한 내용들에 주목하라
특수관계자거래 : 친한 사이라서 더 문제 될 수 있다
현금흐름표 : 중요한 것은 결국 현금이다
매출채권 및 기타채권 : 받아야 할 돈을 받지 못한다면?
금융자산 : 회사의 투자활동을 체크하라
종속기업 및 관계기업투자 : 회사의 M&A 현황 점검하기
위법행위미수금 : 횡령·배임의 흔적과 상처
재무정보는 회사의 방향성을 보여준다

5장

내 주식 위험진단 (2)
: 재무제표로 알아보기

투자 성공을 위해 재무제표가 중요하다는 것은 누구나 알고 있는 사실이다. 그런데 '돈을 잃지 않기 위한 관점'에서도 재무제표는 중요하다. 특히 상장폐지에 이르게 된 회사들의 재무적인 특징들이 재무제표에도 묻어난다. 문제는 그것이 누구나 쉽게 알 수 있도록 명확하게 나타나지는 않는다는 점이다.

감사보고서나 사업보고서에는 수십, 수백 쪽에 걸쳐서 많은 재무정보들이 나열되어 있지만 '빨간 펜'으로 중요한 부분들을 명시적으로 표시해주지는 않는다. 게다가 부정적인 내용들은 회사 입장에서도 굳이 강조하지 않는다.

이번 장에서는 회사의 위험신호를 어디서 찾아볼 수 있는지를 구체적으로 알아볼 것이다.

감사보고서 : 외부감사인이 강조한 내용들에 주목하라

감사보고서와 사업보고서는 모두 작년 한 해의 재무적 정보를 담고 있다는 점에서 비슷하다. 하지만 두 보고서 간의 중요한 차이가 있는데 바로 보고서가 작성된 관점focus이 다르다는 것이다.

사업보고서는 회사가 작성한다. 그래서 사업보고서에는 회사에 관한 총체적인 이야기가 담겨 있다. 회사의 연혁, 주요 사업의 내용, 주주의 구성, 이사회의 구성, 임직원 보수에 관한 내용 등 회사에 관한 전반적인 내용들을 파악할 수 있는 종합보고서이다. 그리고 사업보고서의 중요한 첨부문서 중 하나가 바로 감사보고서이다.

감사보고서는 사업보고서보다 상대적으로 투박하다. 일단 감사보고서의 원칙적 작성 주체 역시 사업보고서와 마찬가지로 회사나, 외부감사인의 검토를 거치게 된다. 그래서 주된 내용 역시 재무적 관점에서 비롯된 것들이다.

특히 감사보고서는 회사에 재무적으로 문제가 될 수 있는 부분이 있는지 간접적으로 힌트를 준다. 그것도 감사보고서 첫 번째 장, 즉 감사보고서 '본문'에서 이를 확인할 수 있다. 바로 '핵심감사사항'이다.[1]

1. 일반투자자가 찾아내기 어려운 것들을 알려주는 '핵심감사사항'

핵심감사사항은 외부감사인이 상장사에 대한 감사를 진행할 때 중점적으로 다룬 내용을 설명해주는 항목이다.

물론 감사보고서를 잘 챙겨보거나 읽어본 경험이 많은 투자자들은 이러한 핵심감사사항이 모든 감사보고서에 기재되어 있지 않다는 사실을 알 것이다. 외부감사인도 감사과정에서 특이사항이 없으면 핵심감사사항을 기재하지 않는

---

[1] 감사보고서 본문에는 의견 문단(적정 여부 등), 근거 문단, 책임 문단, 그리고 핵심감사사항 등이 담긴다.

다. 반대로 말하면 핵심감사사항이 기재되어 있다는 것은 특이사항으로서 살펴볼 내용이 있다는 것을 의미한다.

물론 핵심감사사항에 기재되어 있는 내용들이 모두 문제가 있는 사항은 아니다. 그저 외부감사인이 감사를 충실하게 이행하는 과정에서 중점적으로 살펴본 항목을 기재한 것이다.

감사보고서는 회사의 금융자산에 관한 사항, 매출채권 및 기타채권, 재고자산, 유형자산 등 아주 다양한 회계정보들을 제공하고 있다. 하지만 반대로 정보들이 너무 많기 때문에 어떤 부분에 중점을 두고 살펴봐야 하는지 어려울 수 있다.

그런 측면에서 이러한 핵심감사사항은 투자자입장에서 아주 유용하다. 특히 회계 전공자가 아닌 일반인 입장에서도 이를 통해 이 회사의 어떤 부분을 잘 들여다봐야 하는지 알 수 있다.

상장적격성 실질심사 과정을 거쳐 상장폐지된 P사의 사례를 살펴보자. [표 5-1]는 P사의 연결감사보고서 중 외부감사인의 핵심감사사항 부분이다. 여기에 나오는 '재고자산의 평가'라는 항목은 사실 투자자들에게 낯설 것이다. 우리는 보통 회사가 돈을 잘 버는지(매출액, 영업이익 등), 주요 재무비율들(유동비율, 부채비율 등)이 양호한지 등의 항목을 주로 살펴본다. 하지만 상대적으로 재고자산은 잘 확인하지 않는다.

재고자산은 회사가 판매를 위해 생산 중인 자산, 생산이나 용역 제공에 사용될 원재료나 소모품을 뜻한다. 투자자 입장에서 재고는 그저 '회사가 알아서 잘 관리해야 되는 항목이 아닌가' 하는 생각이 들 수도 있다.

그러나 어떠한 회계 항목이라도 유의미한 문제가 발생한다면 이는 회사의 재

표 5-1   P사 연결감사보고서(핵심감사사항)

핵심감사사항

재고자산의 평가

핵심감사사항으로 결정한 이유
연결회사는 주석3에 기재된 바와 같이, 재고자산을 취득원가와 순실현가능가치 중 낮은 금액으로 평가하고 있습니다. 순실현가능가치는 정상적인 영업과정의 예상 판매가격에서 예상되는 추가 완성원가와 판매비용을 차감한 금액으로 산정하고 있습니다.
이러한 재고자산의 순실현가능가치 평가 시 미래 판매가격에 대한 경영진의 유의적인 추정 및 판단이 개입되며 경영진이 구축한 내부통제활동이 중요한 영향을 미칩니다. 이에 따라 우리는 동 사항을 우리의 핵심감사사항으로 선정하였습니다.

표 5-2   P사 연결감사보고서(재무상태표)   (단위 : 원)

구분	주석	당기	전기
자산		51,984,865,875	61,752,566,492
Ⅰ. 유동자산		10,011,459,940	16,631,705,617
재고자산	7	2,428,751,266	10,616,766,856

표 5-3   P사 연결감사보고서(재고자산 관련 주석)   (단위 : 천 원)

구분	당기			전기		
	취득원가	평가충당금	장부금액	취득원가	평가충당금	장부금액
상제품	1,810,762	(489,314)	1,321,448	2,803,616	(38,838)	2,764,778
원재료	8,049,754	(6,942,451)	1,107,303	7,856,754	(4,765)	7,851,989
합계	9,860,516	(7,431,765)	2,428,751	10,660,370	(21,801.50)	10,616,767

무제표에 영향을 줄 수 있다. 그리고 그 영향은 결국 회사의 영업이익, 또는 당기순이익에 반영된다. 우리가 낯설게 여기고 있는 이 재고자산 역시 그런 영향을 줄 수 있다.

핵심감사사항에서 설명하고 있는 '순실현가능가치'는 재고자산의 평가 방법 중 하나이다. 순실현가능가치란 회사가 영업활동을 통해 재고자산을 판매할 경우 기대할 수 있는 순매각금액을 말한다. 그리고 재고자산을 평가할 때 이러한 순실현가능가치와 취득원가 중 낮은 금액으로 평가한다. 말이 좀 복잡하지만 결국 재고자산의 평가는 내가 취득한 원가와 내가 팔 수 있는 현실적인 금액(순실현가능가치) 중 낮은 금액으로 측정한다는 것이다.

참고로 이는 회계적 보수주의를 보여주는 평가방식 중 하나이다. 즉 회계정보는 투자자들에게 제공되는 중요한 정보이므로 과장 없이 최대한 보수적으로 보여줘야 한다는 것이다.

우선 재무상태표에서 재고자산 항목을 확인해보자. [표 5-2]의 재무상태표를 살펴보니 재고자산이 전기 106억 원에서 당기 24억 원으로 급감하였다. 물론 재고자산이 감소했다는 것 자체가 문제는 아니다. 오히려 해당 기간 동안 재고자산이 판매되어 매출로 이어졌다면 긍정적인 내용일 수 있다.

재고자산이 핵심감사사항이었고 수치상으로 급감하였으니 이제 자세한 내용을 살펴보러 가자. 주석 7번에 해당 내용이 있다고 친절하게 설명되어 있으니 우리는 7번 항목으로 가면 된다.

[표 5-3]에서 보듯이, 재고자산 원재료 항목에 대해 평가충당금이 무려 69억 원이 잡혀있다. 전년도 원재료 평가충당금이 476만 원이었다는 점과 대조된다. 그래서 주목해야 한다.

평가충당금은 보유하고 있던 재고자산의 평가가치가 하락하여 자산으로서의 권리가 감소한 것을 나타낸다. 중요한 것은 이러한 재고자산의 가치 하락이 회계적으로 매출원가의 증가로 반영된다는 것이다. 매출원가가 증가하게 되면 매출총이익이 감소하게 되고 이는 종국적으로 영업이익과 당기순이익의 감소

그림 5-1 삼성전자 사업보고서(회계감사인의 감사의견 등)

V. 회계감사인의 감사의견 등

1. 외부감사에 관한 사항
가. 회계감사인의 감사의견 등

삼정회계법인은 당사의 제55기 감사를 수행하였고 감사의견은 적정입니다. 또한, 안진회계법인은 당사의 제53기, 제54기 감사를 수행하였으며, 감사의견은 모두 적정입니다.

한편, 당사의 감사 대상 종속기업은 공시대상기간 중 모두 적정의견을 받았습니다.

[회계감사인의 명칭 및 감사의견]

사업연도	감사인	감사의견	강조사항 등	핵심감사사항
제55기 (당기)	삼정회계법인	적정	해당사항 없음	(연결재무제표) 1. 메모리 반도체 재고자산 순실현가치 평가 2. 재화의 판매장려활동에 대한 매출차감의 정확성과 완전성 (별도재무제표) 1. 메모리 반도체 재고자산 순실현가치 평가 2. 재화의 판매장려활동에 대한 매출차감의 정확성과 완전성
제54기 (전기)	안진회계법인	적정	해당사항 없음	(연결재무제표) 1. 재화의 판매장려활동에 대한 매출차감 (별도재무제표) 1. 재화의 판매장려활동에 대한 매출차감
제53기 (전전기)	안진회계법인	적정	해당사항 없음	(연결재무제표) 1. 재화의 판매장려활동에 대한 매출차감 (별도재무제표) 1. 재화의 판매장려활동에 대한 매출차감

※ 감사의견은 별도·연결 재무제표에 대한 감사의견입니다.

에 영향을 준다.

실제로 이러한 재고자산 평가충당금으로 인한 매출원가 증가 때문인지, 회사의 매출총이익(=매출액-매출원가)은 전년도 59억 원에서 올해 (-)41억 원, 즉 매출총손실로 돌아섰다.

영업이익이 아닌 매출총이익 단계에서부터 마이너스가 나타나는 것은 흔치 않은 일이다. 팔자마자 손실이 발생하는 구조인 것이다. 주주 입장에서 당연히 주의 깊게 살펴봐야 하는 부분이라고 할 수 있다. 이 회사의 경우 재고자산의 평가손실로 인해 약 70억 원의 매출원가가 증가했다는 점은 유의해야 할 중요 정보이다.

이렇게 외부감사인은 회계감사를 통해 중요한 내용을 직접 알려주기도 한다. 참고로 [그림 5-1]에서와 같이 상장사의 사업보고서 중 'Ⅴ.회계감사인의 감사의견 등-1. 외부감사에 관한 사항' 항목에서 최근 3년의 감사의견 종류 및 핵심감사사항 선정 내역을 확인할 수 있다.

2. '예언'이 되어버린 외부감사인의 핵심감사사항

핵심감사사항은 이처럼 투자자에게 중요한 힌트를 준다. 하지만 단순한 힌트의 수준을 넘어서서 가끔은 경고의 메시지를 주기도 한다.

다음은 ⓕ사의 연결감사보고서 중 외부감사인의 핵심감사사항 부분이다. [표 5-4]에 보이는 '계속기업 가정의 불확실성'은 어느 정도 정형화된 멘트라고 할 수 있다. 회사의 재무제표는 '계속기업 가정', 즉 지속적인 영업활동을 하는 기업이라는 가정 하에 작성된다. 반대로 말하면 만약에 계속기업 가정에 의문이

표 5-4 ⓕ사 연결감사보고서(핵심감사사항)

> **핵심감사사항**
>
> 계속기업가정 불확실성
> 재무제표에 대한 주석 40에 주의를 기울여야 할 필요가 있습니다. 재무제표에 대한 주석 40는 2021년 12월 31일로 종료되는 재무제표일 현재로 60,203백만 원 영업손실과 45,741백만 원 당기순손실이 발생하였으며, 유동부채가 유동자산보다 62,764백만 원만큼 더 많음을 나타내고 있습니다. 주석 40에서 기술된 바와 같이, 이러한 사건이나 상황은 주석 40에서 설명하고 있는 다른 사항과 더불어 계속기업으로서의 존속 능력에 유의적 의문을 제기할 만한 중요한 불확실성이 존재함을 나타냅니다.

나 불확실성이 생기면 더 이상 재무제표를 작성할 이유가 없어진다는 것이다.[2]

ⓕ사의 경우 당시 감사의견은 '적정'이었다. 그러나 회사는 602억 원의 영업손실, 457억 원의 당기순손실이 발생했다. 그리고 유동부채가 유동자산보다 627억 원 더 많았다. 또한 당시 회사의 부채비율(=부채총계/자본총계)은 539.63%로 상당히 어려운 상황이었다. 결국 회사는 영업상황이 악화되어 계속기업 가정에 불확실성이 존재한다는 것을 외부감사인이 강조한 것이다.

그리고 다음 해 ⓕ사의 감사보고서 제출 공시는 외부감사인의 지난 핵심감사사항을 '예언'으로 만들어버렸다. 회사는 계속기업 관련 중요한 불확실성이 발생했다는 것을 주요 근거로 '감사의견거절'을 받았다.

심지어 그 사이 회사의 채권자는 회사를 상대로 회생절차 개시를 신청하였

---

2 계속기업 가정이 깨지면 청산기업을 가정하고 재무제표를 작성하는 것이 원칙이다. 그러나 현실에서 이런 기업은 이미 청산을 해버리기 때문에 실제로 보기는 어렵다.

표 5-5 ⓕ사 연결감사보고서(감사의견거절 근거)

의견거절근거
우리는 다음 사항과 관련하여 연결재무제표에 공시된 유의적 불확실성의 영향을 고려하였습니다.

(1) 계속기업 관련 중요한 불확실성
연결실체의 연결재무제표는 연결실체가 계속기업으로서 존속한다는 가정을 전제로 작성되었으므로, 연결실체의 자산과 부채가 정상적인 사업활동과정을 통하여 회수되거나 상환될 수 있다는 가정 하에 회계처리되었습니다. 그러나 연결재무제표에 대한 주석 38에서 설명하고 있는 바와 같이, 연결실체는 보고기간종료일 현재 20,692백만원 영업손실과 29,760백만원 당기순손실이 발생하였으며, 유동부채가 유동자산을 79,784백만원 초과하고 있습니다.

또한, 지배회사의 채무자는 2022년 6월 3일 수원지방법원에 채무자 회생 및 파산에 관한 법률에 따른 회생절차 개시를 신청하였으며, 지배회사는 2022년 11월 30일에 수원지방법원으로부터 회생절차개시를 결정받았습니다. 한편, 지배회사의 재무구조를 개선하여 회생채무를 조기에 변제하기 위한 방안으로 '회생절차에서의 M&A'에 의거 회생계획 인가 전 M&A를 추진 중에 있습니다.

이러한 상황은 계속기업으로서 그 존속 능력에 유의적 의문을 제기하고 있습니다. 연결실체가 계속기업으로서 존속할지의 여부는 주석 38에서 설명하고 있는 회생계획안에 대한 법원의 인가여부와 회생계획 인가 전 M&A 및 인가 후 회생계획안의 이행을 포함한 경영개선 계획 등 자구계획의 실현 여부에 좌우되는 중요한 불확실성을 내포하고 있습니다. 그러나 이러한 불확실성의 최종결과로 발생될 수도 있는 자산의 손상 여부, 채무의 유동성 분류 등을 포함한 자산과 부채 및 관련 손익항목에 대한 수정을 위해 이를 합리적으로 추정할 수 있는 감사증거를 확보할 수 없었습니다.

고, 법원을 통한 회생절차를 진행하였다. 그만큼 회사는 영업상황이 어려워졌고, 채권자들에게 채무 상환을 하기도 힘들 정도로 재무구조가 악화된 것이다. 그리고 이듬해 회사는 상장적격성 실질심사를 통해 상장폐지에 이르게 되었다.

외부감사인의 감사 적정의견만으로 안심할 수 없다. ⓕ사의 경우는 외부감사인의 핵심강조사항을 결코 간과할 수 없다는 것을 보여주는 대표적인 사례라고 할 수 있을 것이다.

3. 의심스러운 특수관계자 간 거래

또 다른 사례를 살펴보자. 다음은 Ⓐ사 연결감사보고서의 주요 내용이다. 당시 Ⓐ사는 감사의견 적정을 받았다. 회계기준에 따라 재무제표를 작성했다는 뜻이다. 그런데 외부감사인은 [표 5-6]의 핵심감사사항을 감사보고서에 담았다.

다시 말하지만 핵심감사사항이라고 해서 반드시 문제가 되는 것은 아니다. 하지만 외부감사인의 입장에서 중요하다고 판단했기 때문에 보고서에 이렇게 기재한 것은 분명하다.

Ⓐ사의 경우 '기타특수관계자 대여금 손상평가'를 유의미하다고 본 것이다. 특히 이 대여금의 규모가 상대적으로 크고 또 회수가능성에 대해서도 경영진의 주관적인 판단이 어느 정도 포함되어 있어 이를 중요하게 살펴보았다는 것이다.

이제 해야 할 일은 간단하다. 기타특수관계자 내용이 있는 항목을 찾아가서 내 눈으로 직접 확인해보는 것이다.

[표 5-7]에서 확인할 수 있듯이, Ⓐ사는 기타특수관계자인 ▼▼사를 상대로 총 160억 원의 단기대여금을 빌려준 상태이다. 특히 '증가' 항목을 살펴보니 올해 125억 원을 추가로 빌려준 것으로 보인다.

여기서 눈에 띄는 숫자가 있는데 바로 '손실충당금' 항목이다. 이는 대손충당금을 의미하는데, 받지 못할 가능성이 높은 돈을 회계적으로 표시하는 것이다. 즉 Ⓐ사는 기타특수관계자인 ▼▼사에게 당해연도 125억 원을 추가로 빌려주

표 5-6   Ⓐ사 연결감사보고서(핵심감사사항)

핵심감사사항

<u>기타특수관계자 대여금 손상평가</u>
(핵심감사사항으로 결정한 이유) 주석33에서 공시한 바와 같이, 보고기간 말 현재 회사의 <u>기타특수관계자에 대한 대여금의 손상인식 전 장부금은 16,000백만 원입니다.</u> 회사의 경영진은 매 보고기간 말 기타특수관계자 대여금에 대한 손상징후를 검토하고 손상징후가 존재하는 경우 사용가치를 기준으로 회수가능액을 평가하고 있습니다.
<u>기타특수관계자의 대여금이 총자산에서 차지하는 비중이 중요하고,</u> 회수가능액을 평가하기 위한 미래추정 현금흐름, 할인율 및 성장률 등에는 경영진의 유의적인 판단이 포함되므로 우리는 기타특수관계자 대여금의 손상평가를 핵심감사사항으로 선정하였습니다.

표 5-7   Ⓐ사 연결감사보고서(기타특수관계자)   (단위 : 천 원)

특수관계자	계정과목	기초	증가	평가	기말
▼▼사	단기대여금	3,500,000	12,500,000	-	16,000,000
	손실충당금	-	(4,044,000)	-	(4,044,000)
	당기손익-공정가치측정금융자산	4,666,654	-	547,694	521,448
	당기손익-공정가치측정금융자산	-	27,094,500	(1,174,095)	25,920,405
계		8,166,654	35,550,500	(626,401)	43,090,753

는 동시에 전체 대여금 중 40억 원은 받지 못할 것으로 표시한 것이다.

참고로 이 당시 회사의 연결기준 유동자산이 약 463억 원이었고, 현금및현금성자산은 75억 원이었기 때문에 이런 단기대여금과 손실충당금은 결코 작은 금액은 아니었다고 볼 수 있다.

외부감사인이 강조한 내용은 이렇게 살펴보면 된다. 그리고 투자 판단에 고려하면 된다. 그런데 이 Ⓐ사 사례에서 흥미로운 점은 외부감사인이 작성한 핵심강조사항이 실제 다음 해에 '사고'로 이어졌다는 것이다. 이어서 좀더 살펴보도록 하자.

특수관계자거래 : 친한 사이라서 더 문제 될 수 있다

주식시장에서 특수관계자라는 표현을 자주 들어보았을 것이다. 말 그대로 특수한 관계를 말하는 것 같다. 느낌상 왠지 '사람'을 기준으로 하면 친인척 관계에 있는 사이일 것 같고, '법인'을 기준으로 하면 유의미한 지분관계가 있는 다른 회사(지배회사 또는 종속회사 등)일 것 같다. 그 느낌이 맞다.

자본시장법에서 말하는 특수관계인은 「금융회사의 지배구조에 관한 법률」(이하 '금융사지배구조법')의 규정을 준용한다. 즉 개인 기준으로는 배우자, 6촌 이내의 혈족, 4촌 이내의 인척 등을 의미한다. 법인 기준으로는 당해 법인의 임원, 계열회사 및 그 임원 등을 의미한다. 법률과 시행령을 직접 살펴보면 특수관계자의 범위를 매우 세세하게 규정하고 있음을 알 수 있을 것이다.

이렇게 특수관계자를 법적으로 엄격하게 규정한 이유는 무엇일까? 바로 친할수록 사고가 날 가능성이 많기 때문이다.

특히 이렇게 특수관계에 있는 자(개인 또는 법인)에게 혜택이나 편의를 제공해주면서 그것이 동시에 상장사 입장에서는 손해가 되는 경우가 있다. 그리고 이는 자칫하면 형법상 횡령 또는 배임에 해당할 수도 있다. 그렇기 때문에 특수관계자 거래는 엄격하게 관리된다.

그리고 외부감사인은 회사의 특수관계자로 누가 있는지, 이들 간에 어떠한 거래가 있었는지를 확인하여 감사보고서 내에서 별도의 항목으로 기재한다. 바로 앞에서 살펴본 Ⓐ사의 사례를 이어서 살펴보자.

전년도까지 감사의견 적정을 받았던 Ⓐ사는 다음 해에 감사의견거절을 받게 된다. 왜 감사의견거절을 받게 되었을까?

[표 5-8]에서 보듯이, 앞서 살펴봤던 전년도의 '핵심감사사항'이 다음해 '의견거절의 근거'가 되어버렸다. 즉 특수관계자에 대한 단기대여금 그리고 관계기업투자주식 손상평가 항목에서 문제가 생긴 것이다. 이런 내용이 재무제표에 어떻게 나타나 있는지 살펴보자.

[표 5-9]을 보면, Ⓐ사는 특수관계자인 △△사 대상으로 원래 아무런 자금거래가 없는 상황이었다가 올해 처음으로 △△사에 45억 원을 빌려주었다. 그런데 빌려주자마자 그 45억 원 전액에 대해 손실충당금이 잡혔다. 진심으로 돈을 빌려주었다가 돌려받을 계획이었는지 의문이 들 만하다. 어쨌든 △△사에 대해서는 돈을 빌려주자마자 그 돈은 돌려받지 못할 것으로 평가되었다.

또 전년도에 살펴봤던 ▼▼사와의 자금거래 역시 문제가 생겼다. 총 165억 원의 단기대여금에 대해 전액 손실충당금이 설정되었다.

이뿐만이 아니다. Ⓐ사는 ▼▼사를 대상으로 당기손익-공정가치측정금융자산fair value through profit or loss, FVPL금융자산을 보유하고 있었다. 이는 쉽게 말해 ▼▼사의 지분(투자지분상품)을 보유하고 있었다는 것이다. 그리고 연초 기준으로 그 지분의 가치는 약 230억 원이었다. 그런데 당기 중에 모든 지분가치가 손상되어 0원이 되어버렸다. 230억 원의 지분가치가 순식간에 모두 증발한 것이다.

표 5-8 Ⓐ사 연결감사보고서(감사의견거절의 근거)

의견거절근거

(2) 특수관계자 단기대여금 및 관계기업투자주식 손상평가에 관한 감사범위의 제한

우리는 2022년 12월 31일 현재 연결재무상태표, 동일로 종료되는 보고기간의 연결포괄손익계산서에 계상되어 있는 <u>특수관계자와의 대여금 및 관계회사주식 등 자산에 대하여 회수가능성 및 회계처리의 적정성, 특수관계자 범위 판단을 위한 충분하고 적합한 감사증거를 확보하지 못하였으며,</u> 대체적인 방법에 의하여도 만족할 수 없었습니다. 따라서 해당 계정 및 연결포괄손익계산서, 연결자본변동표, 연결현금흐름표의 구성요소에 관하여 수정이 필요한 사항이 발견되었을 것인지 여부를 결정할 수 없었습니다.

표 5-9 Ⓐ사 연결감사보고서(기타특수관계자)

(단위 : 천 원)

특수관계자	계정과목	기초	증가	평가	기말
△△사	단기대여금	-	4,500,000	-	4,500,000
	손실충당금	-	(4,500,000)		(4,500,000)
▼▼사	단기대여금	14,500,000	2,000,000		16,500,000
	손실충당금	(7,881,430)	(8,618,570)		(16,500,000)
	당기손익-공정가치측정금융자산	5,245,928	-	(5,245,928)	-
	당기손익-공정가치측정금융자산	17,792,055	-	(17,792,055)	-
계		29,656,553	(1,618,570)	(23,037,983)	-

이에 대해 외부감사인은 이러한 내용에 대해 충분하고 적합한 감사증거를 확보하지 못했다고 설명한다. 즉 회사가 해당 거래에 대해 충분히 합리적인 설명을 하지 못했다는 것이다. 이는 외부감사인의 의견거절에 영향을 주는 요소였을 것이다.

이처럼 특수관계자 거래는 감사보고서 또는 사업보고서, 분·반기보고서를 통해 매년, 매분기마다 체크해주는 것이 좋다. 회사의 내부통제가 부실할수록 특수관계자를 대상으로 한 문제 있는 거래가 발생할 가능성이 높아진다. 그리고 내 돈을 지키기 위해서는 이러한 회사에 대한 투자 판단을 신중히 해야 한다.

현금흐름표 : 중요한 것은 결국 현금이다

학생이든 직장인이든 누구나 가계부를 써본 적이 있을 것이다. 우리가 가계부를 쓰는 이유는 수입과 지출을 관리하기 위함이다. 특히 가계부는 개인이 그동안 어디에 현금을 지출했는지를 알 수 있다는 점에서 유익한 정보이다.

이러한 가계부를 회사도 작성한다. 회사의 재무담당자는 지출·수입에 대해 '분개장分介帳'이라는 것을 작성하여 기록을 만든다. 투자자 입장에서 이러한 모든 지출 및 수입 내역을 확인할 수 있으면 좋겠지만 이는 현실적으로 불가능하다. 그래도 우리는 회사 가계부의 요약본은 확인할 수가 있는데 그것이 바로 '현금흐름표'이다.

우리가 여행을 가든 예산을 짜든 '여윳돈' 혹은 '예비금'을 준비한다. 혹시나 발생할 수 있는 예기치 못한 상황에 대비하기 위함이다. 이는 회사도 마찬가지다. 현금이 중요한 이유 중 하나는 회사의 위기 상황에 대비하기 위함이다. 회사가 아무리 부동산이나 투자자산이 많아도 필요할 때 이를 당장 현금화하기 어렵다면 의미가 없다.

특히 내가 투자한 회사가 유상증자나 전환사채 발행을 통해 어렵게 자금조달을 한 뒤에 이를 합리적으로 사용했는지 궁금할 것이다. 이때 현금흐름표를 살펴보면 된다. 만약에 회사가 본업을 더욱 강화하기 위한 목적 등의 유의미한 자금 지출을 하지 않고 '허튼 곳'에 돈을 사용한 것 같으면, 투자자는 판단을 달리 해야 할 것이다.

현금흐름표는 회사의 생존과 직결될 수 있는 정보들을 담는 중요한 재무제표이기에 여기서 자세히 살펴보도록 하자.

1. 안 그래도 돈이 부족한데 엉뚱한 곳에 지출하는 회사

2022년 상장폐지된 코스닥 상장사 Ⓑ사의 경우를 보자. Ⓑ사는 2020사업연도에 대해서 감사의견거절을 받았고, 2년 연속 감사의견거절 이후 상장폐지되었다. 사실 회사는 2020년 반기 기준 35.8%의 자본잠식률을 기록하는 등 이미 부실화의 조짐을 보이고 있었다.

그렇다면 당시 Ⓑ사는 자금을 어떻게 조달하고 사용했을까? 현금흐름표를 통해 살펴보자.

영업활동현금흐름은 회사가 본업을 영위하면서 벌어들이거나 지출한 현금흐름을 지칭한다. [표 5-10]에서 보듯이, Ⓑ사의 경우 영업활동에서 지속적인 적자를 기록했기 때문에 2020년에 총 86억 원의 현금 유출(현금흐름표에서 괄호 표시는 현금유출을 의미한다)이 있었음을 알 수 있다.

이렇게 어려운 상황에서도 회사는 자금을 조달하는 데 성공했다. 재무활동현금흐름은 회사의 유상증자나 전환사채, 차입금 등과 관련한 현금유출입을 보여준다. 2020년에 총 160억 원의 현금이 순유입되었다. 재무활동 자금조달 내역

표 5-10 ⒷA사 2020사업연도 사업보고서(현금흐름표) (단위: 원)

	2020년	2019년
영업활동현금흐름	(8,609,509,148)	(629,972,801)
당기순이익(손실)	(40,791,285,924)	(16,201,286,639)
⋮	⋮	⋮
재무활동현금흐름	16,089,291,561	2,695,218,566
주식의 발행	9,060,963,952	996,931,343
전환사채의 증가	7,133,600,000	4,400,000,000
단기차입금의 증가	7,550,909,000	1,710,000,000
⋮	⋮	⋮
투자활동현금흐름	(7,699,560,134)	(3,853,099,989)
기타포괄손익 공정가치측정 금융자산의 취득	(2,900,000,000)	-
기타유동금융자산의 취득	(6,912,000,000)	(2,865,187,085)
기타비유동금융자산의 취득	(1,540,461,388)	(33,000,000)
관계기업에 대한 투자자산의 취득	-	(17,483,964,304)
⋮	⋮	⋮
현금및현금성자산의순증	(219,777,721)	(1,787,854,224)
기초현금및현금성자산	274,204,809	2,062,059,033
기말현금및현금성자산	54,427,088	274,204,809

을 보니 주식의 발행(유상증자), 전환사채 발행, 그리고 차입금을 통해 돈을 마련한 것이다.

이제 주주들의 희망은, 회사가 이렇게 조달한 자금을 유익하게 사용하는 것이다. 만기가 도래한 부채를 갚아서 재무구조를 개선시키거나 시설투자 또는 사업 확장 등에 사활을 걸어야 한다.

그러나 회사의 행보는 이와 거리가 있어 보인다. 투자활동현금흐름은 투자자산으로 분류되는 금융상품의 취득과 처분에서 발생하는 현금흐름을 말한다. 회사는 2020년 약 77억 원의 현금을 순유출하였다.

항목을 살펴보니 기타포괄손익-공정가치측정금융자산, 기타금융자산 등 다른 회사의 지분이나 채무상품을 사들인 것으로 확인된다. 2019년에는 관계기업 투자자산 취득에 174억 원을 사용한 내역도 보인다.

물론 상품을 처분함으로써 현금이 유입된 항목도 존재하지만 결과적으로 지출한 금액이 더 많다는 것을 알 수 있다. 우선 회사가 2020년 약 29억 원의 현금을 유출한 기타포괄손익-공정가치측정금융자산 내역부터 살펴보자.

[그림 5-2]를 살펴보면 회사는 다양한 회사에 대한 지분증권을 보유하고 있다. 그런데 특이한 점은 이 지분증권들의 취득원가는 총 240억 원인데 장부상 금액은 28억 원이라는 것이다. 대부분의 지분증권 가치가 손상차손 되었을 가능성이 높다. 종합해보면 회사는 기타포괄손익-공정가치측정금융자산에 현금을 순유출 하였고 해당 금융자산의 가치가 상당 부분 손상된 것 같다는 것이다.

이번에는 회사가 현금을 사용한 기타금융자산 내역을 살펴보자. 기타금융자산은 대여금, 보증금 등의 채권을 의미한다. 이제 우리는 그 자세한 내용을 주석에서 찾아보면 된다. 현금 순유출이 컸던 항목인 기타금융자산 항목을 살펴

그림 5-2 ⒷAP 2020사업연도 사업보고서(기타포괄손익-공정가치측정금융자산 내역)

(1) 보고기간말 현재 회사의 기타포괄손익-공정가치측정금융자산 내역은 다음과 같습니다.

(단위: 천원)

구 분	당기말		당기초
	취득원가	장부금액	장부금액
〈지분증권〉			
㈜	49,997	-	-
㈜	350,000	-	-
㈜	1,200,000	-	-
㈜	2,000,001	-	-
㈜	200,000	-	200,000
	2,700,000	2,700,000	-
	200,000	29,200	-
(주)	100,000	100,000	-
	17,283,964	-	-
소 계	24,083,962	2,829,200	200,000

보자.

회사가 현금을 지출했던 기타금융자산은 다름 아닌 '대여금'이었다. 대여금은 남에게 빌려준 돈이지만, 결국 이자와 함께 돌려받아야 할 돈이기 때문에 '금융자산'으로 분류된다. 즉 회사는 어려운 상황에서 돈을 조달하여 특정 누군가에게 돈을 다시 빌려준 것이다.

물론 이는 엄연한 재무활동이기 때문에 누군가에게 돈을 빌려 줄 수는 있다. 그러나 [표 5-11]을 보면, 2020년에 대여금으로 순유출된 현금이 약 44억 원(당기말 총장부금액 10,337,712,000원-당기초 총장부금액 5,871,048,000원=4,466,664,000원)인 반면 추가로 대손충당금에 잡힌 금액이 약 55억 원(당기말 대손충당금 7,708,712,000원-당기초 대손충당금 2,168,949,000원=5,539,763,000원)이다.

표 5-11 ⓑ사 2020사업연도 사업보고서(기타금융자산 관련 주석) (단위 : 천 원)

당기 초(유동) 기준

구분	금융기관예치금	미수수익	대여금	보증금	합계
총장부금액	-	236,530	5,871,048	-	6,107,578
대손충당금	-	(181,540)	(2,168,949)	-	(2,350,489)
순장부금액	-	54,990	3,702,099	-	3,757,089

당기 말(유동) 기준

구분	금융기관예치금	미수수익	대여금	보증금	합계
총장부금액	-	294,765	10,337,712	-	10,632,477
대손충당금	-	(238,620)	(7,708,712)	-	(7,947,332)
순장부금액	-	56,145	2,629,000	-	2,685,145

대여금이 늘어나면서 현금이 유출되었을 뿐만 아니라 대여금의 질도 악화되어 받을 수 있는 돈이 더 줄어든 셈이다. 실제로 대여금 총장부금액은 증가했음에도 불구하고 순장부금액은 오히려 감소한 것을 알 수 있다.

결과적으로 회사의 현금흐름표를 살펴보니 회사는 어려운 자금사정에도 각종 금융자산과 대여금에 돈을 많이 지출하였다. 하지만 이런 지출이 회사의 영업활동이나 회사의 가치를 제고시키는 데 도움이 된 것 같지는 않다.

회사의 이런 모습은 투자자의 입장에서 결코 반길 수 없는 행위라는 것이 핵심이다. 이런 현금 사용 행위가 지속되어 회사 사정이 더 악화되었고, 종국적으로는 이로 인해 회사가 상장폐지에 이르게 되었을 것이라고 조심스럽게 추측해 볼 수 있다.

이와 같은 대여금 관련 항목은 이어서 보다 자세하게 살펴보도록 하자.

▎2. 현금이 충분한 회사가 부도가 났다고? ▎

앞에서 살펴본 회사는 이미 현금 및 현금성자산이 부족한 상황에서 돈을 엉뚱한 곳에 사용한 경우였다면 이번에 살펴볼 Ⓝ사는 정반대의 사례이다. 불과 6개월 전에는 회사의 현금 및 현금성자산이 205억 원으로 여유가 있는 상황이었다. 그런데 이 회사는 불과 6개월 만에 현금을 모두 소진해버리고 반기검토보고서 제출 이후 보름 만에 부도가 발생하고 상장폐지되었다.

우선 회사의 반기보고서를 통해 현금 및 현금성자산의 변동 내역을 살펴보자. 반기보고서의 내용이니 6개월의 시차가 존재한다. [그림 5-3]에 보면, Ⓝ사의 현금 및 현금성자산은 전년도 12월 말 기준 205억 원에서 6개월만에 4.8억 원으로까지 감소했다. 사실상 대부분이 사라져버린 것이다.

도대체 회사가 돈을 어디에 썼는지 확인해보기 위해 현금흐름표를 살펴보자. 참고로 회사의 반기보고서상 현금흐름표는 동일하게 6개월간의 현금흐름을 비교하기 위해 전년도 반기와 당해연도 반기를 비교하고 있다.

[표 5-12]를 보면, 한 눈에 봐도 투자활동현금흐름을 통한 현금지출이 상당하다는 것을 알 수 있다. 당해연도 반기의 순유출은 대부분이 관계기업투자자산의 취득에서 비롯되었다. Ⓝ사는 관계기업투자자산의 취득에 244억 원을 지출하였다.

어떤 회사를 샀고 또 그 가치가 어떻게 평가되었는지를 찾아가보자. [그림 5-4]를 보면, 회사는 ㈜★★사를 당해연도 3월에 244억 원을 주고 취득하였다.

그림 5-3 　Ⓝ사 현금 및 현금성자산 관련 주석

4. 현금및현금성자산

(단위: 천원)

구 분	당반기말	전기말
현 금	–	70
보통예금 및 당좌예금	484,210	20,507,842
합 계	484,210	20,507,912

표 5-12 　Ⓝ사 2021사업연도 반기보고서(현금흐름표)　　　　(단위 : 원)

구분	2021년 반기	2020년 반기
영업활동현금흐름	(6,303,798,632)	(354,710,542)
영업활동으로 발생한 현금	(5,560,843,867)	(53,697,323)
⋮	⋮	⋮
투자활동현금흐름	(31,304,902,108)	(52,884,200,981)
기타포괄손익 공정가치 　금융자산의 증가	–	(30,024,325,550)
당기손익 공정가치 　금융자산의 증가	–	(8,000,000,000)
관계기업투자자산 취득	(24,450,000,000)	
⋮	⋮	⋮
재무활동현금흐름	17,584,999,389	47,850,982,128
사채의 발행	31,796,392,139	29,000,000,000
유상증자	–	14,912,372,828
⋮	⋮	⋮
기초현금및현금성자산	20,507,911,790	5,614,087,455
기말현금및현금성자산	484,210,439	226,158,060

그림 5-4   ⓝ사 2021사업연도 반기보고서(관계기업투자자산)

(2) 당반기 중 관계기업 및 종속기업투자주식의 변동내역은 다음과 같습니다.

(단위: 천원)

구분	회사명	기초	취득	기말
종속기업		-	2,124,710	2,124,710
종속기업		550,020	-	550,020
소 계		550,020	2,124,710	2,674,729
관계기업	㈜★★	-	24,450,000	11,693,841
합 계		550,020	26,574,710	14,368,570

그림 5-5   ⓝ사 2021사업연도 반기보고서(관계기업 재무정보)

(3) 당반기말과 전기말 현재 각 종속기업 및 관계기업의 요약 재무정보는 다음과 같습니다.

1) 당반기말

(단위: 천원)

구 분	자산	부채	자본	매출액	영업손익	당기순손익	총포괄손익
〈종속기업〉							
	657,834	3,870,347	(3,212,512)	254,445	(196,762)	(253,862)	(461,800)
	9,246,420	6,347,175	2,899,245	4,652,847	(763,679)	(764,499)	(624,336)
	6,685,388	8,409,249	(1,723,861)	2,239,328	122,493	(21,001)	(60,145)
〈관계기업〉							
㈜★★	82,047,865	50,349,273	31,698,592	11,793,341	(5,062,372)	(19,413,917)	(19,252,341)

그런데 눈에 띄는 부분이 바로 기말의 장부가액이다. 3월의 취득가액은 244억 원인데 불과 3개월이 경과한 반기 말 기준으로 장부가액이 116억 원으로 줄어들었다. 주식 처분 관련 내용이 없는 것으로 보아 관계회사를 취득하자마자 3개월 만에 손상처리 한 것으로 추측된다.

그렇다면 ㈜★★는 어떤 회사일까? 주석을 살펴보면 관계기업 ㈜★★는 업종이 생활용품 도매업이다. [그림 5-5]의 재무정보를 확인해보니 매출액 117억 원에 영업손실 50억 원, 당기순손실이 194억 원이다. 일단 영업손실이 발생하고 있는 회사이면서 당기순손실이 영업손실보다 더 크다는 점에서 긍정적이지 않다. 영업 외적인 부분에서 추가적인 비용지출이나 자금유출이 있을 가능성이 크다.

그렇다면 전년도 반기 투자활동현금유출이 컸던 기타포괄손익-공정가치측정금융자산이나 당기손익-공정가치측정금융자산 관련 투자는 멀쩡할까? 반기보고서에서 금융자산 투자내역의 주석을 찾아보자.

[그림 5-6]에 보면, ⓝ사가 전년도에 취득한 금융자산은 ㈜○○○의 보통주 300억 원과 전환사채 80억 원이다. 전년도 반기 현금흐름표의 금액과 일치한다. 그런데 이 투자 건에서도 불길한 예감이 들어맞았다. 당반기 말에 300억 원과 80억 원의 취득원가는 모두 손상처리되어 장부금액이 0원임을 확인할 수 있다.

금융자산에 대한 처분 내역이 기재되어 있지 않은 것으로 보아 외부감사인이 해당 주식 및 전환사채의 자산성을 인정하지 않아 모두 손상처리 된 것으로 추측된다. 결코 정상적인 투자활동은 아니었던 것 같다.

이렇게 현금흐름표를 통해 살펴본 회사의 수상한 투자활동은 결국 유동성 부족을 야기했고, 이는 반기보고서 공시로부터 불과 보름 만에 부도발생으로 이어졌다([그림 5-7] 참조).

앞서 살펴봤던 대로 부도발생은 형식적 상장폐지 사유에 해당한다. ⓝ사는 이렇게 어음·수표 최종부도를 사유로 끝내 상장폐지되었다.

그림 5-6 ⓝ사 2021사업연도 반기보고서(금융자산 관련 주석)

13. 공정가치측정 금융자산

(1) 당반기말과 전기말 현재 공정가치측정 금융자산의 장부금액은 다음과 같습니다.

(단위 : 천원)

구분	당반기말		전기말	
	취득원가	장부금액	취득원가	장부금액
기타포괄손익-공정가치금융자산				
㈜○○○ 보통주	30,024,326	-	30,024,326	22,678,179
당기손익-공정가치금융자산				
㈜○○○ 9회차 전환사채	6,000,000	-	6,000,000	7,809,120
㈜○○○ 10회차 전환사채	2,000,000	-	2,000,000	2,602,152
소 계	8,000,000	-	8,000,000	10,411,272
합 계	38,024,326	-	38,024,326	33,089,451

그림 5-7 ⓝ사 부도발생 공시

부도발생

1. 부도내용	당사발행 만기어음 부도
2. 부도금액 (원)	1,286,809,300
3. 부도발생은행	IBK 기업은행 역삼남지점
4. 최종부도(당좌거래정지)일자	2021년 09월 01일
5. 부도사유 및 경위	- 부도사유: 예금부족 - 부도경위: 당사가 발행한 전자어음 1,286,809,300원을 결제하지 못해 최종 부도처리 되었습니다.

3. 흑자부도 : 이익 나는 회사도 부도가 날 수 있다

현금흐름표와 관련해 살펴볼 마지막 사례는 '흑자부도'이다. 일단 흑자부도라는 말부터 특이하다. 기업이 흑자가 나면 부채를 상환할 수 있을 것 같은데 왜 흑자 상태에서 부도가 발생할까? 이는 우리가 생각하는 흑자와 회계상의 흑자의 개념이 다르기 때문이다.

흑자부도로 인해 상장폐지까지 이르게 된 ◎사의 사례를 살펴보자. [표 5-13]에서 보듯이, 당시 3분기 말 기준 ◎사는 누적 매출규모가 2,600억 원이 넘는 대규모 회사였다. 영업이익은 전년도보다 감소했지만 3분기 기준 93억 원 수준이었다. 투자자 입장에서 살펴보는 대표적인 수치들이 이 정도 수준이면 비교적 양호해 보인다.

하지만 이는 회계상 매출과 영업이익이다. 회사의 수익지표 차원에서는 그 수치가 준수하지만 영업활동의 질을 파악하기 위해서는 현금흐름표를 추가적으로 살펴봐야 한다.

[표 5-14]에서 보듯이, 회사는 영업이익과 당기순이익이 발생함에도 영업활동현금흐름이 마이너스(-)를 보이고 있다. 왜 그럴까?

우선 영업활동현금흐름 수치가 어떻게 산출되는지 간략히 살펴보자. 영업활동현금흐름을 계산하기 위해서는 일종의 조정 작업이 필요하다. 이는 회계상 수익이나 비용으로 잡혔던 것들이 실제로는 현금 유입·유출을 동반하지 않는 경우들이 많기 때문이다.

1번 항목인 '당기순이익'은 영업활동을 통해 최종적으로 회사에 귀속되는 이익이므로 현금흐름을 계산하기 위한 출발점 역할을 한다.

2번 항목인 '현금유출이 없는 비용의 가산'은 회계상 비용으로 잡혔지만 실제로 현금이 유출되지 않은 항목을 현금흐름에 더해주는 부분이다. 대표적으로 감가상각비가 여기에 속한다.

3번 항목인 '현금유입이 없는 수익 차감'은 정반대의 개념이다. 회계상 수익

표 5-13 ◎사 3분기보고서(손익계산서) (단위 : 천 원)

구분	당해연도 3분기		전년도 3분기	
	3개월	누적	3개월	누적
매출액	90,947,898	262,293,509	98,265,343	260,285,872
영업이익	2,409,696	9,313,606	3,688,204	13,941,464

표 5-14 ◎사 3분기보고서(현금흐름표) (단위 : 원)

구분	당해연도 3분기	전년도 3분기
영업활동현금흐름	(19,421,933,850)	(1,782,937,915)
1. 당기순이익	874,129,776	2,166,704,195
2. 현금유출이 없는 비용의 가산	19,039,298,909	20,140,568,010
3. 현금유입이 없는 수익 차감	(4,218,298,669)	(1,699,397,315)
4. 영업활동으로 인한 자산·부채 변동	(35,117,063,866)	(22,390,812,805)
매출채권의 감소(증가)	(2,955,431,065)	5,302,733,460
재고자산의 감소(증가)	(6,502,824,267)	(19,995,424,573)
매입채무의 증가(감소)	(13,307,559,210)	4,865,398,626
⋮	⋮	⋮

으로 잡혔지만 실질적으로 현금이 유입되지 않은 항목을 차감해주는 항목이다. 대표적으로 외화환산이익, 지분법이익 등이 있다.

마지막 4번 항목인 '영업활동으로 인한 자산·부채 변동'은 회사 현금흐름의 질을 판단하기 위해 아주 중요한 내용이다. 대표적인 세부항목으로 매출채권의 감소(증가)가 있다.

그럼 ◎사의 현금흐름표 '매출채권의 감소(증가)' 항목을 좀더 살펴보자. 당해연도 3분기 기준으로 회사의 매출채권이 증가하여 현금흐름이 29억 원 차감되었다. 왜 매출채권이 증가하면 현금흐름이 마이너스가 될까?

매출채권은 회계상으로 회사의 수익(매출)으로 잡혔으나 아직 현금으로 회수하지 못한 채권이기 때문에 현금흐름에서 차감시킨다. 반대로 매출채권이 감소하면 그만큼 현금을 회수했다는 뜻이므로 반대로 현금흐름을 증가시킨다.

한편 회사는 당해연도 재고자산의 증가로 인해서도 현금흐름이 65억 원 감소하였다. 재고자산은 회사가 매출을 위해 보유하거나 생산 중인 재화를 말한다. 그리고 보통 재고자산은 매출이 발생할 때 매출원가에 반영된다. 기말 보유 재고자산이 증가하면 매출원가가 줄어들어 매출총이익 및 영업이익이 증가하는 효과로 이어진다(매출원가=기초 재고자산+당기 매입 재고자산-기말 재고자산). 다만 이러한 이익 증가는 현금 유입으로 인한 효과가 아니기 때문에 매출로 이어지지 못한 재고자산 증가는 영업활동현금흐름에 부정적인 영향을 끼친다.

◎사의 경우 '재고자산의 증가' 역시 회사의 유동성 측면에서 부정적인 내용이다. 그만큼 재고가 쌓이고 매출로 이어지지 않았다는 것을 의미하기 때문이다.

여기에 더해 당시 회사의 재무상태표를 살펴보면 재고자산이 1,217억 원으로 유동자산의 60% 규모를 차지하고 있었다. 재고자산 측면에서 여러 모로 부담스러운 상황이었음을 알 수 있다.

마지막으로 회사의 '매입채무 감소'를 통한 현금흐름 133억 원 차감 항목도 눈에 띈다. 매입채무는 회사가 원재료 등을 조달하기 위해 채무형태로 갖고 있던 부채를 상환하면서 실제로 지출한 현금흐름을 의미한다. 매입채무가 감소했다는 것은 그만큼 채무를 갚았다는 뜻이면서 동시에 현금을 지출한 것이다.

사실 회사 입장에서 제일 바람직한 모습은 매출채권은 빠르게 회수하고 매입

그림 5-8 ◎사 부도발생 공시

	부도발생	
1. 부도내용	당사 발행 만기도래 약속어음 미결제	
2. 부도금액 (원)		9,164,000,000
3. 부도발생은행	기업은행 휘경동지점, 농협중앙회 쌍문동지점	
4. 최종부도(당좌거래정지)일자		2008년 02월 29일
5. 부도사유 및 경위	예금잔고부족	

채무는 최대한 늦게 지급하는 것이다. 그래야 유동성을 최대한 확보할 수 있기 때문이다. 하지만 ◎사의 경우에는 그렇지 못했다. 매출채권은 오히려 증가하고 매입채무는 감소했기 때문에 현금지출이 양쪽으로 더 많아진 셈이다.

이렇게 회사는 흑자가 발생하고 있었음에도 불구하고 당해연도 3분기까지 194억 원의 마이너스 영업활동현금흐름을 기록하였다. 그리고 불행하게도 이러한 유동성 문제가 지속되어 다음 해 2월에 91억 원 상당의 어음 미결제로 부도가 발생했다([그림 5-8] 참조). 부도발생은 형식적 상장폐지 사유에 해당하여 회사는 결국 상장폐지되었다.

매출채권 및 기타채권 : 받아야 할 돈을 받지 못한다면?

회계적으로 채권의 개념은 '받아야 할 돈에 대한 권리'를 의미한다. 특히 매출채권(외상매출금, 받을어음 등)은 영업활동을 통해 판매한 재화나 서비스에 대한 대가를 현금으로 수취할 수 있는 권리이다. 당장 현재 시점에 돈을 받지는 못하더라도 미래에 받을 권리가 있기 때문에 회사의 재무상태표에서 자산으로, 손익계산서에서는 수익으로 인식된다.

기타채권은 영업활동 이외의 재무활동들을 통해 벌어들인 영업외손익에 대응된다. 기타채권에는 미수금, 미수수익, 대여금 등이 대표적이다. 기타채권도 매출채권과 마찬가지로 회사가 미래에 현금으로 받아야 할 권리이다.

어쨌든 채권의 존재는 회사의 수익발생으로 이어지는 것이 정상이다. 그렇기 때문에 채권은 중요하다. 하지만 채권만 계속 가지고 있는 상태에서 이를 현금화하지 못한다면 아무 의미가 없다. 그래서 '채권의 질'이 더 중요하다.

회사는 대다수의 매출채권 또는 기타채권을 현금화해야 한다. 그러나 현실적으로 모든 채권을 현금화할 수는 없다. 만약 채권을 자산으로 잔뜩 인식한 후에 이를 현금화하지 못한다면, 회사는 이를 재무상태표에 대손충당금으로 잡고 손익계산서에서는 대손상각비용으로 인식한다. 즉 예전에 수익(자산)으로 인식했던 것을 몇 년 뒤에 비용(자산 차감)으로 처리하게 되는데, 이는 투자자 입장에서 뒤통수를 맞게 되는 셈이다.

더 큰 문제는 이러한 문제가 감사의견거절 근거로도 작용하여 회사의 상장폐지로 이어질 수 있다는 점이다.

1. 매출채권 : 매출채권이 증가했는데 매출액은 감소했다?

2022년 상장폐지된 코스닥 상장사 ⓒ사의 감사의견거절 사례를 보자. 당시 회사가 감사의견거절을 받은 주요 근거 중 '계속기업 가정에 대한 불확실성'

이 언급되었는데, 이는 말 그대로 회사가 영업활동을 제대로 하지 못해서 존속할 수 있을지 의문이라는 것을 의미한다. 회사의 매출 관련 주석을 살펴보자([표 5-15] 참조).

회사의 주요 매출처는 B사업부로 보인다. 총 매출액은 작년 315억 원에서 올해 118억 원으로 약 197억 원 감소한 모습을 확인할 수 있다. 그런데 영업이익을 보면 좀 이상하다. 매출액은 197억 원 감소했는데 영업이익은 작년 (-)90억 원에서 (-)701억 원으로 무려 610억 원이나 감소했다. 매출액의 감소폭보다 영업이익 감소폭이 훨씬 크다.

이를 통해 우리는 크게 2가지의 시나리오를 예상해볼 수 있다. 매출원가가 급격하게 상승했거나, 판매비와관리비(판관비)가 크게 상승했을 가능성이 있다. 매출액과 영업이익 사이에 발생하는 비용이 매출원가와 판관비이기 때문이다.

원인을 찾아보기 위해 손익계산서를 확인해보자([표 5-16] 참조). 매출원가를 살펴보니 전기와 당기가 200억 원 수준으로 유사하다. 매출액이 대규모로 감소했음에도 매출원가가 비슷하다는 것은 고정비의 비중이 큰 사업구조가 원인일 가능성이 크다. 그리고 이로 인해 당기에는 매출총손실이 발생했음을 알 수 있다. 어쨌든 우리가 찾던 '원인'은 매출원가가 아닌 것 같다.

그렇다면 원인은 판관비일 것이다. 전기 203억 원이던 판관비는 무려 3배 수준인 611억 원으로 급등하였다. 그렇다면 우리는 여기서 판관비가 왜 급등했는지를 확인해보아야 한다. 판관비 역시 회사 수익구조에서 중요한 항목이기 때문에 감사보고서나 사업보고서에 별도 주석으로 표시되어 있다.

[표 5-17]의 판관비 관련 주석을 살펴보면, 수많은 항목이 나열되어 있다. 급여 항목부터 지급수수료, 통신비, 접대비 등 각종 항목이 있는데 이 중에서 가

표 5-15　ⓒ사 감사보고서(매출 관련 주석)　　　　　　　　　　　　　　　　(단위 : 천 원)

구분	당기		전기	
	매출액	영업이익(손실)	매출액	영업이익(손실)
A사업부	2,433,907	(340,392)	950,571	(3,577,540)
B사업부	9,415,746	(69,769,757)	30,610,303	(5,477,679)
계	11,849,653	(70,110,149)	31,560,874	(9,055,219)

표 5-16　ⓒ사 감사보고서(연결포괄손익계산서)　　　　　　　　　　　　　　(단위 : 원)

구분	당기	전기
매출액	11,849,653,419	31,560,874,017
매출원가	20,787,391,529	20,259,689,724
매출총이익(손실)	(8,937,738,110)	11,301,184,293
판매비와관리비	61,172,411,151	20,356,403,686
영업이익(손실)	(70,110,149,261)	(9,055,219,393)

표 5-17　ⓒ사 감사보고서(판관비 관련 주석)　　　　　　　　　　　　　　　(단위 : 천 원)

구분	당기	전기
급여	1,896,320	3,664,621
복리후생비	530,001	816,926
지급수수료	1,729,611	5,482,065
대손상각비	54,335,769	4,155,118
⋮	⋮	⋮
합계	61,172,411	20,356,404

장 숫자가 큰 내역을 확인하면 된다. 확인 결과 ⓒ사의 총 611억 원 판관비 중 무려 89%를 차지하는 항목이 바로 대손상각비였다. 전기와 비교해봤을 때 10배 이상으로 급등했다는 것을 알 수 있다.

특히 판관비 항목 안에 포함된 대손상각비의 대표적인 원인 중 하나가 매출채권에 대한 대손충당금이다. 즉 매출채권으로 잡혀있으나 이를 현금화하기 어려울 것으로 판단되는 금액이 큰 것이다.

회계적 관점에서 대손충당금은 재무상태표상의 개념이고 당기에 신규로 설정된 대손충당금은 당기의 포괄손익계산서에 대손상각비라는 비용 항목으로 반영된다. 즉 판관비가 증가하여 영업이익 감소에 영향을 주는 것이다. 진짜로 그럴까? 매출채권 관련 주석을 살펴보자.

역시 문제는 매출채권에 있었다. [표 5-18]을 보면, 매출채권 대손충당금이 전기 말 기준 70억 원이었는데 당기 말 638억 원으로 급증하였다. 이로 인해 매출채권의 순장부가액이 작년 말 900억 원에서 366억 원으로 급감한 것이다. 즉 수익으로 인식했던 매출채권의 질이 상당히 안 좋았다는 뜻이다.

실제로 이 당시 회사의 유동자산(짧은 기간 안에 현금화할 수 있는 자산) 526억 원 중 매출채권 및 기타채권이 448억 원으로 85%의 비중을 차지하고 있었다([표 5-19 참조). 그만큼 회사 자산의 대부분이 채권 형태로 존재했으며, 그 채권의 질이 부실화되고 있었다는 것이다. 이처럼 매출채권의 과다한 부실은 위험한 신호가 된다.

그렇다면 이러한 매출채권 손상은 그저 갑작스러운 현상이었을까? 앞서 얘기했듯 매출채권은 회사의 매출액을 구성하는 중요한 요소이다. 그만큼 매출채권에 대해 감사보고서는 아주 상세하게 다루고 있다.

표 5-18 ⓒ사 감사보고서(매출채권 관련 주석) (단위 : 천 원)

구분	당기 말	전기 말
매출채권	67,138,682	50,140,650
장기매출채권	33,376,367	46,976,019
대손충당금	(63,887,132)	(7,096,895)
계	36,627,917	90,019,774

표 5-19 ⓒ사 재무상태표(유동자산) (단위 : 원)

구분	당기	비중
유동자산	52,661,261,474	100%
현금및현금성자산	901,631,824	2%
매출채권및기타채권	44,808,313,150	85%
기타유동자산	4,112,959,664	8%
⋮	⋮	⋮

그림 5-9 ⓒ사 감사보고서(매출채권 관련 주석)

(2) 보고기간 종료일 현재 손실충당금 설정내역은 다음과 같습니다.

(단위:천원)

구 분	채권연령	당기말		전기말	
		채권총액	대손충당금	채권총액	대손충당금
매출채권	3개월미만	10,470,488		26,285,212	
	3개월이상 6개월미만	373,662		3,256,552	
	6개월이상	54,990,205	56,315,986	20,598,885	7,096,895
	소 계	65,834,355	56,315,986	50,140,649	7,096,895

특히 매출채권의 손상과 관련해 참고해볼 만한 지표로는 '채권의 연령'이 있다. ⓒ사의 매출채권 손상 당시의 채권연령 항목을 체크해보도록 하자([그림 5-9] 참조).

감사보고서에서 알 수 있듯이 '당기말'에 대손충당금 급증 등 매출채권의 대규모 손상이 일어났다. 하지만 매출채권이 대규모로 손상되기 직전인 '전기말'에도 이미 의심스러운 상황이 진행되고 있었다.

전기말 채권총액 501억 원 중 205억 원의 매출채권 연령이 '6개월 이상'으로 분류돼 있다. 채권의 회수기한이 6개월이 지났지만 아직 현금화되지 못한 것이다. 그리고 당시에 205억 원 중 70억 원이 대손충당금으로 잡혀 있었다. 연령이 오래된 채권의 비중이 클수록 회사의 매출채권 회수 능력을 의심해봐야 한다. 거래처마다 정산시기가 다르겠지만 통상적으로 채권연령이 오래될수록 현금화에 문제가 발생할 가능성이 크기 때문이다.

즉 ⓒ사의 경우 이미 전기말부터 채권연령이 높은 매출채권이 많았던 것이다. 물론 이것만으로 우리가 1년 뒤의 결과인 당기말 상황을 정확하게 예측할 수는 없다. 하지만 이 과정에서 위험 신호를 감지하기에 채권연령은 충분히 참고할 만한 좋은 지표이다.

2. 대여금 채권 : 빌려준 돈을 돌려받을 수 있을까?

대여금은 말 그대로 타인에게 빌려준 돈을 말한다. 그리고 빌려줬기 때문에 언젠가 돌려받게 된다. 그래서 대여금을 채권이라고 한다. 회사가 계열회사든 제3자(타인)든 돈을 빌려주는 행위는 얼마든지 가능하다. 대여 행위 자체는 전혀 문제되지 않는다.

다만 돈을 빌려주고서 받지 못한다면 문제가 될 수 있다. 특히 빌려준 돈의 일부가 아니라 대부분을 받지 못하게 되면 이는 회사의 재무상태에 안 좋은 영향을 줄 수밖에 없다. 더 나아가 대여 거래의 타당성과 회수 가능성, 회계처리의 적정성 등에서 문제가 발견될 경우 이는 회사의 감사의견에도 영향을 줄 수 있다.

감사의견거절로 상장폐지된 ⓓ사 사례를 살펴보자. 이 회사는 감사의견거절의 주요 사유 중 하나로 자금대여 거래가 지적되었다([표 5-20] 참조).

당시 회사의 대여금 채권 내용을 살펴보자. [표 5-21]을 보면, 당시 회사의 대여금 채권 잔액은 유동과 비유동 채권을 합쳐서 총 115억 원이었는데, 이에 대한 대손충당금은 총 105억 원이었다. 즉 내가 빌려준 돈의 91% 가량을 돌려받을 수 없다는 뜻이다. 이뿐만 아니라 회사의 매출채권도 120억 원 중 90억 원이 대손충당금 설정된 상태였다.

당시 회사의 현금 및 현금성자산이 2억 원밖에 안 되던 상황이었으니 이러한 채권의 부실화는 회사 존속능력에 타격을 주는 중대한 사안이었음을 알 수 있다.

이렇게 회사는 감사의견거절을 받은 당시에 문제점을 보였다. 하지만 이때만 문제가 되었을까? 감사의견 비적정이 나온 당시에 문제가 갑자기 발생하는 경우들도 있지만, 그 이전부터 문제가 감지되는 경우들도 상당수 존재한다. ⓓ사의 이보다 3년 전 감사보고서를 살펴보자.

[표 5-22]를 보면, 비유동 대여금의 경우 전기말 기준 채권 잔액이 74억 원이고 대손충당금이 없었다. 그런데 불과 1년 만에 비유동 대여금이 173억 원으로 100억 원 가량 증가하였고, 동시에 대손충당금 147억 원이 인식되었다. 당

표 5-20 ⓓ사 연결감사보고서(감사의견거절의 근거)

의견거절근거

(2) 투자 및 자금거래의 신뢰성 및 특수관계자 식별의 적정성

우리는 연결회사가 특수관계자 및 기타의 거래상대방과의 자산 양수도 거래, 자금대여와 회수 및 보증채무의 부담 등과 관련하여 거래의 타당성 판단 및 우발채무의 존재 등을 위한 충분하고 적합한 감사증거를 확보하지 못하였으며, 연결회사의 특수관계자의 범위 및 특수관계자간 거래의 완전성과 정확성을 판단할 충분하고 적합한 감사증거를 입수하지 못하였습니다.

표 5-21 ⓓ사 연결감사보고서(매출채권 및 기타채권 관련 주석) (단위 : 천 원)

구분	당기 말		
	유동	비유동	합계
대여금	2,926,955	8,669,366	11,596,321
대손충당금	(2,713,108)	(7,853,701)	(10,566,809)
매출채권	12,059,004	-	12,059,004
대손충당금	(9,096,763)	-	(9,096,763)

표 5-22 3년 전 ⓓ사 감사보고서(매출채권 및 기타채권 관련 주석) (단위 : 천 원)

구분		당기 말		전기 말	
		유동	비유동	유동	비유동
대여금		2,140,000	17,395,324	1,140,000	7,479,504
	대손충당금	(1,140,000)	(14,797,808)	-	-
미수금		2,894,024	-	212,440	-
	대손충당금	(2,772,000)	-	-	-

시 회사의 현금 및 현금성자산이 18억 원에 불과했다는 것에 비추어보면 결코 바람직하지 않은 급작스러운 변동사항이었음을 알 수 있다.

이뿐만 아니라 미수금 채권 역시 28억 원이 인식되었고 동시에 대손충당금 27억 원이 설정되었다. 회사 입장에서는 채권이 생기자마자 사라진 꼴이 된 것이다.

투자자 입장에서는 이렇게 감사보고서나 사업보고서(분·반기보고서)가 공시될 때마다 채권 항목을 살펴보면서 회사가 보유한 채권의 규모와 그 질을 확인해 보는 것이 좋다. 특히 갑작스럽게 규모가 커지거나 대손충당금이 발생하면 이를 잘 살펴보고 투자 판단에 참고해야 한다.

회사가 보유한 채권이 잘못될 경우 수익으로 인식했던 자산이 비용이라는 부메랑으로 돌아올 수 있기 때문이다. 보유한 채권의 부실화는 회사의 비용이다. 그리고 그 부실화가 제대로 소명되지 않으면 감사의견에도 중대한 영향을 미칠 수 있다.

금융자산 : 회사의 투자활동을 체크하라

기업이 가장 잘해야 하는 것이 무엇일까? 당연히 그 기업의 '본업'이다. 우리나라 대다수의 회사들은 제품(회사가 직접 제조한 물건들) 또는 상품(판매를 위해 사온 물건들)을 판매하여 수익을 창출한다. 이와 관련한 대표적인 업종이 제조업이다. 예를 들어 삼성전자는 반도체, 휴대폰 등을 제조하여 판매한다.

회사가 이렇게 본업을 수행하는 것을 영업활동이라고 한다. 그리고 회사의 현금 창출은 이러한 주된 영업활동에서 비롯되는 것이 보통이다.

1. 주식투자에 소질이 있는 상장사

그러나 회사는 영업활동만 하지 않는다. 심지어 영업활동만 해서는 부족할 수도 있다. 회사원이 열심히 일해서 근로소득을 창출하는 것도 중요하지만 투자활동을 통해 부가적인 수입을 만드는 것도 중요한 것처럼 기업도 마찬가지다. 기업은 투자활동도 적절히 잘 병행해야 한다.

물론 기업의 투자활동에는 다양한 목적이 있다. 일반 개인처럼 매매차익을 위해 다른 회사의 지분을 취득했다가 매각할 수도 있다. 한편으로 사업의 확장을 위해 다른 회사의 지분을 취득하여 보유할 수도 있다.

이러한 투자활동과 관련한 재무제표 계정명에는 보통 '금융자산'이 들어간다. 당기손익-공정가치금융자산, 기타포괄손익-공정가치측정금융자산 등이 그 대표적인 이름이다.

당기손익-공정가치금융자산은 투자목적의 금융자산이다. 보유목적보다는 투자목적이기에 해당 금융자산의 평가손익이 매년 당기순이익에 반영된다. 반면에 기타포괄손익-공정가치측정금융자산은 투자목적뿐만 아니라 보유목적도 포함한다. 대표적인 보유목적이 바로 다른 회사에 대한 지배력 행사이다. 보유목적이 포함된 금융자산이기 때문에 기타포괄손익-공정가치측정금융자산의 평가손익은 당해 당기순이익에 반영되지 않는다. 대신 기타포괄손익이라는 '임시주머니'에 담아두면서 평가하다가 나중에 그 지분을 매각할 때 당기순이익에 포함된다.

물론 항상 이렇게 일률적으로 금융자산을 분류하지는 않는다. 회사의 사정에 따라 금융자산을 달리 분류하는 것이 현실이다.

이와 관련하여 한 때 주식투자로 대박 난 회사가 주목을 받은 적이 있다. 바로 코스닥 상장사 ⓚ사이다. ⓚ사는 실내 인테리어디자인 사업을 주된 영업목적으로 하는 회사이다. 그러나 이 회사의 투자 이력은 화려하다.

[그림 5-10]에서 보듯이, 회사는 2020년 미국 테슬라 주식에 투자했다. 그리고 2020년 말 기준 ⓚ사가 보유한 테슬라 주식의 가치는 취득원가 630억 원에서 무려 975억 원으로 급증했다. 테슬라 한 종목을 통해 약 345억 원의 시세차익 효과를 누린 것이다. 이뿐만 아니라 ⓚ사는 국내외 주식 31개 종목에 투자하여 약 316억 원의 시세차익을 보고 있었다. 개인이라면 엄청난 투자 고수라고

그림 5-10 ⓚ사 사업보고서

11. 기타포괄손익-공정가치측정금융자산
보고기간종료일 현재 기타포괄손익-공정가치측정금융자산의 내역은 다음과 같습니다.

(단위 : 천원, 주)

회사명	구분	당기말			전기말		
		주식수(지분율)	취득원가	장부가액	주식수(지분율)	취득원가	장부가액
삼성SDI	지분상품	-	-	-	3,097	520,296	730,892
삼성전기	지분상품	-	-	-	29,775	2,277,081	3,721,875
희림종합건축사	지분상품	40,010	297,325	156,239	40,010	297,325	171,443
삼성전자	지분상품	-	-	-	20,000	999,430	1,116,000
Bank Cntrl Asia	지분상품	-	24,745	22,270	-	-	-
Bank BRI	지분상품	64,000	24,860	20,657	-	-	-
Alphabet (구글)	지분상품	1,157	2,076,908	2,206,251	-	-	-
Apple	지분상품	6,850	996,946	988,912	2,363	529,989	803,392
NIO	지분상품	163,750	8,327,780	8,683,518	-	-	-
Tesla	지분상품	127,100	63,041,548	97,583,435	-	-	-
Qualcomm	지분상품	2,930	501,099	485,636	-	-	-
Moderna	지분상품	9,984	1,775,822	1,134,815	-	-	-

할 수 있을 것이다.

이로 인해 ⓚ사는 한 때 '테슬라 관련주'로 묶여서 테마주로 인식되기도 했다. 어쨌든 주주 입장에서 내가 투자한 회사가 주식투자로 이익을 많이 냈으니 나쁠 것이 없다. 하지만 모든 회사의 투자활동이 좋은 결과를 낳는 것은 아니다.

2. 회사가 갑자기 이상한 투자를 한다?

사실 ⓚ사의 사례가 그렇게 보편적인 경우는 아니다. 당시 코로나19 사태로 인해 실물경제가 무너질 위기에 처하자 전세계 국가들이 양적완화와 저금리 기조를 통해 경기부양에 온 힘을 쏟고 있었다. 그렇게 세상으로 쏟아져 나온 돈은 자산시장으로 흘러 들어갔고, 당시 전세계 주식시장이 엄청난 호황을 경험했다. 이런 시기에 회사가 유휴자산을 주식에 투자하는 것은 어쩌면 현명한 선택이었을 수 있다.

그러나 모든 회사들이 투자활동을 이렇게 하는 것은 아니다. 다른 회사에 대한 지배력 목적이나 회계상 지분법 이익을 위해 지분투자를 할 수 있다. 또는 비상장주식이나 스타트업에 투자하여 사업다각화를 도모해볼 수도 있다(사업다각화를 위한 M&A에 대해서는 뒤에 따로 살펴보도록 하겠다).

개인투자자에게 자기자본 대비 무리한 투자가 위험하듯이 회사도 마찬가지이다. 회사가 갑자기 무리하게 큰 규모의 투자활동을 하거나, 본업과 전혀 상관이 없는 회사들에 무리하게 투자할 경우 눈여겨보아야 한다.

이와 관련하여 감사의견거절을 받은 상장사 Ⅰ사의 경우를 보자[표 5-23] 참조). 감사보고서에 나와 있는 감사의견거절 근거를 살펴보니 꽤 구체적이다. '주

표 5-23 I사 감사보고서(감사의견거절의 근거)

> 의견거절근거
>
> (2) 투자 및 자금거래의 타당성
> 우리는 <u>주요 금융상품과 투자자산의 취득</u>, 치분 및 자금거래 등과 관련하여 거래의 타당성 및 <u>회계처리의 적정성 판단을 위한 충분하고 적합한 감사증거를 확보하지 못하였습니다.</u> 우리는 이로 인해 추가적인 수정이 필요한지 여부를 결정할 수 없었습니다.

그림 5-11 I사 감사보고서(전년도 금융자산 투자내역)

(전기) (단위: 천원)

구분	회사명	기초	취득	처분(대체)	평가	기말
교환사채	㈜ ▨▨▨▨▨ 제1회 교환사채(*1)	-	4,000,000	(2,000,000)	-	2,000,000
전환사채	▨▨▨▨▨ 제21회 전환사채(*2)	-	4,000,000	(2,000,000)	(8,678)	1,991,322
	㈜ ▨▨▨▨ 제11회 전환사채(*3)	-	6,500,000	-	(4,550,000)	1,950,000
	㈜ ▨▨▨▨(*4)	200,000	-	(200,000)	-	-
	㈜ ▨▨▨▨ 제6회 전환사채(*5)	-	4,000,000	(4,000,000)	-	-
출자금	▨▨▨▨▨ 조합	-	800,000	-	-	800,000
수익권증서	▨▨▨▨▨	9,877,473	-	(9,877,473)	-	-
	합계	10,077,473	19,300,000	(18,077,473)	(4,558,678)	6,741,322

요 금융상품'과 '투자자산'의 취득에 문제가 있었다는 것을 추론해 볼 수 있다.

회사가 어떤 투자행위를 했는지 살펴보기 위해 감사보고서에서 당기손익-공정가치금융자산 항목을 살펴보자. 우선 감사의견거절이 발생하기 1년 전의 투자내역이다.

회사의 본업은 반도체 및 디스플레이 검사 장비 생산이다. 당시 회사의 연결 재무상태표 기준 유동자산은 511억 원이었는데 이 중 28%가 당기손익-공정가치금융자산, 즉 투자자산이었다. 상당히 큰 비중이라고 할 수 있다. 그런데 전년도에 투자한 내역들을 살펴보면 대부분 본업과 무관한 바이오회사들에 대한 전환사채 투자였다는 것을 알 수 있다([그림 5-11] 참조).

전년도 기준으로 이러한 투자활동을 통한 투자규모가 무려 193억 원(그림에서 '취득' 항목 합계)이었다. 그런데 자세히 살펴보니 특정 회사의 11회 차 전환사채를 65억 원에 인수하자마자 45억 원 상당의 평가손실이 발생한 것을 확인할 수 있다. 회사의 전체적인 경영목적에 부합하는 투자행위인지에 대해 고민하게 되는 대목이다.

그렇다면 감사의견거절이 발생한 당해연도에는 어땠을까? 우리는 여기서 한 가지 문제점을 발견할 수 있다. 당시 회사의 손익계산서를 살펴보자.

표 5-24 I사 감사보고서(연결포괄손익계산서) (단위 : 원)

구분	당기
매출액	37,400,538,430
매출원가	22,975,026,104
매출총이익(손실)	14,425,512,326
판매비와관리비	11,277,429,683
영업이익(손실)	**3,148,082,643**
기타수익	2,936,624,466
기타비용	5,136,080,868
금융수익	9,392,417,840
금융비용	**21,415,772,751**
⋮	⋮
당기순이익(손실)	**(11,184,118,125)**

[표 5-24]에서 보듯이, 회사는 374억 원의 매출과 31억 원의 영업이익 흑자를 내고 있었다. 그런데 특이하게도 당기순손실 규모가 111억 원을 기록한다. 영업이익과 당기순손실 간 차이가 발생한 것은 결국 영업외 영역에서 손실이 발생했다는 것인데, 실제로 손익계산서를 살펴보니 회사는 무려 214억 원의 금융비용이 발생한 것을 알 수 있다. 그렇다면 이 금융비용의 정체는 무엇일까?

금융비용 중 압도적인 비중을 차지하는 것이 당해연도의 당기손익-공정가치금융자산평가손실 128억 원이었다([그림 5-12] 참조). 즉 금융자산에 대한 투자로 인해 발생한 손실이라는 것이다.

앞에서 설명했듯이 당기손익-공정가치금융자산으로 분류되는 금융자산에 대한 평가 결과는 당해의 당기순이익에 반영된다. 전년도에도 수상했던 금융자산 투자내역이 올해는 어땠는지 확인해보자.

[그림 5-13]에서 보듯이, 우선 당기에 취득한 금융자산만 293억 원이다. 규모 측면에서부터 좀 과하다는 것을 알 수 있다. 또한 120억 원에 취득한 교환사채는 당해에 바로 98억 원의 평가손실을 기록한다. 결코 바람직하지 않은 투자였다는 것을 알 수 있다. 특히 그림 하단의 주석을 보니 '기타의 특수관계자'로부터 취득한 금융자산이라고 나와 있다. 투자자 입장에서 바람직하지 않을 뿐만 아니라 조금 꺼림칙하기도 하다.

이뿐만 아니다. 알 수 없는 온갖 회사들의 전환사채에 투자를 한 내역이 보인다. 전환사채에 투자한 것이 나쁘다는 의미가 아니다. 회사 고유의 사업과 얼마나 연관성이 있는 회사들에 투자했는지, 혹은 회사가 유의미하게 판단한 신사업에 투자하고 있는지를 확인해봐야 한다.

I사는 원래 제조업을 영위하던 회사이다. 그런데 본업과는 전혀 상관없는 온

그림 5-12 I사 감사보고서(금융비용)

28. 계속영업에서 발생한 금융수익과 금융비용

당기와 전기 중 금융수익과 금융비용의 상세내역은 다음과 같습니다.

(단위 : 천원)

구분	당기	전기
⟨금융수익⟩		
이자수익	193,199	165,874
당기손익-공정가치 금융자산평가이익	1,500,000	-
당기손익-공정가치 금융자산처분이익	4,341	8,000
파생상품평가이익	479,759	3,763,635
파생상품거래이익	7,215,119	1,678,412
사채상환이익	-	682,491
합계	9,392,418	6,298,412
⟨금융비용⟩		
이자비용	2,460,888	5,474,504
당기손익-공정가치금융자산평가손실	12,815,540	4,558,678
당기손익-공정가치금융자산처분손실	50,308	200,000
파생상품평가손실	-	1,135,131
파생상품거래손실	722,535	948,657
사채상환손실	5,366,503	799,252
합계	21,415,774	13,116,222

그림 5-13 I사 감사보고서(금융자산 변동내역)

(2) 당기와 전기 중 당기손익-공정가치금융자산의 변동내역은 다음과 같습니다.

(당기) (단위: 천원)

구분	회사명	기초	취득	처분	평가	기말
교환사채	㈜▒▒▒▒ 제1회 교환사채(*1)	-	12,000,000	-	(9,842,017)	2,157,983
	㈜▒▒▒▒ 제1회 교환사채	2,000,000	2,000,000	(4,000,000)	-	-
전환사채	▒▒▒▒ 제21회 전환사채	1,991,322	-	(1,991,322)	-	-
	㈜▒▒ 제11회 전환사채	1,950,000	-	(1,500,000)	(69,460)	380,540
	㈜▒▒ 제7회 전환사채	-	7,000,000	-	1,500,000	8,500,000
출자금	▒▒▒▒ 조합	800,000	-	-	(604,640)	195,360
상장주식	㈜▒▒▒	-	6,000,001	(2,541,665)	(1,936,335)	1,522,001
	㈜▒▒	-	2,349,474	(118,000)	(363,087)	1,868,387
합 계		6,741,322	29,349,475	(10,150,987)	(11,315,539)	14,624,271

(*1) 당기중 교환사채 권면액 기준 12,000,000천원을 기타의특수관계자로 부터 취득하였습니다(주석 37참조).

갖 바이오 회사들에 투자를 했다. 당시 바이오 투자가 일종의 '유행'이었다는 점을 감안하면, 이러한 투자의 건전성은 어느 정도 의심해볼 만하다.

이처럼 투자자는 회사의 투자행위에 대해서도 면밀하게 챙겨볼 필요가 있다. 특히 그 투자규모가 적당한지, 투자하는 회사의 성격이 회사의 본업이나 신사업 진출에 유의미한지, 그리고 투자결과가 적정한지 등에 대한 부분들을 따져봐야 한다. 사업보고서와 감사보고서 주석을 통해 이런 점들을 자세하게 추적해보는 것이 중요하다. 특히 회사가 투자한 금융자산의 규모가 크다면, 그 금융자산의 투자내역과 이력 또한 확인해볼 필요가 있다.

종속기업 및 관계기업투자 : 회사의 M&A 현황 점검하기

투자자들이라면 '종속기업'과 '관계기업'이라는 표현을 들어봤을 것이다. 두 개념 모두 회사가 지분을 인수하여 유의적인 영향력(회사의 재무·영업정책 등의 의사결정에 참여할 수 있는 능력)을 행사하고 있는 회사들을 지칭한다. 흔히 50% 이상의 지분을 보유한 경우 종속기업(실질 지배력 행사), 20~50%의 지분율을 보유한 경우 관계기업(유의적 영향력 행사)이라고 한다.

물론 실질적인 영향력을 감안하여 다르게 분류될 수도 있다. 예를 들어 회사가 50% 이상의 지분을 가지고 있어도 실질적 지배력이 없다고 판단되면 이는 관계기업으로 분류될 수 있다. 반대로 20% 이상의 지분을 보유하고 있더라도 회사가 실질적 지배력을 행사하고 있는 것으로 판단되면 이는 종속기업으로 분류될 수도 있는 것이다.

종속기업과 관계기업의 투자현황을 살펴보는 이유는 간단하다. 특정 회사의 지분 20% 혹은 50% 이상을 사들여서 관계기업 또는 종속기업으로 삼았다는 것은 그만큼 많은 투자금이 들어갔다는 것이다. 그러니 그 투자의 결과물을 확인해야 한다.

그리고 회사가 제대로 된 투자를 했는지, 투자의 결과가 현재 어떤지 등을 회계적으로 확인할 수 있는 항목이 감사보고서상 '종속기업 및 관계기업투자 현황'이다.

참고로 관계기업뿐만 아니라 종속기업까지 모두 확인하기 위해서는 연결감사보고서가 아닌 별도 감사보고서를 확인해야 한다. 연결감사보고서는 회사의 그 종속기업들을 하나의 실체로 보고 재무제표를 작성하기 때문이다.

1. 지나치게 활발한 M&A, 바람직할까?

이제 종속기업 및 관계기업 투자 과정에서 문제가 발생했던 사례를 살펴보자. 다음은 2020년 상장폐지된 A사의 감사의견거절이 표명된 감사보고서이다. 여러 가지 의견거절의 근거 중에서 종속기업 및 관계기업 관련 내용이 있었던 것으로 확인된다([표 5-25] 참조).

재무제표의 주석 중에서 종속기업 및 관계기업투자 관련 부분을 자세하게 확인해보자. 별도 재무제표의 경우 종속기업 및 관계기업 투자에 관한 항목이 따로 할애되어 있다.

[표 5-26]에 나오는 '원가'는 취득원가를 의미한다. 즉 종속기업과 관계기업을 취득할 당시 최초에 투입된 원금이다. 반면에 '장부금액'은 해당 사업연도 말

표 5-25 A사 감사보고서(감사의견거절의 근거)

의견거절근거

(3) 주요 감사절차의 제약 : 종속회사 및 관계회사 재무제표

우리는 종속기업 및 관계회사 재무제표의 적정성, 재무제표에 대한 주석사항, 손상검토 등과 관련하여 충분하고 적합한 감사증거를 입수할 수 없었습니다.

표 5-26 A사 감사보고서(종속기업 및 관계기업투자 관련 주석) (단위 : 원)

구분	당기 말		전기 말	
	원가	장부금액	원가	장부금액
종속기업	35,555,000,000	9,990,000,000	25,565,000,000	1,500,000,000
관계기업	6,833,875,000	1,085,710,229	6,833,875,000	3,388,557,894
합계	42,388,875,000	11,075,710,229	32,398,875,000	4,888,557,894

기준 종속기업 및 관계기업의 평가 가치를 말한다. 당기말 기준 종속기업의 취득원가는 355억 원이고 장부금액은 99억 원으로 나타나 있다. 관계기업 역시 68억 원의 취득원가 대비 장부금액이 10억 원으로 많은 차이를 보이고 있다.

회사가 투자한 회사의 가치가 많이 하락한 것이다. 왜 이렇게 취득원가와 기업 현재가치 간 차이가 클까? 투자규모가 상대적으로 큰 종속기업을 중심으로 이어지는 주석에서 그 세부사항을 살펴보자([표 5-27] 참조).

감사의견거절이 발생한 당해에 종속기업 투자 내역을 확인해보면 연초 기준 종속기업 투자주식 가치는 15억 원(ㄴ사 및 ㅂ사)이었고, 99억 원 상당의 주식

표 5-27 A사 감사보고서(당기의 종속기업 투자 변동내역) (단위 : 원)

구분	기초금액	취득	손상차손	처분	기말금액
ㄱ사	-	-	-	-	-
ㄴ사	1,000,000,000	-	(1,000,000,000)	-	-
ㄷ사	-	-	-	-	-
ㄹ사	-	-	-	-	-
ㅁ사	-	9,990,000,000	-	-	9,990,000,000
ㅂ사	500,000,000	-	(500,000,000)	-	-
ㅅ사	-	-	-	-	-
합계	1,500,000,000	9,990,000,000	(1,500,000,000)	0	9,990,000,000

표 5-28 A사 감사보고서(전기의 종속기업 투자 변동내역) (단위 : 원)

구분	기초금액	취득	손상차손	처분	기말금액
ㄱ사	1,200,000,000	-	(1,200,000,000)	-	-
ㄴ사	13,485,000,000	-	(12,485,000,000)	-	1,000,000,000
ㄷ사	2,680,000,000	-	(2,680,000,000)	-	-
ㄹ사	4,494,000,000	-	(1,540,000,000)	(2,954,000,000)	-
ㅂ사	3,800,000,000	-	(3,300,000,000)	-	500,000,000
ㅅ사	-	960,000,000	(960,000,000)	-	-
합계	25,659,000,000	960,000,000	(22,165,000,000)	0	1,500,000,000

(ㅁ사)을 추가로 취득하였다. 그리고 기존에 있던 ㄴ사와 ㅂ사의 가치는 모두 손상차손으로 사라졌다. 이로 인해 연말 기준 종속기업 투자주식 가치는 총 99억 원이 되었다.

그런데 특이한 점이 있다. 회사 숫자는 ㄱ~ㅅ사로 총 7개인데 당기 중 가치 변동이 발생한 회사는 ㄴ사, ㅁ사, ㅂ사로 단 3개이다. 그렇다며 나머지 4개 회사(ㄱ사, ㄷ사, ㄹ사, ㅅ사)는 무엇일까? 감사의견거절이 있기 1년 전인 전기의 종속기업 투자 변동내역을 살펴보자([표 5-28] 참조).

1년 전의 연초 기준 종속기업 투자주식 가치는 총 256억 원이었다. 기존에 이미 보유하고 있던 종속기업들인데 규모가 상당했던 것으로 보인다. 그리고 그 해에 9.6억 원 상당의 회사(ㅅ사)를 신규로 취득했다. 그런데 그 해에 총 221억 원 상당의 대규모 손상차손이 발생했다. 보유하고 있던 종속기업들의 가치가 모두 증발해버렸다고 해도 과언이 아니다. 심지어 당시 신규로 취득한 ㅅ사는 취득한 해에 전액 손상인식되었다. 그나마 남아 있던 ㄹ사의 주식 29억 원을 모두 처분하여 연말에 남은 종속기업 투자주식은 총 15억 원이 되어버렸다.

이는 절대 상식적이지 않다. 사업 확장 차원에서 회사가 M&A를 통해 특정 회사를 인수하는 것은 자연스러운 일이다. 그리고 그 M&A가 실패해서 손상차손이 발생하는 것도 얼마든지 있을 수 있는 일이다. 그러나 이 경우는 손상 정도가 너무 극단적이다.

특히 대규모 손상차손이 발생한 ㄱ~ㄹ사 및 ㅂ사는 이전에 취득한 회사들이다. 투자자 입장에서 눈여겨봐야 하는 내용이다. 투자한 회사들의 가치가 1년 만에 모두 증발해버렸기 때문이다. 이는 결코 좋은 현상이 아니다. 계속 얘기하고 있지만 손상차손은 당해에 비용으로 반영된다. 그리고 이는 재무제표의 악화로 이어진다.

내가 투자한 회사가 여러 M&A를 시도하고 있다면, 그 투자 결과를 지속적으로 추적할 필요가 있다.

2. M&A 가격이 적정한지는 '영업권'으로 판단하라

앞에서 살펴본 예는 일종의 문어발식 M&A로 인한 문제였다. 하지만 모든 회사들이 M&A를 이렇게 하지는 않는다. M&A의 대상이 되는 회사 수도 중요하지만, M&A에 사용하는 금액 규모도 중요하다.

특히 M&A 사례들을 보다보면, 특정 회사를 인수하면서 지나치게 많은 돈을 지출한 것은 아닌지 의문이 들 때가 있다. 2022년 상장폐지된 V사 사례를 보자([표 5-29] 참조).

감사보고서상 종속기업 투자 항목을 확인해보니 회사는 당기말 기준 4개의 종속기업을 보유하고 있다. 그중 눈에 띄는 것이 있는데 바로 네덜란드 소재 'XYZ' 회사이다. 당기말 장부금액이 약 286억 원이다. 그리고 그 해에 종속기업 투자에 회사가 추가적으로 지출한 금액이 329억 원이다.

투자가 이루어질 당시 회사의 기초 현금 및 현금성자산이 5,000만 원이었고, 전년도 영업손실이 3억 원, 당기순손실이 16억 원이었다는 점을 감안하면 이러한 회사의 투자규모는 상당히 큰 것이었다고 판단할 수 있다. 회사의 규모 대비 큰 지출의 M&A 건이니 당연히 주의 깊게 살펴봐야 한다.

회사가 286억 원을 들여서 사들인 이 네덜란드 회사의 정체는 무엇일까? 같은 해 사업보고서를 살펴보자([표 5-30] 참조).

XYZ사는 자산규모 221억 원으로 최근 55억 원의 매출을 기록하였다. 그리고 같은 해 1.3억 원의 당기순이익이 발생했다. 회사의 자산은 어느 정도 규모가 있으나 영업활동(매출, 당기순이익) 측면에서는 영세해 보인다. 1.3억 원의 당기순이익을 얻는 회사에 286억 원을 지출했다고 하니 일단 비싸 보인다. 그러

표 5-29   V사 2018사업연도 감사보고서(종속기업 투자 관련 주석)   (단위 : 천 원)

(1) 보고기간종료일 현재 종속기업투자내역

종속기업명	소재국가	당기 말 소유지분율	당기 말 장부금액	전기 말 장부금액
ABCD CO.,LTD	베트남	100%	15,791,113	19,578,811
㈜□□□	대한민국	51%	-	25,500
㈜△△△	대한민국	100%	2,080,000	-
XYZ International B.V.	네덜란드	75%	28,590,000	-
합계	-	-	46,461,113	19,604,311

(2) 당기와 전기 중 회사의 종속기업투자 변동내역

구분	당기	전기
기초금액	19,604,311	13,943,811
추가투자	**32,931,800**	5,660,500
손상차손	(6,074,998)	-
기말금액	46,461,113	19,604,311

표 5-30   V사 2018사업연도 사업보고서(종속기업 현황 관련 주석)   (단위 : 천 원)

(3) 보고기간종료일 현재 종속기업의 요약재무상태표

종속기업명	자산	부채	자본	매출	당기순손익
XYZ International B.V.	22,158,688	4,519,899	17,638,789	5,533,308	135,479

나 얼마나 비싼 것인지는 정확히 파악하기 어렵다.

이럴 때 우리가 활용해볼 수 있는 계정이 바로 '영업권^{Goodwill}'이다. 영업권은 인수 대상 회사의 순자산가치(=총자산-총부채)를 초과하는 차액, 즉 일종의 프리미엄 개념이다. 영업권은 주로 무형자산 항목에서 확인 가능하다([표 5-31] 참조).

사업보고서를 확인해보니 회사가 XYZ사를 인수하는 과정에서 잡힌 영업권이 약 154억 원이다. 즉 XYZ사의 순자산가치보다 154억 원을 더 얹어서 인수했다는 뜻이다. XYZ사의 자산 및 영업활동 규모에 비해 과도하다는 감이 있다.

그렇다면 우리는 여기서 이러한 M&A가 실제로 비싼 거래였는지 그 결과를 계속 추적해볼 필요가 있다. 2년 뒤 회사의 사업보고서를 보면 그 투자의 결과를 알 수 있다([표 5-32] 참조).

회사가 154억 원의 프리미엄을 얹어서 인수했던 회사는 2년 뒤 약 63억 원

표 5-31 V사 2018사업연도 사업보고서(무형자산 관련 주석) (단위 : 천 원)

(4) 영업권

구분	금액
XYZ International B.V.	15,395,806

표 5-32 V사 2020사업연도 사업보고서(무형자산 관련 주석) (단위 : 천 원)

(1) 당기

구분	기초	취득	취득	상각	손상차손	기말
영업권	15,395,806	-	-	-	(6,280,509)	9,115,297

(3) 영업권

영업권은 지배기업이 전기 중 종속기업인 XYZ사의 주식 취득(지분율 75%)을 위한 이전대가가 순자산 공정가치를 초과하여 발생한 금액으로서, 당기 말 현재 동 영업권의 손상징후가 발생하여 6,281백만 원의 손상차손을 인식하였습니다. 지배기업은 매 연도말 결산기에 영업권에 대한 손상검사를 수행하고 있습니다.

의 손상차손이 발생하였다. 결과적으로 과도한 투자였다는 것이다. 실제로 그해 XYZ사는 76억 원의 매출을 기록했으나 약 20억 원의 당기순손실이 발생하였다. 재무적으로 한계가 있던 회사를 지나치게 비싸게 주고 샀던 것이다.

이처럼 우리는 회사의 대규모 M&A의 적정성을 판단할 때 인수한 회사의 재무상태가 어떤지, 얼마의 금액을 주고 샀는지, 그리고 그만한 가치가 있었던 투자였는지 알고자 할 때는, 사업보고서에 나와 있는 영업권을 활용하면 유용하다.

위법행위미수금 : 횡령·배임의 흔적과 상처

앞서 미수금은 회사의 자산 항목으로 인식된다고 설명하였다. 받아야 하지만 아직 받지 못한 자금이기에 자산 항목으로 인식된다. 그런데 '위법행위미수금'이라는 항목은 용어가 낯설다. 회사가 위법행위를 해서 생긴 자산이라는 생각이 들 수도 있지만, 사실은 그것과 정반대의 개념이다. 위법행위의 '피해자'가 회사이다.

위법행위미수금은 주로 회사에 횡령·배임이 발생하였을 때 발견할 수 있는 회계 항목인데, 횡령·배임으로 회사가 잃어버린 자산(주로 현금성자산)을 미래에 회수하겠다는 의미로 인식한 계정이다. 즉 회사에 횡령·배임이 발생하여 손실이 있었지만 미래에 소송이나 기타 절차들을 통해 다시 회수하겠다는 의미이다.

투자를 하다보면 2~3년 전의 모든 회사 사정과 재무상태표를 확인하기 어려운 경우들도 있다. 하지만 이러한 위법행위미수금 항목을 발견하면 회사가 최근 몇 년 사이에 횡령·배임 관련 사고가 있었음을 추정할 수 있다. 그리고 그 사고의 재무적 수습 상황이 어떤지도 확인할 수 있다.

회사의 자진상장폐지 신청으로 현재는 상장폐지된 Q사의 사례를 살펴보자. [표 5-33]에서 보듯이, 회사는 직전연도(전기말 기준)에 1,980억 원 상당의 횡령액을 인식하였고 그 해에 100억 원을 회수하여 총 1,880억 원의 위법행위미수금을 설정하였다. 그리고 이 중 958억 원에 대해 환수가 어렵다 판단하고 이를 대손충당금으로 인식하였다.

그 다음 해(당기말 기준)에는 642억 원을 추가로 회수하여 위법행위미수금은 1,237억 원이 되었다. 그리고 이 중 1,020억 원은 대손충당금으로 잡혀있다. 따라서 당기말 기준으로 회사가 현실적으로 회수할 수 있을 것으로 보고 있는 위법행위미수금은 216억 원인 것이다.

또 다른 사례인 ⓟ사를 살펴보자. 이 회사는 대표이사 등의 횡령·배임이 발생하여 수사가 진행되었고, 그 손실 금액에 대해 불법행위미수금 항목을 인식하였다.

[표 5-34]에서 보듯이, 전기에 잡혔던 총 횡령·배임금액은 190억 원(전기 총 장부금액)이었으나 이는 당기에 250억 원으로 증가하였다. 그러나 이러한 불법행위미수금의 회수가능성이 높지 않다고 판단되는 금액에 대해서는 대손충당금을 설정하였는데, 이는 당기 말 기준 235억 원으로 확인된다. 따라서 회사는 당기 말 기준으로 250억 원의 횡령·배임 금액이 잡혀있으나 이 중 회수하기 어렵다고 판단되는 금액은 235억 원인 것이다. 즉, 불법행위로 인한 손실에 대해 거의 회수가 어려워 보인다.

실제로 회사에 횡령·배임이 발생하고 이에 대해 민·형사상 소송을 진행하더

표 5-33 Q사 연결감사보고서(위법행위미수금 관련 주석)   (단위 : 천 원)

구분	당기	전기
기초미수금	188,000,000	-
횡령액	-	198,000,000
회수액	(64,294,525)	(10,000,000)
기말미수금	123,705,475	188,000,000
기초대손충당금	(95,807,532)	-
대손상각비	(6,266,174)	(95,807,532)
기말대손충당금	(102,073,706)	(95,807,532)
장부가액	21,631,769	92,192,468

표 5-34 P사 감사보고서(불법행위미수금 관련 주석)   (단위 : 원)

구분	당기			전기		
	총장부금액	대손충당금	순장부금액	총장부금액	대손충당금	순장부금액
기초	25,016,061,472	(23,554,061,472)	1,462,000,000	19,090,000,000	(15,686,750,000)	3,403,250,000
증가	-	-	-	7,926,061,472	(7,926,061,472)	-
감소	(100,000,000)	-	(100,000,000)	(2,000,000,000)	58,750,000	(1,941,250,000)
기말	24,916,061,472	(23,554,061,472)	1,362,000,000	25,016,061,472	(23,554,061,472)	1,462,000,000

라도 그 손실금액에 대해 회수할 수 있는지 여부는 다른 문제이다. 신규투자자들은 회사의 재무 사정을 판단할 때 이러한 내용들을 감안해야 한다.

재무정보는 회사의 방향성을 보여준다

재무제표는 과거의 정보이다. 하지만 활용하기 나름이다. 단순히 회사의 지난 분기 매출액과 영업이익이 어느 정도 수준이었는지를 파악하는 것으로는 충분치 않다. 재무상태표를 통해 회사의 유동비율, 부채비율이 어느 정도 수준인지 파악하는 것도 중요하지만 거기서 그치면 안 된다. 보다 입체적인 접근이 필요하다.

재무제표의 가장 큰 문제점은 정보량이 너무 많다는 것이다. 역설적으로 들릴 수 있지만 사실이다. 그래서 우리는 감사보고서와 사업보고서의 주석 항목들을 넘나들며 '튀는 숫자'들의 배경을 파악할 줄 알아야 한다.

영업이익과 당기순이익의 차이가 왜 지나치게 큰지, 회사가 흑자를 내고 있음에도 영업활동현금흐름이 왜 마이너스인지, 회사의 특수관계자 대상 대여금의 상태에 이상은 없는지 등을 입체적으로 볼 줄 알아야 회사의 재무적 방향성이 보인다.

앞서 살펴본 사례와 같이 회사의 매출채권이 회수되지 못하고 점점 손상된다면, 회사의 불투명한 대여금 규모가 지나치게 늘어나고 있다면, 회사가 투자한 다른 회사들의 재무상황이 점차 안 좋아지고 있다면, 그 순간 우리는 관심을 갖고 집중해야 한다.

우리는 이런 여러 사실들을 제대로 파악해야 한다. 그래야 회사의 향방을 예측할 수 있다. 과거의 정보인 재무제표가 미래를 예상하는데 중요한 바탕이 되는 이유가 바로 여기에 있다.

금융자산의 어려운 이름들

회사의 감사보고서(또는 사업보고서)를 보면 회사가 보유한, 또는 처분한 금융자산 관련 내용들이 기재 되어있다. 그런데 그 이름들을 살펴보면 '주식', '채권'과 같이 간단하지 않고, 이름이 길다. 당기손익-공정가치측정금융자산, 기타포괄손익-공정가치측정금융자산, 상각후원가측정금융자산 등 이해하기 쉽지 않은 명칭들을 사용하고 있다.

당기손익-공정가치측정금융자산의 핵심은 '당기손익', 즉 올해의 당기순이익에 영향을 주는 금융자산이라는 것이다. 말 그대로 회사가 투자목적으로 보유하고 있는 금융자산으로 그 자산의 평가손익이 당해의 당기순이익에 반영된다. 예를 들어 어떤 회사가 투자 목적으로 미국의 테슬라 주식에 투자하여 수익을 얻으면 그 수익만큼 당기순이익에 더해진다.

한편 기타포괄손익-공정가치측정금융자산은 투자목적 외에 그 자산을 장기적으로 보유하고자 하는 목적도 함께 있는 경우이다. 대표적으로 삼성물산이 보유하고 있는 삼성전자 주식(지분율 4.4%)이다. 삼성물산이 삼성전자 주식을 매매하여 투자수익을 얻기 위한 목적이 있을 수도 있지만, 그것보다 중요한 것은 삼성전자에 대한 '지배력'을 보유하기 위함이다.

이러한 금융자산은 어차피 삼성물산이 장기 보유할 것이기 때문에 여기서 발생한 당해연도 손익은 당기순이익에 포함되지 않고 기타포괄손익이라는 '별도의 주머니'에 따로 보관한다. 그러다가 만약에 해당 주식을 처분하게 될 경우 그 해의 당기순이익에 포함시킨다.

마지막으로 상각후원가측정금융자산은 회사가 특정일에 원금과 이자를 수취하기 위한 목적으로 보유하는 자산인데, 흔히들 아는 채권 자산을 생각하면 쉽다.

금융자산의 이름들이 복잡하지만 이를 엄밀하게 구분할 필요는 없다. 다만 회사가 '어떠한 목적'으로 취득·보유하고 있는 자산인지, 그리고 그 금융자산이 당해연도의 당기순이익에 영향을 주는지 정도만 파악하면 충분하다.

종속회사 vs 자회사

　기사나 투자 관련 자료들에서 '종속회사' 또는 '자회사'라는 용어들을 많이 봤을 것이다. 두 용어 모두 특정 회사의 지배를 받고 있다는 느낌을 주고 있어서 개념상 유사해 보인다. 심지어 종속회사와 자회사는 모두 50% 지분율을 기준으로 한다는 점에서 실제로 유사하다. 하지만 종속회사와 자회사는 개념적 배경이 다르다.

　먼저 종속회사는 회계규정에 근거한 개념이다. '외감법(주식회사 등의 외부감사에 관한 법률)'은 경제활동에서 효용과 이익을 얻기 위하여 다른 회사의 재무정책과 영업정책을 결정할 수 있는 능력을 가진 회사를 지배회사로 규정하며, 그 상대방을 종속회사라고 한다. 그리고 그 구체적인 기준은 (상장사의 경우) 한국채택국제회계기준$^{K-IFRS}$에 따르며, 연결재무제표 작성의 대상이 된다.

　반면 자회사는 우리나라 상법에 규정되어 있다. 다른 회사의 지분을 50% 초과하여 가진 회사를 모회사라고 하며, 그 다른 상대방을 자회사라고 한다. 참고로 상법에서 자회사는 모회사의 주식을 원칙적으로 취득할 수 없다. 이는 자회사의 자본금이 사실상 모회사로 귀속되는 효과가 있어 상법상 자본충실의 원칙에 반할 수 있기 때문이다.

　이처럼 종속회사와 자회사는 개념적으로 차이가 있으나 큰 틀에서는 비슷하다. 결국 특정 지배기업의 지배력에 의해 영향을 받고 있는 회사인 것이다.

 영업권

영업권은 일종의 '프리미엄' 개념으로 이해할 수 있다. 회계적 측면에서 영업권은 인수합병 과정 중 취득한 '그 밖의 자산'에서 발생하는 미래경제적 효익을 나타내는 무형자산이다. 이러한 영업권의 주된 특징은 그 자체적으로 측정할 수 없다는 것이다. 그렇다면 영업권은 어떻게 측정될까? 바로 '차액' 개념으로 인식한다.

인수합병 과정에서 등장하는 숫자는 크게 2가지이다. 바로 ① 취득대상이 되는 회사의 순자산(=자산-부채) 가치와, ② 인수과정에서 회사가 '지불한 금액'이다. 그리고 이 둘 간의 차액이 바로 영업권이다. 즉 인수 대상이 되는 사업의 측정할 수 있는 순자산의 가치를 초과하여 지급한 금액이 바로 영업권인 것이다. 아래 그림의 예를 살펴보자.

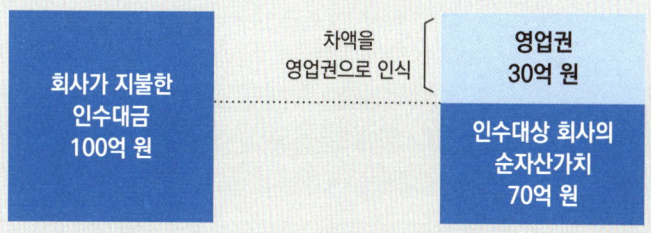

회사가 인수합병 과정에서 순자산 가치가 70억 원인 회사를 100억 원에 인수하는 경우 그 초과지급액인 30억 원을 영업권으로 인식한다. 이러한 개념은 경영권 프리미엄과 비슷하다고 할 수 있다.

참고로 K-IFRS상 회사의 자산은 손상징후가 있을 때 손상평가를 진행한다. 단 영업권의 경우 매년, 그리고 손상징후가 있을 때 손상평가를 한다. 즉 영업권에 대해서는 다른 자산보다 엄격한 손상요건을 적용하는 것이다.

불안한 현상 : 자주 바뀌는 최대주주
최대주주의 자금출처는 꼭 확인하라
최대주주의 재무건전성
최대주주의 유상증자 참여 여부를 체크하라
최대주주의 움직임을 모니터링하라

6장

내 주식 위험진단 (3)
: 최대주주로 알아보기

우리나라 주식투자자들 사이에서는 '오너 리스크'라는 말이 있다. 회사의 실질적인 주인, 또는 기업 총수의 경영방식 등에 불확실성이 존재하여 주가가 안정되지 못할 때 쓰는 용어다.

이는 계열회사가 많은 대기업의 경우 기업 총수에게 적용되는 말이지만, 일반적인 대다수 회사들의 경우 최대주주가 여기에 해당한다. 그만큼 최대주주는 기업 경영, 사업의 방향성, 나아가 주가에 큰 영향을 끼치는 존재이다.

하지만 투자자는 회사 외부에 있는 사람들이기에 최대주주에 대한 정보가 많지 않다. 그래도 우리는 주어진 자료들을 활용하여 최대한 많은 정보들을 알아내야 한다.

불안한 현상 : 자주 바뀌는 최대주주

최대주주는 의결권이 있는 주식을 가장 많이 보유한 개인 또는 법인을 지칭한다. 그리고 투자 전문가나 투자 경험이 많은 사람들은 투자할 때 최대주주가 중요하고 이를 잘 살펴보라고 한다. 최대주주가 왜 중요할까?

이는 최대주주가 회사의 방향성을 제시하는 경영진의 구성과 직결되기 때문이다. 회사의 최대주주가 변경되는 당시의 공시를 살펴보면 임시주주총회 소집 결의 및 공고 공시가 자주 등장하는 것을 볼 수 있다. 이는 새로 들어오는(혹은 들어올 예정인) 최대주주가 새로운 경영진(사내이사, 사외이사, 감사 등)을 꾸리기 위한 과정인 것이다([표 6-1] 참조). 당연히 그 경영진은 이제 새로운 회사의 방향성을 제시할 것이고, 회사의 운명은 이에 영향 받을 가능성이 크다.

이뿐만 아니라 최대주주변경은 주가에도 상당한 영향을 미친다. 일례로 회사의 실적과 주가가 부진한 것이 최대주주와 경영진들의 무능으로 인한 인식이

표 6-1 A사 주주총회 소집공고 공시

```
                  제 XX기 임시주주총회 소집 통지(공고)

1. 일시 : 2015년 8월 28일 (금) 오전 9:00
2. 장소 : 경기도 ○○시 ◇◇길 소재 본사 회의실
3. 회의목적사항
   부의 안건

   제1호 의안 : 정관 일부 변경의 건(사업목적 추가 등)
   제2호 의안 : 이사(사내이사 및 사외이사) 선임의 건
     제2-1호 의안 : 사내이사 선임의 건[사내이사 후보자 ■■■]
     제2-2호 의안 : 사내이사 선임의 건[사내이사 후보자 ▲▲▲]
     제2-3호 의안 : 사내이사 선임의 건[사내이사 후보자 ●●●]
                              ⋮
   제3호 의안 : 감사 선임의 건[감사 후보자 ■■■]
                              ⋮
```

표 6-2 최대주주변경 관련 언론보도들

```
코스닥 상장사 ○○○, 최대주주변경 소식에 '오름세'

△△△△, 52주 최고가… 최대주주변경 호재된 듯

■■■ 상한가… 최대주주변경 호재 반영
```

존재하는 경우가 그렇다. 이때 최대주주변경은 곧 주식시장에서 호재로 작용하여 주가가 급등하는 경우들이 있다([표 6-2] 참조). 이는 새로운 최대주주에 대한 기대감으로 인한 것이다.

이처럼 최대주주와 경영진의 변동은 여러 가지 측면에서 회사의 중대한 변화, 즉 '빅 이벤트'라고 할 수 있다. 하지만 가끔 이러한 빅 이벤트가 과연 좋은 현상일지 의심스러운 경우가 있다. 바로 최대주주변경이 짧은 기간 동안 너무 잦은 경우가 그렇다.

상법상 이사의 임기는 3년으로 규정되어 있다. 3년이 절대적인 기준은 아니지만 일반적으로 경영진은 3년 간 유지되는 것이다. 그러나 현재는 상장폐지된 A사의 사례를 보면 이와 다른 모습을 확인할 수 있다.

A사는 20X1년 8월 임시주주총회 소집 결의 및 공고와 함께 최대주주변경을 공시하였다. 회사의 창업주였던 이전 최대주주가 경영에서 물러나고 새로운 최대주주를 맞이하는 순간이었다. 새로운 최대주주는 이전 최대주주의 주식 일부

를 양수하는 방식으로 경영에 참여하게 되었다([표 6-3] 참조).

그러나 경영참여 목적으로 회사를 인수한 최대주주는 약 반년 만에 주식을 다시 양도하였다. 이에 A사는 다음 해인 20X2년 3월에 또 최대주주변경을 공시하였다([표 6-4] 참조).

표 6-3 A사 최대주주변경 공시(20X1년 8월)

1. 변경내용	변경 전	최대주주등	○○○
		소유주식수	411,156주
		소유비율	33.14%
	변경 후	최대주주등	주식회사 ■■■
		소유주식수	240,000
		소유비율	19.35%
2. 변경사유			○○○ 주식 양도로 인한 최대주주 변경
3. 지분인수목적			경영참여

표 6-4 A사 최대주주변경 공시(20X2년 3월)

1. 변경내용	변경 전	최대주주등	주식회사 ■■■
		소유주식수	2,500,000주
		소유비율	9.55%
	변경 후	최대주주등	주식회사 △△△
		소유주식수	1,428,570주
		소유비율	5.46%
2. 변경사유			주식회사 ■■■의 주식 양도로 인한 최대주주 변경
3. 지분인수목적			경영참여

표 6-5 A사 최대주주변경 공시(20X2년 6월)

1. 변경내용	변경 전	최대주주등	주식회사 △△△
		소유주식수	2,500,000주
		소유비율	8.40%
	변경 후	최대주주등	주식회사 ■■■
		소유주식수	2,435,406주
		소유비율	8.18%
2. 변경사유			주식회사 △△△의 주식 양도로 인한 최대주주 변경
3. 지분인수목적			경영참여

역시나 새로운 최대주주도 경영참여 목적으로 회사를 인수하였다. 그런데 그 뒤 3개월 만에 황당한 공시가 올라온다. 최대주주가 다시 변경되었다는 것이다([표 6-5] 참조).

이렇게 A사는 1년도 지나지 않은 시간 동안 무려 3번의 최대주주변경을 공시하였다. 이제 투자자입장에서 생각해보자. 1년 동안 경영진을 3번 교체한 회사의 영업활동은 멀쩡할까?

이는 당시의 재무상황 추이를 정리한 [그림 6-1]을 통해 확인할 수 있다. 여기서 눈여겨봐야 되는 부분은 영업이익과 당기순이익 간 차이가 크다는 점이다. 영업이익과 당기순이익 간 차이는 '영업외수익 및 비용'에서 발생한다. 20X2년은 특히 영업이익과 당기순이익 간 차이가 큰데, 이러한 차이가 어디에서 발생했는지 확인해봐야 한다.

다음은 A사의 해당연도 연결포괄손익계산서이다([표 6-6] 참조). 영업외손익에서 592억 원이라는 대규모의 손실이 발생하고 있는데, 그중에서 특히 기타비용 항목으로 331억 원이 확인된다. 바로 이 부분에서 영업손실과 당기순손실 간의 큰 차이가 발생했다고 볼 수 있다.

여기서 '기타비용'이 무엇일까? 기타비용 관련 감사보고서 주석을 살펴보자 ([표 6-7] 참조). 기타비용 항목 중에서 무형자산손상차손이 무려 210억 원으로 확인된다. 전기말의 무형자산손상차손이 24억 원이었다는 점에서 이는 급격한 비용 증대라고 할 수 있다. 그렇다면 어떤 무형자산에서 손상차손이 발생했는지를 다시 확인해보아야 한다.

참고로 왜 이렇게 여러 단계를 거쳐 살펴보는지 번거롭다고 생각하는 사람이 있을 수 있다. 하지만 본래 감사보고서는 여러 회계 정보들이 세분화되어 있기 때문에 정보 간의 조합이 필요한 것이 현실이다. 그래서 감사보고서를 통해 문제를 찾아가는 과정은 원래 이렇게 '꼬리에 꼬리를 무는 방식'이 될 수밖에

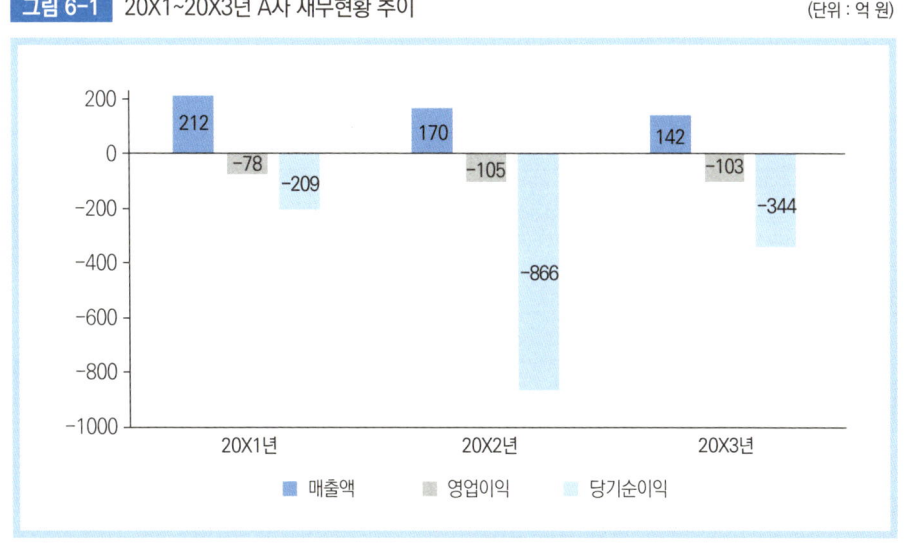

그림 6-1 20X1~20X3년 A사 재무현황 추이 (단위 : 억 원)

표 6-6　A사 연결감사보고서(20X2년 연결포괄손익계산서)　　　　(단위 : 원)

구분	당기
매출액	17,074,815,387
매출원가	18,801,045,841
매출총이익(손실)	(1,726,230,454)
판매비와관리비	8,833,651,320
영업이익(손실)	(10,559,881,774)
영업외손익	(59,294,170,474)
1. 기타수익	330,970,403
2. 기타비용	**33,127,127,866**
3. 금융수익	3,554,016,429
4. 금융비용	30,052,029,429
⋮	⋮
당기순이익(손실)	(84,466,668,676)

표 6-7　A사 연결감사보고서(기타비용 관련 주석)　　　　(단위 : 원)

구분	당기 말	전기 말
기부금	26,015,000	-
지분법손실	568,752,331	107,344,313
기타의대손상각비(비금융)	4,070,847,014	12,747,669
⋮	⋮	⋮
유형자산손상차손	2,740,543,365	-
무형자산손상차손	**21,041,010,590**	**2,400,000,000**
합계	33,127,127,866	2,711,809,809

표 6-8   A사 연결감사보고서(무형자산 관련 주석)   (단위 : 천 원)

구분	기초금액	…	처분	상각	손상차손	기말금액
영업권	20,290,433	…	-	-	(19,325,160)	1,967,677
소프트웨어	49,031	…	-	(18,591)	-	80,440
개발비	100,000	…	-	-	(100,000)	-
기타	12,700,809	…	(11,000,000)	(336,514)	(502,225)	862,069
합계	33,140,273	…	(11,000,000)	(355,105)	(19,927,385)	2,910,186

없다.

다시 무형자산 항목으로 돌아가 보도록 하자. 무형자산손상차손의 구체적인 내역을 찾아본 결과 '영업권' 손상차손이 193억 원이었다([표 6-8] 참조). 전체 기타비용이 331억 원이니 이는 상당히 큰 규모라고 할 수 있다. 여기가 바로 문제였던 것이다.

앞서 살펴본 것처럼 영업권은 회사가 다른 회사를 인수·합병할 때 그 회사 순자산의 공정가치를 초과하는 지급액을 의미한다. 그리고 이는 재무제표에서 무형자산으로 인식한다. 이처럼 회사가 다른 회사들을 인수·합병하면서 지급한 프리미엄에 대해 사실상 전액 손상차손(기초금액 202억 원 중 193억 원)이 발생한 것이다. 이러한 손상차손은 당해의 기타비용에 반영되어 당기순손실의 폭을 더욱 키웠다.

이러한 내용을 통해 투자자가 추정해볼 수 있는 것은, 경영진이 '주요 사업'에 관심이 없고 그 이외의 것들에만 집중했다는 점이다. 그리고 그 결과로 회사는 다음 해에 감사의견거절을 받았고, 이는 상장폐지로 이어졌다.

이처럼 최대주주가 지나치게 자주 바뀌는 것은 결코 바람직하지 않은 현상이다. 최대주주가 자주 바뀐다는 것은 경영권이 불안정할 뿐만 아니라 경영진이 본업에 집중하지 않을 가능성이 크기 때문이다.

새로운 경영진이 본업을 이해하는데 시간이 필요한데 그런 시간조차 갖지 못할 만큼 최대주주가 자주 바뀌어버리니, 회사 상황이 더 어려워질 수밖에 없다. 이러한 회사에 무턱대고 투자하면 돈을 지키기 힘들다.

최대주주의 자금출처는 꼭 확인하라

1. '자금출처'가 중요한 이유

최대주주란 말 그대로 가장 많은 지분을 확보하고 있는 자를 의미한다. 앞서 설명했지만 최대주주는 자신의 지분율을 바탕으로 주주총회를 통해 자신의 경영진을 꾸리게 된다.

여기서 그 이전 단계를 생각해보자. 최대주주가 회사에 들어올 때 지분을 확보하는 방법은 크게 2가지이다. 하나는 기존 최대주주로부터 지분을 넘겨받는 경우이다. 또 한 가지는 제3자배정 유상증자에 참여하여 최대 지분율을 확보하는 방식이다. 보통 2가지 방식을 함께 사용하기도 한다.

그렇다면 여기서 생각해볼 것은 바로 '최대주주는 그 돈이 어디서 났을까?'이다. 한 회사의 최대 지분율을 확보하기 위해서는 최소 수십억 원에서 많게는 수백억 원 이상의 자금이 필요하다. 그렇다면 최대주주가 될 개인 또는 법인은 이 돈을 어떻게 마련할까?

당연히 '내 돈'을 쓰거나 '남의 돈'을 써야 한다. 여기서 '내 돈'을 쓰는 것을 '자기자금'이라 하고, '남의 돈'을 쓰는 것을 '차입금'이라고 한다. 물론 둘 중 한 가지 방식만 선택하는 것은 아니다. 자기자금을 쓰면서 일부 차입금을 함께 활용하는 것이 보편적이다.

이제 여러분이 어떤 상장사의 주주라고 가정해보자. 새로운 최대주주가 들어왔다. 이때 최대주주의 자금출처가 어떤 형태여야 좋을까? 당연히 자기자금 100%인 경우가 가장 좋을 것이다. 왜 그럴까?

여러분들이 어떤 아파트에 전세 세입자로 거주하고 있는 상황을 생각해보자. 이때 제일 중요한 것은 바로 아파트 소유주, 즉 집주인이 이 아파트를 어떤 형태로 보유하고 있는지 여부다. 집주인이 100% 자기자금으로 (근저당권 없이) 아파트를 매수한 상황이면 세입자는 안심할 수 있다. 집주인이 다른 대출이 없으니, 대출금을 상환하지 못하여 집이 경매로 넘어가는 일은 없을테니 말이다. 이래저래 세입자가 전세금을 돌려받지 못하는 불미스러운 상황은 피할 수 있을 것이다.

그런데 만약에 집주인이 (극단적인 사례로) 100% 대출로 해당 아파트를 매수하였고, 이에 대해 근저당권이 설정되어 있다면 어떨까? 그럼 세입자로 들어갈 사람은 어떤 걱정을 하게 될까? 만약에 아파트 값이 폭락(=담보가치 하락)하거나 집주인의 대출에 문제가 생길 경우 아파트는 경매에 넘어가 헐값에 팔리고(=반대매매), 이를 재원으로 채권자(은행)는 그 대출금부터 충당할 것이다[그림 6-2] 참조).

완벽히 들어맞는 사례는 아니지만 주식도 원리가 동일하다. 최대주주가 차입금 100%로 회사를 인수하는 경우를 생각해보자. 이때 최대주주는 보통 '주식담

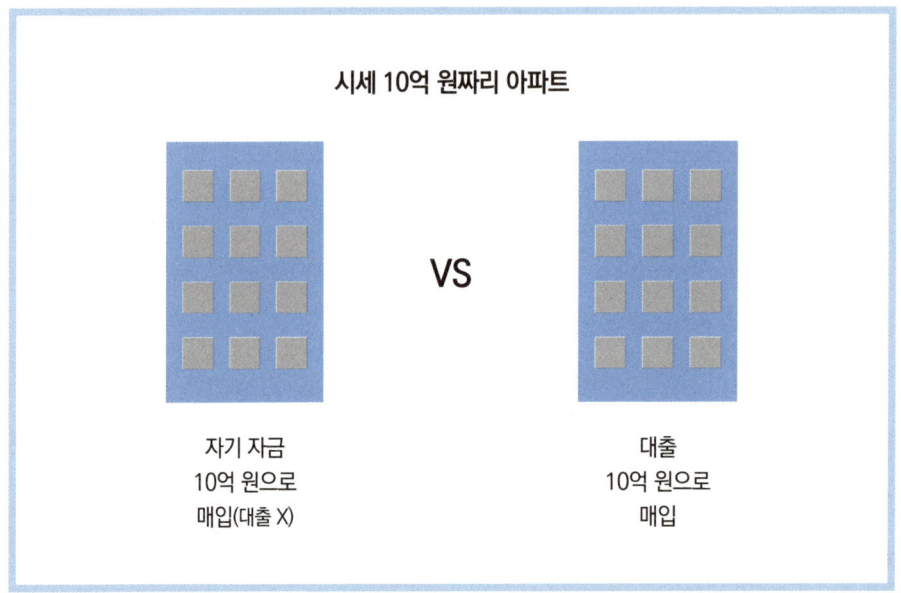

그림 6-2 어떤 아파트에 세입자로 들어가는 것이 더 안전할까?

보대출'을 활용한다. 즉 주식을 사는 동시에 그 주식을 담보로 맡기고 돈을 빌리는 것이다. 이러한 주식담보대출은 보통 증권사, 한국증권금융, 또는 저축은행 등의 금융기관을 통해 실행된다.

여기서 중요한 것은 최대주주가 담보로 제공한 주식의 담보가치이다. 주식은 변동성이 크기 때문에 주식담보대출의 대주(대출을 해준 주체) 입장에서 가장 중요한 것은 담보가치를 안정적으로 관리하는 것이다.

주식의 가격은 내가 통제할 수 없는 부분이기 때문에 대주는 여기서 '담보유지비율'이라는 개념을 적용한다. 담보유지비율은 일종의 '데드라인'이다. 보통 담보유지비율은 대출금액의 140~200%의 수준으로 적용된다. 그리고 그 담보유지비율은 개별 종목마다 다르다. 우량한 대형주일 경우 담보유지비율이 상대적으로 더 낮다. 담보유지비율이 낮다는 것은 주식의 가치와 안정성을 인정받아 반대매매의 기준이 되는 가격을 낮게 책정한다는 것을 의미한다. 즉, 반대매매의 발생 가능성이 상대적으로 낮다는 것이다. 그러나 관리종목으로 지정되었거나 부정적인 공시가 많았던 개별 종목에 대해서는 보수적으로 더 높은 담보유지비율을 적용하거나 대출 실행 자체가 불가능한 경우가 있다.

여기서 담보유지비율이 높다는 것은 주가가 조금만 떨어져도 반대매매로 이어질 수 있다는 것을 의미한다. 만약 담보로 제공된 주식의 주가가 지속적으로 하락하여 담보유지비율에 이르게 되면 대주는 담보로 제공된 주식을 차주(주식담보대출을 받은 주주)의 의지와 상관없이 매도하여 대출 원리금을 충당한다.

심지어 이때 주식담보대출의 대주는 그 담보로 제공된 주식을 (친절하게) 높은 가격에 처분해주지 않는다. 이들의 입장에선 빠르게 대출금을 회수하는 것이 목표이기 때문에 최대한 빨리 매도할 수 있는 가격(하한가 또는 시장가)에 매도주문을 제출하여 반대매매를 실행한다.

반대매매의 문제는 그 다음이다. 안 그래도 주가가 하락하여(담보가치 하락) 반대매매를 당했는데 최대주주의 많은 매도물량이 하한가 또는 시장가로 나오게 되면 주가 하락은 더욱 가속화된다. 특히 주로 낮은 가격에 매도하는 반대매매의 특성상 동일한 대출금을 충당하기 위해 더 많은 주식수를 매도할 수밖에 없다. 그렇기 때문에 주가 하락의 폭은 더욱 커지는 악순환이 발생한다([그림 6-3] 참조).

최대주주변경 당시 최대주주 자금출처에 차입금이 많은 경우 이러한 위험이 있다는 것을 알아야 한다. 특히 기업사냥꾼들이 한계기업을 '무자본M&A'로 인

그림 6-3   반대매매의 악순환

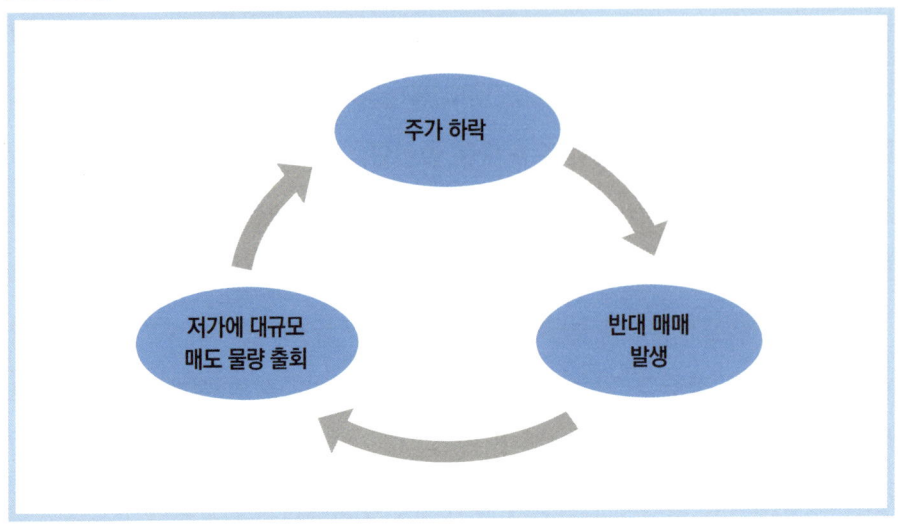

수할 경우 더욱 주의가 필요하다. 이러한 무자본M&A는 자기자금을 들이지 않은 차입금 100% 형태의 기업 인수 행위를 지칭한다.

반면에 100% 자기자금으로 최대주주가 변경되는 것은 주주 입장에서 굉장히 안정적이다. 심지어 시장에서는 100% 자기자금으로 최대주주가 변경되면 경영의지가 확고한 최대주주가 들어온 것을 호재로 인식하여 주가가 오르기도 한다.

이처럼 최대주주의 자금출처는 투자자에게 많은 영향을 준다. 리스크가 될 수도 있고 긍정적인 신호가 될 수도 있는 것이다.

물론 차입금 100%로 최대주주가 변경되더라도 무조건 부정적인 것은 아니다. '차입경영'을 하더라도 새로운 최대주주가 충분한 경영능력과 의지를 가지고 있다면 회사는 잘 돌아갈 수도 있다.

그러나 우리는 최대주주에 대한 정보가 부족하기 때문에 가능한 보수적으로 판단할 필요가 있다. 같은 값이면 다홍치마라는 말이 있듯이, 이왕이면 경영권이 보다 안정적인 주식에 투자하는 것이 내 돈을 지키는데 유리할 수 있다.

2. 자금출처를 확인하는 방법

다시 한 번 얘기하지만 최대주주의 취득자금 출처는 반드시 확인해야 할 중요한 내용이다. 그런데 이는 저자가 주관적으로 중요하다고 주장하는 것이 아니다. 바로 우리나라 '자본시장법'이 중요하다고 인정하고 있는 내용이다. 다음의 법조문을 살펴보자.

> 자본시장법 제147조(주식등의 대량보유 등의 보고)
> ① 주권상장법인의 주식등을 대량보유(본인과 그 특별관계자가 보유하게 되는 주식등의 수의 합계가 그 주식등의 총수의 100분의 5 이상인 경우를 말한다)하게 된 자는 그 날부터 5일 이내에 그 <u>보유상황, 보유목적(발행인의 경영권에 영향을 주기 위한 목적 여부를 말한다), 그 보유 주식 등에 관한 주요 계약내용, 그 밖에 대통령령으로 정하는 사항</u>을 대통령령으로 정하는 방법에 따라 금융위원회와 거래소에 보고하여야 하며 (중략)
>
> 자본시장법 시행령 제153조(주식등의 대량보유 등의 보고)
> ② 법 제147조 제1항 전단에서 "대통령령으로 정하는 사항"이란 다음 각 호의 사항을 말한다. (중략) 6. <u>취득에 필요한 자금이나 교환 대상 물건의 조성내역(차</u>

입인 경우에는 차입처를 포함한다)

자본시장법 제147조는 우리가 앞서 살펴본 '주식대량보유보고서' 공시를 규정하고 있는 조문이다. 밑줄 친 부분을 보면, 최대주주가 주식 취득에 필요한 자금은 법률에서 정하는 '중요한 사항'임을 알 수 있다. 특히 차입일 때는 차입처까지 명시하도록 규정되어 있다. 중요한 내용이니 자세하게 쓰라는 뜻이다. 이외에도 주식에 관한 주요 계약내용(대표적으로 주식담보대출 여부) 역시 자본시장법에서 정하고 있는 중요한 사항이다.

이제 이러한 최대주주의 자금출처를 어떻게 확인하면 되는지 살펴보도록 하자.

2023년 5월 24일 종합 조선·해양회사 한화오션(구 대우조선해양)은 최대주주가 변경되었음을 공시하였다. 최대주주는 산업은행에서 한화에어로스페이스와 그 특별관계자들로 변경되었다. 한화에어로스페이스가 제3자배정 유상증자로 82.36%의 최대 지분을 확보한 것이다.

그리고 한화에어로스페이스는 이에 대한 주식대량보유보고서를 공시한다. 여기서 우리가 찾아볼 것은 목차 중에서 '제3부-직전보고일 이후 대량변동 내역→3. 취득에 필요한 자금등의 조성내역' 항목이다([그림 6-4] 참조).

확인 결과 한화에어로스페이스와 그 특별관계자들은 인수자금 총 2조 원을 전액 자기자금으로 조달하였음을 공시하였다. 특히 자금출처의 세부사항을 보면 '자체 보유자금'으로 상세히 나와 있다. 변경된 최대주주가 이미 보유하고 있던 자기자금으로 이를 조달했다는 것이다([그림 6-5] 참조).

당연히 기존 주주들 입장에서는 이렇게 새로운 최대주주가 자기 돈으로 회사

그림 6-4 한화오션 주식대량보유보고서(취득자금등의 개요)

3. 취득에 필요한 자금등의 조성내역
(1) 취득자금등의 개요

(단위 : 원)

성명	생년월일 또는 사업자등록번호등	자기자금(H)	차입금(I)	기타(J)	계(H+I+J)
한화에어로스페이스(주)	609-81-02992	999,999,997,150	-	-	999,999,997,150
한화시스템(주)	513-81-17175	500,000,008,150	-	-	500,000,008,150
Hanwha Impact Partners Inc.	53363	399,999,991,200	-	-	399,999,991,200
한화컨버전스(주)	124-87-04943	30,000,007,000	-	-	30,000,007,000
Hanwha Energy Corporation Singapore Pte. Ltd.	53044	70,000,009,950	-	-	70,000,009,950

그림 6-5 한화오션 주식대량보유보고서(취득자금등의 조성경위 및 원천)

(2) 취득자금등의 조성경위 및 원천
ㅇ 자기자금의 경우

성명	생년월일 또는 사업자등록번호등	취득자금등의 조성경위 및 원천
한화에어로스페이스(주)	609-81-02992	자체 보유자금
한화시스템(주)	513-81-17175	자체 보유자금
Hanwha Impact Partners Inc.	53363	자체 보유자금
한화컨버전스(주)	124-87-04943	자체 보유자금
Hanwha Energy Corporation Singapore Pte. Ltd.	53044	자체 보유자금

를 인수했으니 이를 반길 것이다. 주식시장도 이에 부응하듯 한화오션의 주가는 그 뒤로 고공행진했다.

한편 최대주주가 변경된 이후 경영이 악화되어 회사가 상장폐지에 이르게 된 사례도 있다. 이는 앞서 공시와 관련한 장에서 이미 살펴본 자료이다. 중요한

표 6-9   A사 주식등의대량보유상황보고(취득에 필요한 자금등의 조성내역)

(1) 취득자금 등의 개요

성명	자기자금(H)	차입금(I)	기타(J)	계(H+I+J)
A사	-	100억 원	-	100억 원

(2) 취득자금 등의 조성경위 및 원천

차입자	A사	차입처	1. △△저축은행 2. 김아무개

차입금액	100억 원	차입기간	1. △△저축은행(20XX.01.01~20XX.12.31.)
			  - 50억 원
			2. 김아무개(20XX.01.01~20XX.12.31.)
			  - 50억 원

주식 등의 담보 제공 여부	1. 제공 2. 해당사항 없음	담보 내역	1. A사 주식 50만 주 2. 해당사항 없음

표 6-10   A사 주식등의대량보유상황보고(보유주식 등에 관한 계약)

나. 계약 내용

성명	보고자와의 관계	생년월일 또는 사업자등록번호	주식 등의 종류	주식 수	계약 상대방	계약의 종류	계약 체결일	비고
B (최대주주)	본인	XXX	의결권 있는 주식	500,000	△△ 저축은행	담보 계약	20XX. 01.01	담보 대출

내용인 만큼 한 번 더 보고자 한다. 최대주주는 100억 원으로 회사를 인수하면서 이를 전액 차입금으로 공시하였다. 그리고 그 차입금의 출처는 저축은행과 특정 개인이다([표 6-9] 참조).

이처럼 저축은행을 상대로 차입을 했다면 이는 최대주주의 주식담보대출을 수반한 차입일 가능성이 크다. 주식대량보유상황보고서 공시에서 '제2부 대량보유내역→2. 보유주식 등에 관한 계약' 항목을 보면 이를 확인할 수 있다.

역시나 주식담보계약이 확인된다. 최대주주는 자신의 인수 주식 전부를 담보로 제공하면서 차입을 한 것이다([표 6-10] 참조).

물론 이로 인해 상장폐지가 되었다는 것은 아니다. 충분히 능력이 있고 회사를 제대로 경영하고자 하는 의지가 있는 최대주주도 이러한 차입경영을 할 수 있다. 다만, 소위 기업사냥꾼들이라고 하는 세력들이 특정한 의도를 갖고 이러한 무자본M&A 형태로 회사를 인수한다는 사실을 기억해야 한다. 특히 그 대상이 규모가 작고 재무적으로 한계 상황에 이른 회사라면 더욱 경계심을 가지고 살펴봐야 한다.

3. 잘못 기재하면 형사처벌까지 된다?

앞서 살펴본 내용처럼 최대주주의 자금출처는 실질적으로 중요하고 자본시장법도 이를 중요하다고 인정하고 있다. 그리고 마찬가지로 이를 강조하는 곳이 바로 우리나라 법원이다. 즉 최대주주가 자금출처를 잘못 쓰는 것을 '죄'라고 보고 형사처벌을 한다는 것이다. 왜 그럴까? 우선 해당 법조문을 보자.

자본시장법 제178조(부정거래행위 등의 금지)
① 누구든지 금융투자상품의 매매, 그 밖의 거래와 관련하여 다음 각 호의 어느 하나에 해당하는 행위를 하여서는 아니된다.
  1. 부정한 수단, 계획 또는 기교를 사용하는 행위
  2. <u>중요사항에 관하여 거짓의 기재 또는 표시를 하거나 타인에게 오해를 유발</u>

시키지 아니하기 위하여 필요한 중요사항의 기재 또는 표시가 누락된 문서, 그 밖의 기재 또는 표시를 사용하여 금전, 그 밖의 재산상의 이익을 얻고자 하는 행위

3. 금융투자상품의 매매, 그 밖의 거래를 유인할 목적으로 거짓의 시세를 이용하는 행위

자본시장법 제178조는 '부정거래행위'라는 행위를 금지하고 있다. 용어가 좀 낯설지만, 말 그대로 주식시장에서 '부정한 행위'를 하면 안 된다는 것이다. 그리고 그 부정한 행위는 1~3호에 나열되어 있다. 여기서 우리가 보려는 부분은 바로 2호이다. 즉 중요한 사항에 관해 잘못 쓰거나 누락하면 안 된다는 내용이다.

이 책은 법률 서적이 아니기 때문에 간단하게 결론부터 얘기하겠다. 최대주

표 6-11 자금출처 관련 대법원 판결문

> '경영참여'로 취득목적을 공시한 사람들의 취득자금이 본인자금인지 차입금인지 여부는 그 공시 등의 진정성, 추가 주식 취득의 가능성, 경영권 분쟁의 발생이나 M&A의 성공 가능성과 그 후의 투자 적정성 등을 판단하는 기본적이고 중요한 자료가 되는 점 …….
> 주식 대량보유보고서 중 취득자금 조성내역은 그 취득목적과 함께 회사의 경영에 중대한 영향을 미치거나 기업환경에 중대한 변경을 초래할 수 있는 사항 또는 유가증권의 공정거래와 투자자 보호를 위하여 필요한 사항으로서 일반투자자의 투자판단에 상당한 영향을 미칠 수 있는 사항, 즉 증권거래법(현재의 자본시장법)에서 규정하고 있는 유가증권의 매매 기타 거래와 관련한 '중요한 사항'에 해당한다고 할 수 있다.

주가 주식 취득자금 관련 내용을 허위로 작성하거나 누락하는 행위는 부정거래 행위에 해당하여 처벌대상이 된다. 관련해 법원의 입장(판결문)을 확인해보자.

판결문은 대체로 문장이 길고 표현이 어려운 것이 사실이다. 그러나 [표 6-11]의 내용은 간단하다. 최대주주의 취득자금 조성 내역은 주식 투자자들이 투자판단을 하는 데 있어 중요하게 취급하는 정보이기 때문에 '중요한 사항'에 해당한다는 이야기다.

이 판결문은 실제 기업사냥꾼들이 무자본M&A로 회사에 진입하여 기업을 망가뜨린 사례이다. 이들은 무자본으로 회사를 인수해놓고 자기자금으로 회사를 인수했다고 거짓 공시했다. 차입금으로 공시하면 주가에도 부정적이고 그럴 경우 자신들의 주식이 반대매매 당할 수도 있기 때문이다. 이러한 거짓말과 무자본M&A의 결말은 상장폐지였고, 그 피해는 투자자들에게 전가되었다.

4. 공시가 황당하게 정정되는 경우들

이처럼 주식대량보유상황보고서 공시는 무게감이 있는 공시이다. 내용이 틀리면 형사처벌까지 될 수 있으니까 말이다. 하지만 이러면 각 회사의 공시담당자들은 너무 압박감이 크다. 무서워서 공시 제출을 제대로 할 수 있을까?

사실 주식시장에서 절대 다수의 회사들은 공시를 올바르게 제출하기 위해 노력하고 있고, 실제로도 그렇게 한다. 그 과정에서 당연히 실수(형식적인 오류 또는 내용적인 오류)가 발생할 수 있는데, 이 경우 '정정공시'라는 것을 제출하게 된다. 즉 이미 공시한 사항에 대해 오류를 수정하는 공시이다. 중요한 내용이더라도 실수했으면 이를 최대한 빠르게 수정해서 알려주는 것이 당연하다. 물론 중

그림 6-6 한화투자증권 주식대량보유상황보고서(정정신고)

정 정 신 고 (보고)

2024년 01월 05일

1. 정정대상 공시서류 : 주식등의 대량보유상황보고서

2. 정정대상 공시서류의 최초제출일 : 2024년 01월 04일

3. 정정사항

항 목	정정요구·명령 관련 여부	정정사유	정 정 전	정 정 후
제2부 대량보유내역 2. 보유주식등에 관한 계약 나. 계약내용 - 계약체결(변경)일	해당사항 없음	단순 오기	2023년 03월 23일	2022년 03월 23일

표 6-12 R사 주식대량보유상황보고서(취득에 필요한 자금등의 조성내역)

(1) 취득자금 등의 개요

성명	자기자금(H)	차입금(I)	기타(J)	계(H+I+J)
㈜◇◇◇	9,609,999,296	-	-	9,609,999,296

요하지 않은 단순 오기의 경우들도 오류가 확인되었으면 정정해야 한다.

의외로 단순 실수로 인한 정정공시도 많다. 다음 한화투자증권 주식대량보유상황보고서의 경우 주식 관련 계약사항에 대해서 계약체결일을 잘못 기재하였다. 말 그대로 단순오기에 해당하는 사안으로 이러한 실수는 정정하면 된다([그림 6-6] 참조).

그러나 이러한 정정공시의 내용이 황당할 정도로 이상한 경우들도 있다. 단

순한 실수가 맞는지 의심이 들 지경이다. 현재 상장폐지된 R사의 최대주주 변경 당시 관련 공시를 보자. 새로운 최대주주는 100억 원에 가까운 취득자금을 전액 자기자금으로 마련하였음을 공시하였다([표 6-12] 참조). 당연히 주주 입장에서는 환영할 만한 일이다. 새로운 최대주주가 자기자금을 가지고 회사를 인수하였으니 책임경영을 기대할 수 있고, 그만큼 회사를 일으키겠다는 의지가 있는 것으로 받아들이기 때문이다.

그런데 2개월 뒤에 이와 관련한 정정공시가 올라온다. 기재오류를 정정하기 위한 목적인데, 바로 100억 가까운 취득자금이 사실은 자기자금이 아니라 차입금이라는 것이다([표 6-13] 참조). 외관상으로 보면 간단한 문제 같아 보이지만, 그 내용은 그리 간단한 문제가 아니다.

사실 이 정정공시의 가장 이상한 점은 공시된 날짜이다. 이렇게 중요한 내용을 왜 2개월 뒤에 정정했을까를 생각해보아야 한다. 주식 취득이 이루어진 시점

표 6-13 R사 주식대량보유상황보고서(정정신고 내용)

3. 정정사항

항목	정정사유	정정 전	정정 후
취득자금 등의 조성경위 및 원천	기재 오류	자기자금	차입금

표 6-14 R사 주식대량보유상황보고서(정정공시)

(1) 취득자금 등의 개요

성명	자기자금(H)	차입금(I)	기타(J)	계(H+I+J)
㈜◇◇◇	9,999,296	9,600,000,000	-	9,609,999,296

은 최대주주 변경 당시인데, 왜 2일 뒤도 아니고 2개월 뒤였을까?

정정공시된 내용도 이상하다. [표 6-14]를 보면 차입금이 96억 원이고, 자기자금 999만 원으로 기재되어 있다. 다시 말해 100억 가까운 인수자금 중에는 자기 돈 999만 원도 들어가 있다는 이야기를 이 와중에 하고 있는 것이다. 거의 '눈 가리고 아옹' 하는 수준이다.

결과적으로 기존 공시의 핵심 내용이 180도 다 바뀌었다는 게 중요하다. 물론 투자자 입장에서 해당 공시가 일부러 틀리게 기재한 것인지, 단순 실수인지는 정확히 알 수 없다. 만약에 일부러 틀리게 쓴 것이라면 '중요한 사항'을 허위로 기재한 것이기 때문에 자본시장법 위반에 해당할 것이다.

하지만 우리는 누군가의 잘잘못을 따지는 사람보다는 냉철한 투자자가 되어야 한다. 투자자 입장에서 이러한 자금출처 정정은 결코 바람직하지 않다. 내가 투자한 회사가 이러한 정정공시를 내게 될 경우 유심히 살펴봐야 한다. 그리고 만약 R사의 경우처럼 취득자금의 출처를 극단적으로 변경하여 공시하는 경우라면 내 투자금을 어떻게 할지 신중히 생각해봐야 한다.

최대주주의 재무건전성

차입금으로 새로운 최대주주가 들어오더라도 무조건 부정적인 것은 아니다. 100억 원의 주식담보대출로 최대주주가 되었다고 하더라도 만약에 최대주주인 법인의 순자산이 100억 원 이상이라면 주주 입장에서 안심할 수 있다. 반대매매가 발생할 정도로 주가가 하락하더라도 담보를 추가로 제공하거나 대출을 상환하여 지분율을 방어하고 반대매매를 막을 수 있기 때문이다.

오히려 재무적으로 건전한 최대주주가 적절한 대출을 통해 레버리지를 활용한다면 효율적인 경영성과를 낼 수도 있다. 아모레퍼시픽의 사례를 살펴보자.

아모레퍼시픽의 주식대량보유보고서 공시 중 주식에 관한 계약사항을 보면 아모레퍼시픽그룹 서경배 회장의 주식담보대출 내역을 확인할 수 있다([그림 6-7] 참조). 아모레퍼시픽 주식 166만 8,000주(발행주식수의 2.85%)를 한국증권금융에 담보로 제공하면서 1,183억 원의 대출을 받은 것으로 확인된다. 그렇다면 해당 대출은 적정한 규모일까? 같은 공시 안에서 보고자에 관한 사항을 찾아보자([그림 6-8] 참조).

해당 주식대량보유보고서 공시의 보고자는 ㈜아모레퍼시픽그룹이라는 법인이다. 해당 법인의 구체적인 사항을 살펴보니 자산총액 2.2조 원, 부채 5,748억 원, 자본 2.1조 원으로 확인된다. 그리고 해당 법인의 최대주주는 서경배 회장이다. 지분율은 47.14%이다. 더 이상 살펴보지 않아도 서경배 회장의 주식담보대출은 재무적으로 문제가 없다는 것을 알 수 있을 것이다.

이제 반대로 생각해보자. 최대주주가 100% 자기자금으로 공시를 했으니 마냥 안심하고 잘된 일이라고 판단할 수 있을까? 우리가 여기서 더 확신을 얻기 위해서는 최대주주의 재무상태를 두 눈으로 직접 확인해야 한다. 다른 목적을 가지고 공시를 허위로 하는 사람들도 존재하기 때문이다.

실제로 가끔 최대주주가 주식담보대출(차입금)을 통해 회사를 인수하고서 이를 공시하면 주가가 하락하고 반대매매가 발생할 것을 우려하여 자기자금으로 회사를 인수했다고 허위공시하는 사례도 있다. 극단적인 사례지만 보수적으로 접근해서 나쁠 것은 없을 것이다. 앞서 살펴본 최대주주 취득자금 내역 정정 사

그림 6-7 아모레퍼시픽 주식대량보유보고서(보유주식 등에 관한 계약)

2. 보유주식등에 관한 계약

가. 계약 여부

신탁·담보·대차·일임·장외매매·공동보유 등 주요계약 체결, 변경 여부
있음

*주요계약 체결·변경사실 미보고시 해당 미보고분에 대해 의결권이 제한될 수 있음

나. 계약 내용

연번	성명 (명칭)	보고자와의 관계	생년월일 또는 사업자등록번호 등	주식등의 종류	주식등의 수	계약 상대방	계약의 종류	계약체결 (변경)일	계약 기간	비율	비고
1	서경배	특수관계인	630114	의결권있는 주식	1,668,000	한국증권금융(주)	담보계약	2023.05.23	2023.05.23 ~ 2024.05.23	2.85	계약기간 변경
			합계(주식등의 수)		1,668,000			합계(비율)		2.85	-

다. 주요계약이 담보계약인 경우 추가 기재사항

연번	주식등의 수	대출금액	채무자	이자율	담보 유지비율	기타
1	1,668,000	118,300,000,000	서경배	5.15	110	-

그림 6-8 아모레퍼시픽 주식대량보유보고서(보고자에 관한 사항)

(2) 보고자에 대한 구체적인 사항(법인, 기타단체, 법령상조합, 민법상 조합의 경우 기재)

법적성격	주식회사		
자산총액 (또는 운용자산총액)	2,253,119,952,895	부채총액	57,484,934,943
자본총액	2,196,635,017,952	자본금	47,997,075,000
대표자 (대표조합원 또는 업무집행조합원)	대표이사 이상목		
의사결정기구 (의사결정권자)	주주총회 / 이사회		
최대주주 (최다출자자)	서경배	최대주주 지분율(%) (최다출자자 출자비율)	47.14

표 6-15 R사 주식대량보유상황보고서(보고자에 관한 사항) (단위 : 백만 원)

(1) 취득자금 등의 개요

법적 성격	주식회사		
자산총액	34	부채총액	20
자본총액	14	자본금	100
대표자	△△△△		
의사결정기구	이사회, 주주총회		
최대주주 (최다출자자)	㈜□□	최대주주 지분율	100%

례인 R사를 다시 한 번 살펴보자.

공시를 정정하기 전 최초 공시에서 회사는 100% 자기자금으로 취득자금을 마련했다고 공시하였다. 해당 공시에서 새로운 최대주주의 재무상태를 확인할 수 있다. '제1부 보고의 개요' → '2. 대량보유자에 관한 사항' 항목을 보자.

[표 6-15]는 100억 원 가까운 인수자금을 자기자금으로 납입한 최대주주의 재무상태이다. 자산총액이 3,400만 원이다. 자본금이 1억 원인데 자본총액은 1,400만 원이므로 재무적으로는 자본잠식 상태의 회사임을 알 수 있다. 100억 원 가까운 자기자금을 마련할 수 있는 여력이 있어 보이는가?

물론 영세한 회사라도 당해에 사업이 흥해서 갑자기 거액의 돈을 벌수도 있다. 그러나 이러한 경우는 흔치 않다. 특히 R사의 경우처럼 자산총액이 5,000만 원도 안 되는 법인이 갑자기 100억 원의 자기자금이 생길 가능성은 높지 않다. 우리는 이렇게 보수적으로 생각해야 한다. 만약 회사 밖에서 그 돈을 빌려왔다면, 이는 차입금으로 표시해야 한다. 실제로 이 회사는 앞서 살펴본 것처럼

2개월 뒤에 자기자금 공시를 차입금으로 번복하였다.

　투자자 입장에서는 최대주주에 대한 최대한 많은 정보를 파악하는 것이 중요하다. 최대주주는 회사에 대한 영향력이 크기 때문이다. 내가 투자한 혹은 투자하려는 회사의 최대주주가 어떤 자금출처로 회사를 인수했는지, 현재 최대주주의 재무상태가 어떠한지를 종합적으로 확인해야 한다. 그래야 더 합리적인 투자 판단을 할 수 있게 된다.

최대주주의 유상증자 참여 여부를 체크하라

　유상증자는 상장사가 자금을 조달하고 지속적으로 성장할 수 있는 중요한 방법 중 하나이다. 기업은 경영환경이 항상 우호적일 수만은 없기 때문에 어려운 시기에 외부 차입이나 회사채 발행을 통해 자금을 조달할 수도 있다. 하지만 이는 기업 입장에서 결국 부채이기 때문에 이러한 방식에는 한계가 있다.

　그렇기 때문에 유상증자가 필요하다. 유상증자를 통해 회사의 자본금을 확충하고 이를 운영자금, 시설투자, 부채상환 등 필요한 용도에 따라 사용할 수 있다. 그리고 이를 바탕으로 회사가 성장하고 회사의 성장이 다시 주주의 이익으로 환원되는 구조가 된다.

　그러나 투자자 입장에서 이러한 유상증자는 '애증'의 대상이다. 회사가 시설투자를 하거나 신사업에 투자하기 위한 자금을 모집하고 이를 적기에 잘 활용하면 회사는 성장의 발판을 마련할 수 있다. 그러나 한편으로는 상장 주식수가 증가하여 지분가치가 희석된다는 점, 이로 인해 주가가 하락할 수 있다는 점,

그리고 기존 주주들을 대상으로 자금 모집을 한다는 점에서 투자자는 마음 한쪽이 편치가 않다. 그럼에도 우리는 내가 투자한 회사의 성장을 응원할 것이다.

한편 여기서 최대주주와 관련해서 한 가지 더 체크하면 좋은 것이 있는데, 바로 최대주주가 그 유상증자에 얼마나 '성심성의껏 참여'하는지 여부다.

기존 주주를 대상으로 하는 유상증자의 경우 최대주주도 당연히 주주 중 한 명이기 때문에 자신의 지분만큼 유상증자 청약에 응할 수 있다. 그럼에도 최대주주 자신은 그저 바라만 보면서 다른 소액주주들한테만 참여를 호소한다면 책임경영과는 다소 거리가 있어 보인다.

최대주주가 유상증자에 충분한 규모로 참여하거나 그렇지 않더라도 실권주(주주배정 공모 유상증자에 주주들이 청약하지 않아 미달된 수량)를 인수하는 모습을 보여주는 것이 바람직할 것이다. 그래야 자신의 지분율을 방어하면서 경영권 안정을 꾀할 수 있기 때문이다.

하지만 모든 회사의 최대주주들이 이런 모습을 보일까? 그렇지 않다. 심지어 최대주주가 유상증자에 참여하는 '척'을 하고서 투자자의 뒤통수를 치기도 한다. 실제 사례를 통해 살펴보도록 하자.

| 1. 유상증자 시 증권신고서와 투자설명서는 꼭 확인하라 |

기존 주주, 또는 일반투자자 등 50인 이상을 상대로 진행하는 유상증자를 '공모형 유상증자'라고 한다. 이러한 공모 유상증자는 말 그대로 대중을 상대로 하기 때문에 회사 입장에서 지켜야 하는 규정이 많다.

대표적인 것이 증권신고서와 투자설명서 작성이다. 이는 투자자들에게 주식

그림 6-9 삼성제약 유상증자 관련 투자설명서 공시

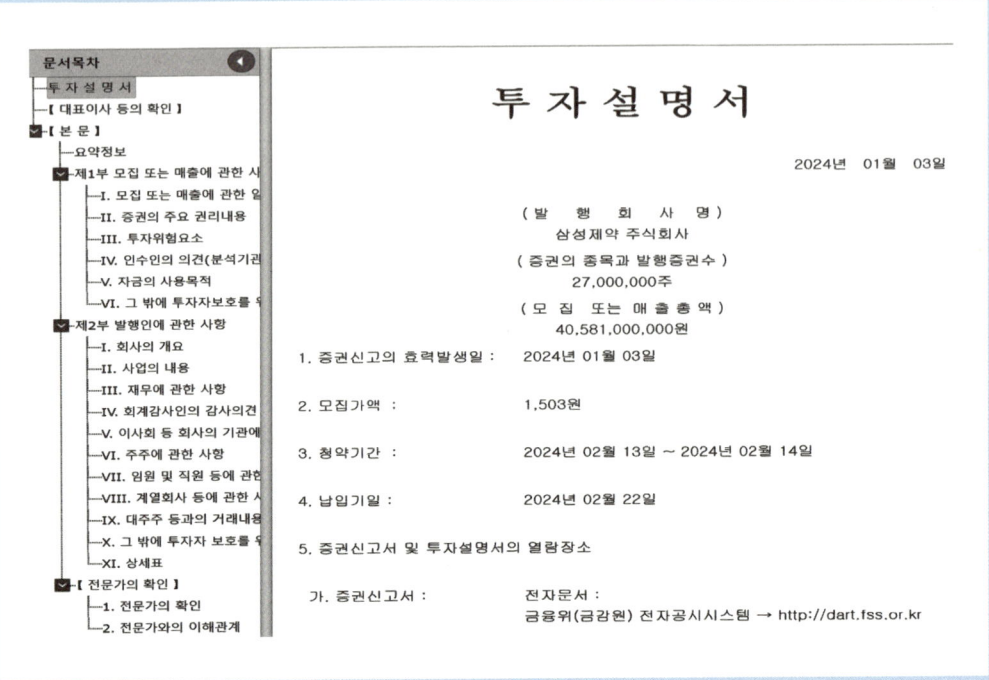

그림 6-10 삼성제약 유상증자 관련 투자설명서(산업의 경쟁현황)

나. 국내 제약 산업 및 바이오 신약 산업의 경쟁강도에 따른 위험

국내 제약시장에서 생산실적을 보유하고 있는 완제의약품 제조기업은 2021년 기준 399개로, 과거 낮은 진입장벽으로 인해 다수의 기업들이 시장에 참여했으며, 시장규모를 고려할 시 참여기업들의 수가 과도한 것으로 판단됩니다. 2010년에 시행된 의약품 리베이트 규제, 2012년 약가인하정책 등 정부의 규제로 인해 산업전체의 성장성이 둔화되고 있는 상황입니다. 이로 인해, 제약회사 간 양극화 등 경쟁이 심화될 것으로 예상됨에 따라 향후 제약회사의 성장성과 수익성에 영향을 미칠 가능성이 존재하오니 투자자께서는 이 점 유의하시기 바랍니다.

바이오 신약의 경우 당사가 개발하고 있는 두 질병(췌장암 및 알츠하이머)의 뚜렷한 치료제가 존재하지 않는 상황으로, 시장선점을 위한 다수의 제약/바이오 기업들이 시장에 참여하고 있는 상황입니다. 당사는 후보물질인 GV1001(췌장암 및 알츠하이머)의 국내 신약 허가신청 및 상용화를 검토 중에 있습니다. 그러나 당사의 노력에도 불구하고 임상시험의 성공 및 시판허가가 늦어질 위험이 존재하며, 당사 연구개발 속도 저하 등 다양한 이유로 인하여 당사 파이프라인의 경쟁력이 약화될 경우 당사의 재무상태 및 실적에 부정적인 영향을 끼칠 수 있으므로 투자자께서는 이 점 유의하시기 바랍니다.

을 신규로 발행하여 자금조달을 하려는 회사가 어떤 회사인지(재무상태, 주요 사업, 최대주주 관련 내용 등), 앞으로 이 유상증자 대금을 어디에 어떻게 활용할 것인지 등 상세하게 설명하는 것이다.

어찌 보면 당연하다. 부동산의 경우에도 신축 아파트 청약을 진행할 때 입주자모집공고를 통해 청약과 관련된 내용들을 상세하게 설명하고 있다. 주식도 마찬가지로 이러한 상세설명이 필요하다. 그 설명서가 바로 증권신고서와 투자설명서이다.

투자설명서 공시는 양이 방대하다([그림 6-9] 참조). 그래서 현실적으로 이를 모두 살펴보기는 힘들다. 그렇기 때문에 투자자로서 살펴보길 추천하는 항목이 바로 가장 앞단에 있는 '요약정보' 항목이다.

이름은 요약정보이지만 중요한 정보들이 다 집약되어 있다. 핵심투자위험에 관한 설명, 조달자금의 사용목적, 주요 산업의 현황, 지배구조 관련 위험요소 등 주요 정보들을 확인할 수 있다. [그림 6-10]의 삼성제약 투자설명서에도 바이오 신약 산업의 경쟁현황 등에 관한 시장 설명 등이 기재되어 있다.

2. 회사가 투자설명서의 내용을 잘 이행했는가

이처럼 회사는 투자설명서를 통해 많은 정보들을 투자자에게 공시하고, 또 앞으로 어떻게 할지에 대한 계획을 공유한다. 회사는 신의성실의 원칙에 따라 정보들을 투명하고 충분하게 제공해야 한다. 물론 모든 정보가 100% 보장되고 지켜질 수는 없다. 다만 투자자는 그 회사의 성실성과 의지를 체감하고 판단하면 된다.

하지만 모든 회사가 그렇게 하지는 않는다. 심지어 투자자와의 약속을 지키려는 노력조차 없이 아예 거짓말을 하는 것이 아닌가 싶은 극단적인 경우들도 있다.

A사는 주주우선공모 방식의 330억 원 규모 유상증자 계획을 공시하였다. 당시 회사의 자본총계가 474억 원이었기에 330억 원의 유상증자는 큰 규모라고 할 수 있다. 이에 따라 회사는 증권신고서와 투자설명서를 공시하였고, 유상증자와 관련한 세부 내용들을 기재하였다. 투자설명서에 나와 있는 요약정보에서 회사위험 항목 중 최대주주와 관련된 내용을 살펴보자.

[표 6-16]에 보면 2가지 중요한 내용이 나온다. 하나는 최대주주의 지분율이 너무 낮다는 것이다. 6%의 지분율은 언제든 경영권에 변동이 생기거나 경영권 분쟁이 발생할 수 있는 낮은 수준이다. 즉 불안정한 경영권이 일단 문제이다.

두 번째는 총 발행 예정인 3,000만 주의 신주 물량 중 최대주주가 자신의 지분율만큼 100% 참여할 것이라는 부분이다. 다시 말해 구주주를 대상으로 하는 유상증자이며, 최대주주 역시 자신의 몫만큼 청약에 참여한다는 것이다. 이는

표 6-16 A사 유상증자 투자설명서(최대주주 관련 내용)

> 요약정보 – 핵심투자위험 – 회사위험 항목 중
>
> 그러나 증권신고서 제출일 현재, 당사 <u>최대주주 및 특수관계인의 지분율은 6.04%에 불과합니다. 이에 최대주주 및 특수관계인은 금번 유상증자의 총 공모주식 수 3,000만 주 중 배정받게 될 약 182만 주에 대해 전량 청약 참여 예정</u>이나, 전량 청약 참여한다고 할지라도 증자 이후 지분율은 여전히 6.05%에 불과합니다. 따라서 추가적인 지분 확보 노력이 미흡할 경우, 적대적 인수합병의 대상이 되어 경영권이 변경될 위험이 존재합니다.

표 6-17 A사 유상증자 청약결과(주주우선공모)

1. 증권의 종류		㈜A사 기명식 보통주
2. 발행방법		주주우선공모 유상증자
3. 청약대상자		구주주
4. 청약일자		20XX-04-01
5. 청약결과	발행예정주식수	30,000,000주
	해당 청약주식수	20,126,231주
	청약주식수(누계)	20,126,231주
	청약률	67.09%

표 6-18 A사 유상증자 청약결과(실권주 일반공모)

1. 증권의 종류		㈜A사 기명식 보통주
2. 발행방법		주주우선공모 유상증자
3. 청약대상자		일반청약자(주주우선공모 후 단수주 및 실권주)
4. 청약일자		20XX-04-25
5. 청약결과	발행예정주식수	30,000,000주
	해당 청약주식수	671,229,100주
	청약주식수(누계)	691,355,331주
	청약률	2,304.5%

최대주주가 '모범'을 보이겠다는 것으로 읽히는 대목이다. 또 한편으로는 최대주주가 적극적으로 유상증자에 참여할 만큼 자금 사정이 좋다는 것으로 읽히는 대목이기도 하다. 주주로서는 긍정적인 내용이다.

그렇다면 이러한 유상증자의 결과는 어땠을까? 구주주 대상 공모에서 청약률은 67%가 나왔다([표 6-17] 참조). 기존 주주들의 2/3가 참여한 셈이니, 무난한 결과라고 할 수 있다. 이제 남은 1,000만 주의 실권주에 대해서는 일반투자자들에게 청약의 기회가 주어진다.

유상증자의 최종 결과는 '대박'을 친 흥행 성적표였다. 구주주를 포함하여 총 3,000만 주의 신주에 대해 6억 9,000만 주 청약이 몰려 청약률이 무려 2,304%를 기록했다([표 6-18] 참조). 이러한 흥행의 원인에는 여러 가지 배경이 있었을 것이나, 최대주주가 100% 참여하겠다는 의사 표시 또한 분명 긍정적으로 작용했을 것이다. 그렇게 유상증자는 성황리에 마감되었다.

유상증자 신주가 상장된 이후 보름 뒤에 최대주주는 주식대량보유보고서 공시를 제출하였다. 사실 최대주주가 배정된 주식 수량 100%에 청약했으면 이론적으로 지분율 변동이 없는 것이 정상이다. 과연 최대주주는 배정된 주식 100%를 모두 인수하였을까?

[표 6-19]를 보면, 최대주주가 유상증자에 참여했음에도 불구하고 오히려 지분율이 2.42%로 줄어들었다. 이 정도 지분율이면 최대주주에서 물러난 것이나 나름 없는 수준이다. 심지어 보고사유를 보니 '지분 장내매도'라고 되어있다. 최대주주가 주식을 처분한 것이다. 그것도 블록딜을 통해 다른 최대주주에게 넘긴 것이 아니라 주식시장에서 실시간으로 매도하였다.

이는 결국 지분율이 분산되어 최대주주의 부재로 이어지는 심각한 문제이다. 즉 회사의 주인이 없어진 셈이다. 세부변동내역을 살펴보자.

[표 6-20]을 보면, 최대주주는 유상증자 투자설명서의 공시를 통해 지분율에 따라 180만 주의 신주를 배정받을 것이라고 했으나 확인 결과 142만 주의 신주를 취득하였음을 알 수 있다. 물론 약속한 물량 100%를 취득하지는 않았으나

표 6-19 A사 최대주주 주식대량보유보고서

요약정보			
발행회사명	㈜A사	발행회사와의 관계	최대주주
보고구분	변동		
보유주식 등의 수 및 보유비율		보유주식 등의 수	보유비율
	직전보고서	2,850,100주	7.36%
	이번보고서	2,110,389주	2.42%
보고사유	지분 장내매도 등		

표 6-20 A사 최대주주 주식대량보유보고서(세부변동내역)

2. 세부변동내역

성명	변동일	취득/처분 방법	변동내역			비고
			변동 전	증감	변동 후	
최대주주 △△△	4월 28일	유상신주취득(+)	2,017,647	1,421,464	3,439,111	유상증자
	5월 15일	장내매도(-)	3,439,111	-1,421,464	2,017,647	-

그래도 나름 최선을 다한 것으로 보인다.

그러나 놀라운 것은 그 다음이다. 유상증자에 참여하여 신규로 취득한 142만 주는 불과 보름 만에 전량 처분되었다. 유상증자로 인해 총 발행주식수는 대폭 증가했는데 최대주주가 취득했던 주식수만큼 다시 처분했으니, 결과적으로 지분율이 떨어지는 것은 당연하다.

물론 이러한 행위 자체가 불법의 영역이라고 단정 지을 수는 없다. 하지만 '경영진으로서의 자세'라는 관점에서는 분명 문제가 있다. 유상증자에 100% 참여한다고 해놓고 불과 보름 만에 취득한 신주를 전량 매도하는 모습은 결코 바람직한 최대주주의 행동이 아니다. 그것도 장내매도를 통해서 말이다. 이 정도면 거짓말을 한 것이라고 봐도 되는 수준이다. 그것도 2,304%의 청약률을 기록하게 만들어준 수많은 주주들을 대상으로 말이다.

이런 회사는 내 투자금을 지키기 위해서라도 걸러내야 한다. 참고로 회사는 이 최대주주의 '탈출exit' 직후 감사의견거절을 받고 상장폐지되었다.

최대주주의 움직임을 모니터링하라

최대주주가 회사의 선장이라면 우리는 그 배에 동승한 선원이라고 비유할 수 있다. 주식시장 참여자라면 내가 탈 배를 고르는 과정에서 선장의 자질이 어떠한지, 어떤 행동을 하는지 확인하는 것은 필수이다.

최대주주의 움직임은 중요하다. 최대주주가 공개매수를 하거나 지분을 추가로 확보하는 모습, 최대주주가 바뀔 때 자기자금으로 회사를 인수하는 모습 등은 주주들의 입장에서 환영할 만한 소식이다. 실제로 이런 경우 주가가 상승하기도 한다. 심지어 회사 사정이 안 좋은 상황에서는 최대주주가 바뀐다는 소식만으로도 주가가 급등한다.

하지만 반대의 경우들도 많다. 최대주주가 너무 자주 바뀌는 경우, 최대주주의 지분율이 너무 낮거나 과거 대비 점차 낮아지고 있는 경우, 최대주주가 주식담보대출을 통해 차입경영을 하고 있는데 주가가 지속적으로 하락하여 반대매매 발생 가능성이 있는 경우 등등. 이때 주주들은 불안해 할 수밖에 없다.

이처럼 최대주주의 움직임은 주가에 주요한 영향을 끼친다. 최대주주가 책임

경영의 의지를 갖고 있는지 제대로 확인해야 한다. 따라서 최대주주에 관한 세부적인 내용을 알려주는 주식대량보유보고서는 항상 체크하는 것이 바람직하다. 특히 주식대량보유보고서 공시는 자주 올라오는 공시가 아닌 만큼 공시될 때마다 어떠한 변동사항이 있는지를 꼭 확인해야 한다.

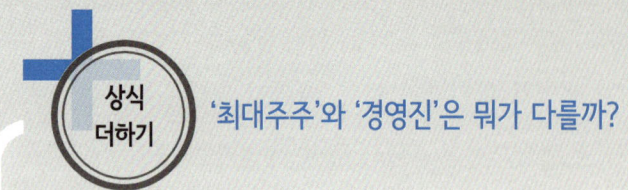

'최대주주'와 '경영진'은 뭐가 다를까?

주식시장에서 최대주주의 변경은 항상 주목받는 이벤트이다. 그만큼 회사의 경영에 최대주주가 끼치는 영향이 크다고 볼 수 있다. 실제로 최대주주가 변경되면 주주총회를 개최하여 기존 경영진을 교체하고, 특히 최대주주가 직접 경영에 나서는 경우들이 많다.

실제 많은 중소기업의 경우 창업주이자 최대주주가 대표이사직을 오랫동안 지속해오고 있는 모습이 자주 확인된다. 하지만 이처럼 항상 최대주주와 경영진이 같을까?

이론적으로 최대주주는 회사의 실질적인 주인이다. 그리고 경영진(대표적으로 대표이사를 들 수 있다)은 주주들이 선임하는 대리인이다. 실제 미국의 경우 최대주주와 회사 경영진이 다른 경우가 많다. 대표적으로 미국 애플Apple Inc.의 경우 최대주주는 대형 자산운용사 뱅가드그룹Vanguard Group인데, 사람들은 이보다 팀 쿡Tim Cook CEO를 더 잘 알고 있다. 이는 미국에서 소유(주주)와 경영(경영진)의 분리가 일반적인 경영 형태이기 때문이다.

물론 어떤 경영 형태가 더 나은지에 대한 정답은 없으며, 각각 장단점이 존재한다. 소유와 경영이 일치할 경우 책임경영이 가능하다는 장점이 있으나 한편으로는 경영의 전문성이 떨어질 가능성도 있다. 반대로 소유와 경영이 분리될 경우 전문경영인을 활용함으로써 경영의 효율성을 제고할 수 있으나 경영진이 주주들의 이익에 반하는 행동을 보여줄 가능성도 있다.

예를 들어 주주들은 장기적인 시각에서 회사의 발전을 도모하고자 하지만 경영진은 당장의 결과물이 중요(주주들의 평가, 경영진에 대한 성과급 등)하기 때문에 장기적인 계획보다 (무리하게) 단기적인 성과에 치중할 수 있다. 이를 흔히 '주인-대리인 문제'라고도 부른다.

책을 마무리하며
어디에 초점을 맞추고, 어떤 정보에 더 주목해야 하는지가 핵심이다

투자는 전적으로 개인의 책임이다. 투자자 스스로의 판단영역이다. 투자는 개인이 수익이라는 목표를 설정하고, 그 목표를 달성하기 위한 결정에 따른 행위이기 때문이다.

그리고 투자는 위험성을 동반한다. 우리나라 자본시장법 제3조는 금융투자상품(대표적으로 우리가 투자하는 주식 등)의 정의에 대해 '원본 손실 가능성'이 있음을 명시하고 있다(법에서는 이를 '투자성'이라고 칭하고 있다). 그렇기 때문에 투자의 세계에 '100%'란 존재하지 않는다. 기업이 아무리 완벽하고 이익 창출을 잘하더라도 주가가 반드시 오르는 것은 아니다. 기업이 "창사 이래 최대 실적 달성"과 같은 보도자료를 발표하더라도 주가가 지지부진한 경우는 흔한 예다.

이처럼 투자자의 예상과 다르게 흘러가는 것이 어쩌면 주식시장의 진짜 모습이다. 따라서 주가가 오르락내리락하는 상황에 일희일비하는 우리의 모습 역시 자연스러운 풍경이다.

그러나 우리가 정작 심각하게 받아들여 할 상황은 따로 있다. 일례로, 멀쩡하다고 생각했던 회사가 갑자기 감사의견거절로 인해 하루아침에 거래가 정지되고 상장폐지되는 사고가 발생하는 경우를 들 수 있다.

2001년 미국의 엔론Enron Corporation이라는 기업이 상장폐지되었다. 엔론은 당시 혁신적인 기업으로 주목받던 회사였다. 그러나 '엔론 사태'라고 일컬어지는 이 일은 20년이 지난 지금까지도 '회계부정의 대명사'라는 꼬리표가 항상 따라다닌다.

엔론은 에너지, 물류 등의 사업을 영위하던 기업으로 2000년 말 기준 임직원 수가 2만 명에 이르는 큰 회사였다. 당시 매출액 규모도 1,000억 달러(약 130조 원) 수준이었다. 바로 이런 회사가 경영진의 탐욕으로 단번에 무너진 것이다. 회사는 부채 규모를 조작하고 무리한 M&A와 신사업 추진 등의 방식으로 몸집을 키우는 것에 몰두했다. 결국 회계부정 사실을 인정하면서 주당 80달러에 달하던 주가는 1달러 미만으로 폭락했다. 그리고 상장폐지라는 결말을 맞이한 것이다.

다시 한 번 강조하지만, 투자는 전적으로 개인의 책임이다. 투자자 스스로의 판단영역이다. 하지만 엔론 사태 같은 경우라면 '투자는 개인의 책임'이라는 문구에 쉽게 동의하기가 힘들 것이다. 이런 경우라면 오히려 투자자들이 피해자에 가까워 보이기 때문이다. 실제로 엔론 사태 직후, 동종의 피해를 막기 위해 미국 의회는 그 유명한 사베인스-옥슬리법Sarbanes-Oxley Act of 2002(재무보고 및 감사절차 강화 관련 법안)을 제정하기도 했다.

사실 외부인 입장에서 아무리 공시 및 회계자료를 잘 살펴본다 해도 '숨겨진 위험요인'들까지 인지하기란 쉽지 않다. 물론 지금은 20년 전보다 기업의 많은 정보들에 대해 보다 효율적으로 접근할 수 있다. 하지만 그렇다 하더라도 모든 사고에 대해서 투자자 개인의 책임이라고 할 수 있을까?

오히려 현대사회의 '넘쳐나는 정보량'으로 인해 투자자 입장에서는 또 다른 어려움을 겪고 있다.

과거 1990년대 이전만 해도 주식을 거래하기 위해서는 여의도에 있는 증권거래소(현재의 한국거래소)를 직접 방문했다. 그 당시에는 지금과 같이 어디서나 자유롭게 매매할 수 있는 MTS^{Mobile Trading System} 또는 HTS^{Home Trading System}를 이용하는 것이 아니라 수기 매매를 하던 시절이었다. 그런 과거와 비교해보면 지금은 분명 투자하기 편리한 시대라고 할 수 있을 것이다.

이뿐만 아니라 지금의 세상은 투자 관련 정보의 양도 굉장히 풍부하다. 내가 투자하고자 하는 회사에 대한 정보들은 증권사 리포트, 사업보고서, 유튜브, 블로그 등을 통해 언제든지 자유롭게 얻을 수 있다. 수많은 전문가, 투자자들 또한 저마다의 분석글을 작성하고 온라인상에 공유하고 있다. 그리고 이는 다시금 다각도로 재생산된다.

하지만 아이러니하게도 이렇게 넘쳐나는 정보량 때문에 투자와 관련된 문제를 모두 개인의 책임으로 돌리기에 더 난감한 상황이 펼쳐지고 있다.

'투자는 전적으로 개인의 책임이다'라는 문구가 온전히 성립하기 위해서는 투자자가 투자행위의 리스크를 충분히 인지한 상황에서 그 결과를 감수해야 한다. 하지만 정보량이 너무 많기 때문에 도리어 이러한 리스크를 제대로 인지하기 힘든 것이 현실이다.

그리고 수많은 정보 중 취사선택의 과정에서 개인의 확증편향이 발생하는 경우가 부지기수다. 유튜브가 보편화된 현대사회에서 '알고리즘'이라는 용어는 이제 일상어가 됐다. 알고리즘의 사전적 정의는 문제 해결을 위한 일련의 단계적 절차를 지칭하지만, 여기서 말하는 통상적인 의미는 인공지능이 개인의 성향 및 취향 등을 파악해 '맞춤형 정보'들을 지속적으로 제공해주는 것이다. 이러한 알고리즘은 내가 원하는 정보들을 지속적으로 제공해준다는 점에서 편리하지만, 한편으로는 편향성의 문제점을 내포하고 있다. 한마디로 알고리즘은 정보의 편식 가능성을 더욱 가중시킨다.

하지만 이러한 편향성은 비단 알고리즘으로 인해 새롭게 나타나는 것이 아니다. 편향성은 어쩌면 인간의 본성이라고 할 수 있다. 인간은 AI가 아니기 때문이다. 오히려 알고리즘이 인간의 그 본성적인 편향성을 일깨워준 외부 자극제에 불과한 것일 수도 있다.

그리고 이러한 본성적 편향성은 투자를 위한 공부에서도 자연스럽게 나타난다. 수많은 정보들 중에서 자기 입맛에 맞는 정보들만 접하게 되는 것이다. 특히 대부분의 투자자들은 '돈을 벌기 위해' 투자를 하기 때문에 돈을 버는 방법에만 익숙해지는 쪽으로 기울게 된다. 리스크에 대해서는 상대적으로 외면하거나 경시하는 경향마저 생겨난다.

사업보고서 분석 및 가치투자, 차트 분석을 통한 매수·매도 타이밍, 호재성 뉴스와 주가 선반영 등등은 우리 모두에게 익숙한 내용이고 용어들이다. 저자 역시 이러한 내용과 용어에 먼저 관심을 가진 게 사실이다. 그래서 우리는 이보다 앞서 생각해야 하는 '전제'가 있음을 종종 잊어버리곤 한다. 그리고 그 전제라는 것은 투자에서 어쩌면 가장 먼저 해야 할 작업인지도 모르겠다. 그것은 바로 '위험한 주식'부터 걸러내는 일이다.

물론 하루 동안 주식시장에 쏟아지는 공시의 양이 상당하다. 감사보고서나 사업보고서를 보더라도 이 역시 정보량이 엄청난 게 사실이다. 이를 모두 정독하고, 그 안에서 회사의 숨겨진 위험요인들을 찾아내기란 쉽지 않다.

하지만 방법이 없는 것도 아니다. 어디에 초점을 맞추고, 어떤 정보에 더 주목해야 하는지를 알아두면 된다. 지금까지 이 책에서 다뤄온 내용들이 바로 그것이다. 유의미한 종류의 공시, 재무제표의 특정 항목, 그 사이에서 유독 튀는 숫자들과 그 숫자의 배경을 찾아가는 과정 등이 핵심이다.

현실에서 주식이 망가지는 케이스는 다양하다. 그래서 이 책에서는 대표적인 사례를 중심으로 최대한 많은 케이스를 담으려고 노력했다. 여기서 다룬 여러 회사들의 사례를 통해 어디에 초점을 맞추고, 어떤 정보에 더 주목해야 하는지를 보다 구체적으로 보여주고자 하는 것이 저자의 당초 계획이었다. 그러나 책을 마무리하는 지금 이런 계획이 얼마나 달성됐는지는 막상 판단하기가 주저된다. 그저 독자들에게 조금이나마 도움이 되기를 바랄 뿐이다.

마지막으로 감사의 인사를 전해야 할 분들이 있다. 이 책을 집필하는 데 많은 도움과 응원을 아끼지 않은 가족에게 먼저 고마움을 전한다. 또 책의 세부적인 내용까지 꼼꼼히 살펴보고 의견을 적극적으로 개진해주신 서장원 회계사님께 진심 어린 감사를 표한다. 그리고 이 책의 완성도를 높이는 데 정성을 다해준 한국거래소 공진욱 과장 또한 빼놓을 수 없다. 아울러 나의 멘토인 이승학 검사님과 한국거래소 최진영 부장님, 김민교 부장님께 깊은 감사를 드린다. 그리고 나성윤 변호사에게도 이 자리를 빌려 고마운 마음을 전하고 싶다. 마지막으로 이 책이 나오기까지 조언을 아끼지 않고 애써주신 부크온 관계자 여러분, 특히 김경수 연구원과 편집팀 이승호, 권효정 님께 감사 인사를 드린다.

함께 읽으면 좋은 부크온의 책들

- 투자의 전설 앤서니 볼턴 — 앤서니 볼턴
- 예측투자 — 마이클 모부신, 알프레드 래퍼포트
- 투자도 인생도 복리처럼 — 가우탐 바이드
- 퍼펙트 포트폴리오 — 앤드류 로, 스티븐 포어스터
- 안전마진 — 크리스토퍼 리소길
- 권 교수의 가치투자 이야기 — 권용현
- 벤저민 그레이엄의 성장주 투자법 — 프레더릭 마틴
- 가치투자는 옳다 — 장마리 에베이야르
- 박 회계사의 재무제표 분석법 (개정판) — 박동흠
- 워런 버핏처럼 주식투자 시작하는 법 — 메리 버핏, 션 세아
- 인생주식 10가지 황금법칙 — 피터 세일런
- 주식고수들이 더 좋아하는 대체투자 — 조영민
- 금융시장으로 간 진화론 — 앤드류 로
- 현명한 투자자의 지표 분석법 — 고재홍
- 투자 대가들의 가치평가 활용법 — 존 프라이스
- 워런 버핏처럼 가치평가 시작하는 법 — 존 프라이스
- 투자의 가치 — 이건규
- 워런 버핏의 주식투자 콘서트 — 워런 버핏
- 적극적 가치투자 — 비탈리 카스넬슨
- 주식투자자를 위한 재무제표 해결사 V차트 — 정연빈
- 워런 버핏의 ROE 활용법 — 조지프 벨몬트
- 주식 PER 종목 선정 활용법 — 키스 앤더슨
- 돈이 불어나는 성장주식 투자법 — 짐 슬레이터
- 현명한 투자자의 인문학 — 로버트 해그스트롬
- 워런 버핏만 알고 있는 주식투자의 비밀 — 메리 버핏, 데이비드 클라크
- 박 회계사의 사업보고서 분석법 — 박동흠
- 이웃집 워런 버핏, 숙향의 투자 일기 — 숙향
- NEW 워런 버핏처럼 적정주가 구하는 법 — 이은원
- 줄루 주식투자법 — 짐 슬레이터
- 경제적 해자 실전 주식 투자법 — 헤더 브릴리언트 외
- 붐버스톨로지 — 비크람 만샤라마니
- 워런 버핏처럼 사업보고서 읽는 법 — 김현준
- 주식 가치평가를 위한 작은 책 — 애스워드 다모다란
- 고객의 요트는 어디에 있는가 — 프레드 쉐드
- 투자공식 끝장내기 — 정호성, 임동민
- 워렌 버핏의 재무제표 활용법 — 메리 버핏, 데이비스 클라크
- 현명한 투자자의 재무제표 읽는 법 — 벤저민 그레이엄, 스펜서 메레디스